上海市人民政府 强化城市功能研究
发展研究中心 系列丛书

上海强化开放枢纽门户功能研究

Research on Enhancing
the Function of Shanghai's
Opening-up Hub and Portal

上海市人民政府发展研究中心
— 著 —

格致出版社 上海人民出版社

总　序

　　城市是由多重功能复合而成的生命有机体,其发展过程是城市功能持续变化、持续叠加、持续完善的过程,不同的城市往往具有不同的功能特征表现。城市的核心是人,建设人民城市,完善城市功能,提高生活品质,是做好城市工作的根本途径。上海作为全球城市网络体系中的核心节点,除了具有城市的基本功能之外,还承载着其他城市所不可复制、难以取代的核心功能,需要践行人民城市理念,不断丰富和完善城市功能。

　　习近平总书记从世界百年未有之大变局、中华民族伟大复兴战略全局高度擘画上海城市发展蓝图,提出要全面强化全球资源配置功能、科技创新策源功能、高端产业引领功能、开放枢纽门户功能,不断提升城市能级和核心竞争力,引领全国实现高质量发展。这是上海建设成为具有世界影响力的社会主义现代化国际大都市的内在要求,也是代表国家参与国际竞争的战略举措。

　　近年来,上海按照习近平总书记的指示要求,聚焦“五个中心”建设,着力实施“三大任务一大平台”,全力打响“四大品牌”,以深化供给侧结构性改革为牵引,加快推进“三大变革”,做大做强“五型经济”。扎实推进城市数字化转型,持续培育产业新动能,着力促进城市高质量发展,不断提升城市现代化水平；以建设更高水平开放型经济新体制为牵引，持续深化对外开放，巩固提升流量经济枢纽地位，不断提升城市的国际化水平；以构筑国际最高标准、最好水平的营商环境为牵引，持续推进"放管服"改革，不断提升城市的国际影响力和竞争力，更好融入和服务新发展格局。在此背景下，上海城市核心功能不断增强，全球卓越制造基地加快形成，国际消费中心城市初步成型，社会主义国际文化大都市影响力日渐提升。但是，与纽约、伦敦、东京等领先的全球城市相比，上海城市核心功能的能级仍待进一步提升，城市的影响力、创新力、辐射力和竞争力仍需进一步增强。

当前，"两个一百年"奋斗目标实现了历史交汇，建设社会主义现代化强国的新征程已经开启。上海作为中国共产党的诞生地，孕育了伟大建党精神，为党的百年辉煌业绩作出了应有的贡献。面对百年变局和新冠肺炎疫情，上海要深入贯彻习近平总书记对上海发展的要求，胸怀"两个大局"、心怀"国之大者"，准确把握新发展阶段，深入贯彻新发展理念，加快构建新发展格局，围绕国内大循环中心节点和国内国外双循环战略链接的目标，继续着力增强城市核心功能。在这一背景下，上海市人民政府发展研究中心围绕上海"四大功能"组织研究，形成系列研究报告，并在此基础上撰写完成"强化城市功能研究系列丛书"，希望为上海强化"四大功能"提供有益的思考和启示。

是为序。

上海市人民政府发展研究中心党组书记、主任

2022 年 1 月

本书撰写团队

组　长

祁　彦

副组长

周国平　严　军　徐　诤

成　员

李　锋　陆丽萍　樊　星　邱鸣华　陈　畅
范　涛　张鹏飞　汪思余　张开翼　潘敦峡
陈彤彤　王凤妍

前　言

开放是上海的最大优势。开放枢纽门户功能有三层基本内涵，即高水平对外开放的示范窗口、全球投资贸易网格的枢纽节点、各类要素资源进出的门户通道。强化开放枢纽门户功能，不仅是上海大力推进国际经济、金融、贸易、航运和科技创新等"五个中心"建设的重要条件，也是上海提升城市能级和核心竞争力的关键要素，更是上海加快构建新发展格局的必然要求。

从全球范围看，新加坡、香港、东京等具备开放枢纽门户功能的城市都具有连接全球、覆盖全球、影响全球、融通全球等共同特征。上海货物贸易、服务贸易规模处于世界城市前列，枢纽功能逐步凸显，成为跨国公司总部和全球人才进入中国的首选通道门户，进博会、自贸试验区新片区等高水平开放窗口作用不断显现。但是，对照习近平总书记提出的强化开放枢纽门户功能的要求，从更好服务新发展格局的角度看，上海在服务业等重点领域开放、总部能级提升、离岸贸易发展等方面还存在薄弱环节，同国际一流城市和国内部分先进城市相比仍存在不少差距。

当前，世界正面临百年未有之大变局。上海强化开放枢纽门户功能面临着外部环境深刻变化带来的新挑战，如经济全球化遭遇挫折、中美摩擦趋于长期化和复杂化、新冠肺炎疫情带来更多不确定性等。与此同时，在中国经济发展进入新阶段的背景下，国际经贸规则变化、新产业革命和数字经济迅猛发展对上海强化开放枢纽门户功能提出了新要求。上海应审时度势，准确把握强化示范窗口、枢纽节点、门户通道作用的战略重点和战略方向，进一步提升全球投资贸易网络中的枢纽节点效应,切实强化数字化时代的开放门户地位,加快打造全方位开放的示范窗口平台,着力打造国内大循环的中心节点和国内国际双循环的战略链接。

2020 年,上海市人民政府发展研究中心组织开展了"强化上海开放枢纽门户功能"专题研究,并在研究成果的基础上编撰成书,供广大读者参阅,同时希望对有关方面的工作起到参考作用。需要声明的是,本书观点仅限于学术讨论范围,不代表上海市政府的观点与政策倾向。不足之处,敬请指正。

目　录

第 1 章

开放枢纽门户功能的内涵特征

开放枢纽门户功能体现了城市连接全球、覆盖全球、影响全球、融通全球的能力。在百年未有之大变局的新形势下,上海既要立足于全球价值链的深刻变化,把握全球新产业革命和中国经济高质量发展的要求,也要立足于中国作为超大经济体的特点,借鉴全球一流开放枢纽门户城市的建设经验,把握新形势、探索新模式,着力提升开放枢纽门户功能。

1.1 开放枢纽门户功能的基本内涵

强化"四大功能"是习近平总书记对上海提出的明确要求。"四大功能"是一个具有内在联系的紧密整体,开放枢纽门户功能侧重从扩大开放角度着眼,主要包括三层内涵:高水平对外开放的示范窗口、全球投资贸易网络的枢纽节点、各类要素资源进出的门户通道。

1.1.1 高水平对外开放的示范窗口

开放枢纽门户功能体现为凸显国家高水平对外开放形象的示范窗口,代表一国参与国际竞争和全球经济治理的能级和层次,在区域一体化发展和对外交往中发挥着示范和带动作用。

高水平对外开放主要有三方面内涵:

一是对外开放的空间范围扩大。发挥内需潜力,使国内市场和国际市场更好联通,更好利用国际国内两个市场、两种资源,推动形成以国内大循环为主体、国内国际双循环相互促进的新发展格局。在推进各项重大战略任务的过程中,更加注重发挥对内对外两个扇面作用,积极促进内需和外需、进口和出口、引进外资和对外投资协调发展,更加注重内外联动,以外带内,提供高质量供给,服务和促进国内大循环。

二是对外开放的行业领域拓宽。在以国内大循环为主体、国内国际双循环相互促进的新发展格局下,贸易政策转化为鼓励出口和进口的双向开放贸易政策,投资走向也将呈现引进外资和鼓励"走出去"的双向发展。开放领域将拓展到金融、教育、卫生、文化等,逐步实现全方位开放,重视科技领域跨国合作,持续优化市场化、法治化、国际化营商环境。

三是对外开放的层次水平深化。一方面,从过去的商品、要素流动型开放转向规则、规制、管理、标准等制度型开放,从过去被动的"规制跟随"型开放转向主动的"规则制定"型开放。另一方面,在增强自身竞争能力、开放监管能力和风险防控能力的同时,积极开展国际交流合作,形成全方位、多层次、多元化的开放合作格局。

专栏 1.1　实行高水平对外开放顺乎时代潮流

党的十九届五中全会作出"十四五"时期要实行高水平对外开放,开拓合作共赢新局面的重要部署,符合历史逻辑,顺乎时代潮流。

高水平对外开放是进入新发展阶段的必然要求。党的十九届五中全会提出,全面建成小康社会、实现第一个百年奋斗目标之后,我们要乘势而上开启全面建设社会主义现代化国家新征程、向第二个百年奋斗目标进军,这标志着我国进入了一个新发展阶段。新发展阶段是我国社会主义发展进程中的一个重要阶段。全面建设社会主义现代化国家、基本实现社会主义现代化,是我国社会主义从初级阶段向更高阶段迈进的要求。这意味着我国的生产力发展水平仍然需要再上一个巨大的台阶,生产关系为适应生产力发展需要也必然会发生巨大变革。这就要求我国持续提升对外开放水平,既引进一切有利于发展生产力的资源和要素,为生产力进一步发展创造物质基础,也充分借鉴发达国家现代化进程所取得的有益文明成果,破除阻碍生产力发展的一切障碍,为生产力进一步发展创造制度基础。

高水平对外开放是坚持新发展理念的重要体现。开放发展理念是新发展理念的重要内容,是推进更高水平对外开放的重要遵循。当今世界,各国经济相通则共进、相闭则各退,融入世界经济是我国经济发展的大方向。历史经验表明,任何一个国家,如果忽视乃至放弃和其他国家、其他文明的交流合作,很容易形成固化的发展路径、发展模式和管理体制,导致产出不能满足人们的需求。开放发展理念揭示了世界经济发展的客观规律,指明了新时代我国扩大对外开放的方向。我们要坚持开放发展理念不动摇,主动顺应经济全球化潮流,持续扩大和其他国家的经贸、科技、人文等领域交流合作,以开放促改革、促发展、促创新,持续推进更高水平的对外开放,更好利用全球资源和市场,为我国经济高质量发展注入新动力、增添新活力、拓展新空间。

高水平对外开放是构建新发展格局的关键环节。当前,我国正在加快构建新发展格局,必须充分发挥国际循环对国内大循环升级的促进作用。以国内大循环为主体,绝不是关起门来运行;国内国际双循环也不只是强调简单的对外开放,而是要推动更高水平的对外开放。在新发展格局下,既要扩大对外贸易,深化资金、人才、科技等领域国际合作,推动商品、要素等领域开放形成协同效应;更要借鉴国际先进经验,推动规则、规制、管理、标准等制度型开放,积极参与全球经济治理体系改革。只有打破国内循环体系和国际循环体系之间存在的各种不合理藩篱和壁垒,推动优质要素、优质商品、优质服务在境内外自由流动,才能引导国内大循环向更高层次跃升。

资料来源:叶辅靖、李大伟,《坚定不移实施高水平对外开放》,《经济日报》2021年3月4日。

1.1.2　全球投资贸易网络的枢纽节点

随着新一轮科技革命和产业革命的深入发展,全球投资与贸易网络不断呈现出结构性变化,也在不同阶段为枢纽节点的建设提出新要求。开放枢纽门户功能体现为全球投资贸易网络的枢纽节点,要在全球商品、要素流量中占据枢纽节点位置,发挥价值链高端枢纽管控功能,主要反映在跨国投资、货物贸易与服务贸易、离岸贸易等指标上。

从贸易的角度看,国际贸易中心功能的演变大体经历了三个阶段。第一阶段是以最终商品为贸易对象的传统贸易阶段。运输成本下降使得生产和消费跨越国境而分离,而国际贸易中心的核心功能是港口运输和商品配送。第二阶段是以大量中间品流动为特点的全球价值链贸易阶段。这一特点在 20 世纪 80 年代后日益明显,跨国公司根据区位比较优势将全球价值链分布于不同国家,导致中间品贸易蓬勃发展。在这一阶段,国际贸易中心核心功能是全球价值链的管控枢纽功能,而欧美与东亚的国际贸易中心功能出现分化。具体来说,随着全球制造业重心由欧美向东亚转移,这种以亚洲为重点的供应链贸易需要相应的枢纽予以整合,新加坡、香港以及后来的上海作为东亚供应链管控枢纽,正是在这一背景下崛起为新兴的国际贸易中心。而随着制造业重心转移,纽约、伦敦在这方面的功能逐渐弱化,同时它们基于金融优势掌握了大宗商品定价权,形成具有全球影响力的交易定价功能,在全球价值链中处于枢纽管控地位。第三阶段则是以数字化、服务化为特点的新型全球贸易阶段。随着全球新产业革命迅猛发展,数字贸易和新型服务将在更大程度上改写国际贸易流向,尽管这一进程还在不断发展,但趋势已日益明显。一方面,数字贸易加速兴起,全球数字服务平台成为新型国际贸易中心的枢纽载体,并在一定程度上引发了去中心化态势。另一方面,服务与制造深度融合,高端服务要素在全球贸易网络中发挥牵引、创造和增值作用,金融和专业服务机构成为国际贸易中心的重要主体。当前,上海国际贸易中心正处于第二阶段向第三阶段的转变过程中。在"十四五"时期,上海将进入国际贸易中心内涵再造和转型升级的关键突破期,着力畅通国内大循环、促进国内国际双循环,率先构建要素高效流动、高效聚合的枢纽节点,构筑全球贸易枢纽,打造亚太投资门户。

专栏 1.2　"十四五"上海国际贸易中心发展目标

经过 5 年努力,上海国际贸易中心能级实现跃升,基本建成全球贸易枢纽、亚太投资门户、国际消费中心城市、亚太供应链管理中心、贸易投资制度创新高地,全面建成国际会展之都,为上海建设国内大循环中心节点、国内国际双循环战略链接提供重要支撑。

——贸易投资规模稳步扩大。口岸货物进出口总额保持全球城市首位,服务贸易进出口额保持世界城市前列。消费规模稳步提高,社会消费品零售总额率先超过 2 万亿元,电子商务交易额达到 4.2 万亿元左右,保持全国城市首位。实到外资保持稳中有进。会展综合竞争力进入全球会展中心城市前列。

——资源配置能级逐步提升。在有色金属、钢铁、铁矿石、能源化工等大宗商品领域,培育若干千亿级、万亿级交易平台,打造一批百亿、千亿级重点功能性平台,部分商品价格和指数成为重要国际风向标。具备全球资源配置能力的贸易主体加快集聚,累计落户跨国公司地区总部达到 1 000 家左右、贸易型总部 300 家左右、规模以上本土跨国公司 200 家左右。世界百强商展在沪举办比重进一步提升。

——开放创新能力持续增强。对标国际高标准经贸规则,实施新一轮高水平对外开放。离岸贸易、转口贸易取得突破,规模稳步扩大。加快建设数字贸易国际枢纽港,数字贸易年均增速达到 4% 左右。加快吸引和培育一批具有强劲科技创新策源功能的外资研发中心。

——消费引领作用日益凸显。持续打响"上海购物"品牌,集聚高端商品和服务,推进消费数字化转型,扩大新型消费规模,基本建成线上线下融合、引领全球消费潮流的国际消费中心城市。建成若干辐射全国乃至全球的世界级商圈,培育形成一批特色商业街区。

——贸易投资环境更加便利。外商投资开放度和透明度进一步提高,自由化便利化水平大幅提升。跨境贸易便利度位居世界海运经济体前列,国际贸易"单一窗口"功能拓展、覆盖面拓宽,智慧口岸综合治理能力显著提高,长三角"单一窗口"互联互通持续深化。国内外知名专业机构和贸易投资促进机构、国际组织加快集聚,面向国际的商事争议解决平台和纠纷解决机制加快形成。

资料来源:《"十四五"时期提升上海国际贸易中心能级规划》。

1.1.3 各类要素资源进出的门户通道

开放枢纽门户功能体现为先进资本、技术、人才、数据、货物等资源要素进出中国的首选通道和门户,主要反映在口岸吞吐量、总部经济、数字贸易等指标上。在新产业革命和数字经济崛起的背景下,"门户"的内涵发生了很大变化,未来大规模口岸货物的门户作用可能趋于下降,而数字产品和高端服务的门户作用将更加凸显。

从口岸吞吐量看,门户通道功能体现在高质量外贸发展与产业升级联动。新形势下,贸易与产业联动发展,一方面可增强进口集散功能,形成融合商品进口、保税仓储、分拨配送、展示销售、零售推广及售后服务等功能的贸易服务链;另一方面可通过扩大高附加值产品出口和加工贸易创新发展,促进关键装备、零部件和技术专利进口,有助于加工贸易企业进入关键零部件和系统集成制造领域。推动国别(地区)中心和专业贸易平台的搭建,建成具有全球影响力和竞争力的加工制造中心、研发设计中心、物流分拨中心、检测维修中心和销售服务中心。

从总部经济看,门户通道功能体现在高能级跨国公司总部集聚。资金、技术、人才等高端资源要素进出的门户通道功能有助于吸引全球范围内的高质量资本和跨国公司,也是培育高层级本土跨国公司的沃土。新加坡、香港等知名城市通过不断创新资金管理、人才进出等开放举措,吸引全球总部落户,提升总部经济能级。跨国公司总部通过参与全球价值链重构,设立面向全球的财资中心、销售中心、采购中心、供应链管理中心、共享服务中心等功能性机构,不断推动所在城市的资源集聚和辐射功能,从而进一步吸引全球供应链总部集聚。

从数字贸易角度看,门户通道功能体现为国际数据要素资源进出的重要通道和门户。随着新一轮科技革命和产业革命席卷全球,数据要素发挥着越来越重要的作用,成为重要的战略性资源,数据全球化成为推动全球经济发展的重要力量。2016 年,麦肯锡全球研究院(McKinsey Global Institute,MGI)发布《数据全球化:新时代的全球性流动》报告,指出自 2008 年以来,数据流动对全球经济增长的贡献已经超过传统的跨国贸易,为货物、服务、资本、人才等其他要素在全球范围内的流入和流出提供重要支撑作用(McKinsey Global Institute,2016)。

专栏 1.3 上海数据交易所揭牌成立

上海数据交易所于 2021 年 11 月 25 日在浦东新区揭牌成立,全数字化交易系统上线。当日完成挂牌的数据产品有 20 个,涉及金融、交通、通信等八大类,并达成部分首单交易。

信息时代,数据如同水电煤一样重要。上海数据交易所的成立,是贯彻落实《中共中央国务院关于支持浦东新区高水平改革开放打造社会主义现代化建设引领区的意见》的生动实践,也是推动数据要素流通、释放数字红利、促进数字经济发展的重要举措。

比如,工商银行上海分行和国网上海电力达成交易的"企业电智绘"数据产品,助力商业银行依托能源数据创新面向企业的金融产品和服务;数库科技和九坤投资完成了量化资管领域的首笔数据交易。

上海数据交易所的设立,重点是聚焦确权难、定价难、互信难、入场难、监管难等关键共性难题,形成系列创新安排,提出"五大首发":一是全国首发数商体系,全新构建"数商"新业态,培育和规范新主体,构筑更加繁荣的流通交易生态;二是全国首发数据交易配套制度,确立了"不合规不挂牌,无场景不交易"的基本原则,让数据流通交易有规可循、有章可依;三是全国首发全数字化数据交易系统,上线新一代智能数据交易系统,保障数据交易全时挂牌、全域交易、全程可溯;四是全国首发数据产品登记凭证,实现一数一码,可登记、可统计、可普查;五是全国首发数据产品说明书,以数据产品说明书的形式使数据可阅读,将抽象数据变为具象产品。

2021年,上海围绕数据交易所筹建同步开展了数商征集和签约工作。经过近半年的推进,首批签约数商达100家,如国网上海电力等数据交易主体,协力等律师事务所,普华永道等会计师事务所,富数科技、优刻得等交付类企业。

同日,上海市首届数据交易专家委员会成立,由31位在法律合规、金融交易、数据产业、数据安全等领域的专家组成,将为数据流通交易提供咨询意见和专业指导。

资料来源:龚雯、潘清,《上海数据交易所揭牌成立》,新华网,2021年11月25日。

1.2　开放枢纽门户城市的主要特征

总体上看,以纽约、伦敦、东京、新加坡、香港等城市为代表的具备开放枢纽门户功能的城市呈现出四大主要特征——全球联通性高、枢纽管控能力强、高端环节竞争力强、制度环境自由化程度高。

1.2.1　连接全球——全球联通性高

连接全球,通常指在物流、资金流、人流、信息流等方面存在广泛的国际连接,成为高度发达的全球联通网络节点。具体而言,不论是在有形的交通设施网络中,还是在无形的信息流动网络中,各层次、各领域的信息与资源流量交互十分频繁,连接全球意味着要在全球联通网络循环中处于中心节点地位。

1. 全球联系度和开放度高

一是全球整体联系度高。全球联系度是城市竞争力的重要方面,包括航空联系度、网络热度、科研人员联系度、金融企业联系度、科创企业联系度和航运联系度，其中航空联系度、金融企业联系度、科创企业联系度是决定全球联系竞争力的主要因素（倪鹏飞等，2020）。根据中国社会科学院财经战略研究院与联合国人居署最新发布的《全球城市竞争力报告（2020—2021）》，在全球联系指标全球前 20 强城市中，上海、纽约、伦敦、香港、东京分别位列第 1、2、3、5、9 位，在全球经济、金融、信息、文化等领域的交流和互动中处于中心地位，拥有较高的全球联通性。

二是对外开放程度高。营商软环境主要指城市与经济社会发展相关的政策、法制、市场等发展软环境，而城市的开放程度在很大程度上决定营商软环境的竞争力。在营商软环境指标全球前 20 强城市中，纽约、伦敦、新加坡、香港、上海、东京分

表 1.1　全球联系指标全球前 20 强城市

区　域	国　家	城　市	指　数	世界排名
亚洲	中国	上海	1.000	1
北美洲	美国	纽约	0.982	2
欧洲	英国	伦敦	0.934	3
欧洲	荷兰	阿姆斯特丹	0.932	4
亚洲	中国	香港	0.930	5
欧洲	法国	巴黎	0.928	6
亚洲	中国	北京	0.903	7
亚洲	新加坡	新加坡	0.897	8
亚洲	日本	东京	0.896	9
亚洲	土耳其	伊斯坦布尔	0.895	10
亚洲	阿拉伯联合酋长国	迪拜	0.859	11
亚洲	中国	广州	0.858	12
欧洲	意大利	米兰	0.852	13
北美洲	美国	洛杉矶	0.849	14
亚洲	中国	深圳	0.848	15
大洋洲	澳大利亚	悉尼	0.844	16
北美洲	美国	华盛顿特区	0.842	17
北美洲	美国	休斯顿	0.841	18
欧洲	西班牙	巴塞罗那	0.841	19
欧洲	西班牙	马德里	0.837	20

资料来源：倪鹏飞等，《全球城市竞争力报告（2020—2021）》，中国社会科学院财经战略研究院，2020 年 12 月。

表 1.2　营商软环境指标全球前 20 强城市

区　域	国　家	城　市	指　数	世界排名
北美洲	美国	纽约	1.000	1
亚洲	中国	北京	0.976	2
欧洲	英国	伦敦	0.953	3
亚洲	新加坡	新加坡	0.953	4
北美洲	美国	洛杉矶	0.942	5
亚洲	中国	香港	0.942	6
亚洲	中国	上海	0.942	7
亚洲	日本	东京	0.936	8
北美洲	美国	波士顿	0.915	9
北美洲	加拿大	多伦多	0.905	10
欧洲	德国	慕尼黑	0.905	11
北美洲	美国	西雅图	0.902	12
北美洲	美国	芝加哥	0.900	13
亚洲	韩国	首尔	0.897	14
亚洲	中国	台北	0.877	15
北美洲	美国	圣迭戈	0.876	16
北美洲	美国	旧金山	0.875	17
欧洲	瑞士	苏黎世	0.869	18
亚洲	中国	杭州	0.863	19
欧洲	荷兰	阿姆斯特丹	0.859	20

资料来源:同表 1.1。

别位列第 1、3、4、6、7、8 位,在市场对外开放程度方面具有明显优势。

三是跨国公司集聚度高。跨国公司是推动全球联系度和开放度进一步提高的主要载体,能推动各种要素的加速流动,并在全球范围内实现最优配置。20 世纪 90 年代,全球化进入高潮阶段,以世界经济一体化为主要特征的"超级全球化"得以形成。但金融危机后"超级全球化"遭遇重大挫折,在全球产业链、价值链与供应链层面开始出现"去全球化""去中国化"等现象,原有的世界格局和经济秩序不断被打破,新的国际秩序正在重建,全球化进程进入深度调整期。跨国公司的全球布局随之进入深度调整,甚至重构。但总体而言,跨国公司通过海外直接投资或外包,将其分支机构(如研发机构、区域总部、生产单元等)内嵌于专业化的地方产业集群中,在全球范围内构建基于技术、市场及成本的最佳价值生产区位组合,将不同区位企业或企业集群有机联系在一起,实现资源的优势互补和资源共享(王萌,2015)。

2. 交通设施网络联通性高

具备开放枢纽门户功能的城市通常拥有包括国际机场、跨国铁路、大型港口等基础设施在内的立体化交通设施体系,在全球交通网络中起着重要的联通作用。

一是在全球航空网络中的连通度高。一般认为,航空网络代表城市的空间可达性,反映城市的交易流情况和连通度,航线越密集,城市对外联系就越紧密,对外交往就越方便(Blondel et al.,2008)。在世界航空网络等级中,伦敦和亚特兰大位列第一等级,拥有最高的航空连通度,纽约位列第二等级,东京和新加坡位列第三等级。2019 年,根据国际机场协会(ACI)发布的"全球机场客流量榜单",美国的亚特兰大国际机场客连续 21 年占据榜首,是世界旅客转乘量最大、最繁忙的机场,2018 年亚特兰大机场客流量达 1.07 亿人次。

二是在国际航运体系中的联系性强。根据由新华社中国经济信息社与波罗的海交易所共同研究完成的《新华-波罗的海国际航运中心发展指数报告》(2016—2021 年),纽约、伦敦、东京、新加坡、香港均在国际航运中心发展指数榜单上排名前列。其中,新加坡自 2014 年至 2021 年连续 8 年位列第一,伦敦和香港在高端航运服务方面依然保持相当优势。值得关注的是,近年来上海在航运硬件和软件建设

表 1.3　世界航空网络等级划分

等　级	航　空　网　络
Alpha++(2)	伦敦、亚特兰大
Alpha+(7)	巴黎、芝加哥、上海、北京、纽约、莫斯科、法兰克福
Alpha(19)	洛杉矶、伊斯坦布尔、达拉斯-沃思堡、阿姆斯特丹、东京、新加坡、首尔、迪拜、巴塞罗那、华盛顿、罗马、曼谷、迈阿密、慕尼黑、丹佛、香港、广州、多伦多、马德里
Alpha-(21)	成都、布鲁塞尔、休斯顿、曼彻斯特、维也纳、台北、夏洛特、柏林、费城、杜塞尔多夫、西安、吉隆坡、昆明、帕尔玛、重庆、斯德哥尔摩、新德里、杭州、纽瓦克、菲尼克斯、苏黎世

资料来源:刘望保、韩茂凡、谢智豪,《全球航线数据下世界城市网络的连接性特征与社团识别》,《经济地理》2020 年第 1 期。

表 1.4 2016—2021 年新华-波罗的海国际航运中心发展指数排名

排名	2016 年	2017 年	2018 年	2019 年	2020 年	2021 年
1	新加坡	新加坡	新加坡	新加坡	新加坡	新加坡
2	伦敦	伦敦	香港	香港	伦敦	伦敦
3	香港	香港	伦敦	伦敦	上海	上海
4	汉堡	汉堡	上海	上海	香港	香港
5	鹿特丹	上海	迪拜	迪拜	迪拜	迪拜
6	上海	迪拜	鹿特丹	鹿特丹	鹿特丹	鹿特丹
7	纽约	纽约	汉堡	汉堡	汉堡	汉堡
8	迪拜	鹿特丹	纽约	纽约-新泽西	雅典	雅典
9	釜山	东京	东京	东京	纽约-新泽西	纽约-新泽西
10	雅典	雅典	釜山	雅典	东京	宁波舟山

资料来源:根据《新华-波罗的海国际航运中心发展指数报告》(2016—2021 年)整理而得。

上持续发力,借助自贸试验区发展、科技创新赋能、长三角协同发展等机制,综合排名不断靠前,并先后超越了东京、纽约和香港,于 2021 年位列世界第三。

3. 科技联系和网络联系广

一是科研人员间联系密切,科技联系度较高。在新冠肺炎疫情的影响下,全球科研人员间的联系越来越密切,在全球联系网络中日益发挥着举足轻重的作用。国际航空运输协会(IATA)的数据显示,由于一些国家和地区相继采取入境管制措施,国际航班数量大幅减少,预计 2021 年净亏损达 387 亿美元。[①]相比之下,科研人员之间的联系则由于更多通过线上会议等形式开展的科研活动而得到增强。根据《全球城市竞争力报告(2020—2021)》,科研人员联系度前 10 强城市分别为:北京、巴黎、伦敦、上海、纽约、波士顿、圣保罗、马德里、米兰和多伦多。此外,伦敦和纽约的科技企业联系度也位居前列。

二是数字网络联系广泛,在跨境数据利用方面处于领先地位。在信息化时代,受经济全球化和数字革命的影响,数据不仅要在一国内部便捷流动,也要在跨境范围便捷流动,全球数据跨境流动已成大势所趋。美国布鲁金斯学会的相关研究显

---

① 详见国际航空运输协会官网,www.iata.org。

示,2009—2018 年间,全球跨境数据流动对全球经济增长贡献度达到 10.1%。根据中国网络空间研究院编撰的《世界互联网发展报告 2020》,美国、中国、德国、英国、新加坡综合排名前五位,纽约、伦敦、东京等具有开放枢纽门户功能的城市在全球网络体系中也起着巨大的连通作用。其中,纽约在开放数据并对其进行合理利用方面领先世界。2018 年,纽约颁布了第四份《全民开放数据》大数据报告,更新了包括从 38 个代理、90 多个政府部门处获得的 629 套数据集,内容涉及地理空间、交通信息等多方面。

1.2.2　覆盖全球——枢纽管控能力强

具备开放枢纽门户功能的城市通常也是全球一流的国际金融、贸易和科技中心,如纽约、伦敦、东京、香港和新加坡等。从这些城市的发展历程看,它们都具有区位优势显著、产业基础厚实、经济辐射强劲、制度环境良好等综合特征。

1. 全球一流的国际金融中心

全球一流的国际金融中心基于不同的发展历程和特定的市场需求,形成了不同的立足点和定位,但都具有较强的枢纽管控能力。伦敦作为全球首屈一指的离岸金融枢纽,吸引了全球顶级金融机构和金融资本集聚。从发展历程看,伦敦是最早的国际金融中心,随着 20 世纪 50 年代欧洲美元市场的诞生,外国银行为了发展欧洲货币业务纷纷在伦敦设置机构,促成了欧洲美元与其他欧洲货币的借贷市场。在西欧国家放松外汇管制和美国限制资金输出的情况下,加上全面取消外汇管制,伦敦金融市场的离岸业务和国际离岸金融中心的地位不断强化。相比之下,新加坡和香港离岸金融中心的崛起,主要得益于二战后东亚经济腾飞和亚洲美元市场发展的契机,近年来又抓住了中国经济崛起和人民币国际化的机遇,从而成为联结亚洲与世界的离岸金融枢纽。

一流的国际金融中心各具特色、各有优势。具体来看,纽约金融中心的优势在于国际金融资源配置和商品定价,是世界美元交易的清算中心,以在岸金融业务为主、离岸金融业务为辅,纽约金融市场华尔街是全球资本运作的中心。伦敦金融中心是欧洲最大的金融中心，以离岸金融业务为主，并通过离岸金融带动在岸金融业务。东京在海外投资方面占有领先地位。香港和新加坡则分别在离岸人民币、资产和财富管理方面具备独特优势。

不同的国际金融中心形成了各具特色的离岸金融模式。目前，全球离岸金融主要存在四种模式，即内外分离型、内外一体型、有限渗透型和避税港型。其中，伦敦和香港比较相似，属于内外一体型，对离岸和在岸市场不进行任何区分，不设单独离岸账户，与在岸账户并账运作，资金出入无限制。纽约和东京则属于内外分离型，其特点是将在岸和离岸市场严格分开，离岸机构设立须经当局审核，且离岸业务只能在专门账户中进行，以免境外资金干扰和冲击境内金融市场。新加坡采用有限渗透型模式，即混合内外一体和内外分离模式的折中模式，虽然离岸账户与在岸账户分立，但允许两个账户之间有一定程度的渗透。相比之下，开曼群岛的避税港模式的功能较单一，此类金融中心只是离岸金融机构注册和办理市场交易记账事务的场所，这些机构的目的是规避母国税收和监管。

2. 全球一流的国际贸易中心

转口贸易和离岸贸易发达是全球价值链高端管控能力的重要体现。当前，全球一流的国际贸易中心大体可分两类：一是以纽约、伦敦和东京为代表的大国腹地型枢纽，二是以新加坡和香港为代表的新兴离岛型枢纽。这两类枢纽的发展模式各具特色、各有优势，但不论哪一种都在全球贸易网络中拥有较强的资源配置能力和枢纽管控能力。

以纽约、伦敦、东京为代表的腹地型离岸枢纽城市，依托国家雄厚的经济实力和一流的营商环境，吸引了外向型生产制造、国际商贸和物流产业，逐步发展成为世界贸易中心。具体来看，纽约并未出台专门的离岸贸易扶持政策，但凭借一流的营商环境和发达的金融贸易体系，充分发挥跨国公司总部高度集聚、信息通信技术发达、金融高度开放的优势，为离岸贸易发展营造良好环境，成为全球贸易网络的核心枢纽。伦敦十分注重营造高效、规范的营商环境，凭借较高的政策透明度、健全的法制规范、发达的通信网络吸引了诸多跨国公司总部和全球贸易商集聚，并基于总部集聚优势形成了全球贸易网络,从而成为发达的离岸贸易枢纽。另外,伦敦对外资企业实行国民待遇,企业所得税税率较低,并对多种产品免征增值税,这些均对离岸贸易发展起到积极作用。

新加坡、香港等国际一流自由贸易港,已由传统意义上的货物进出口桥头堡转型为管控全球贸易运营的控制中心,其转口贸易和离岸贸易发达,成为管理全球货物流动的核心枢纽。20 世纪 70 年代,新加坡从独立初期以加工制造业为主,向以贸易、会展和金融为重点的服务经济转型,大力发展离岸贸易、转口贸易等新兴贸易业态,成功转型为全球一流的国际贸易中心。针对离岸贸易,新加坡在 1989 年就实施了"特许石油贸易商"与"特许国际贸易商"项目,并于 2001 年将其合并为"全球贸易商计划"(GTP)。2018 年,新加坡离岸贸易规模达 11 600 亿美元,在全球名列前茅。香港的离岸贸易也十分发达,从 20 世纪 90 年代末开始,受内地全面对外开放、码头费用高企等因素影响,香港在转口贸易增长趋缓的背景下,充分发挥其在全球贸易网络、高水平服务方面的优势,大力发展离岸贸易,其离岸贸易及相关服务总值占香港本地生产总值的 50% 以上。2018 年香港离岸贸易规模达 6 179 亿美元,同样处于领先水平。2020 年,香港、新加坡和釜山口岸货物国际中转比率都已超过 50%,这些城市成为全球价值链高端管控节点。

3. 全球高能级跨国公司总部的集聚地

随着国际经贸格局变化和产业链重构,跨国公司的全球布局出现新一轮调整。

一是数字经济驱动跨国公司总部的功能转型。联合国贸发会议(UNCTAD)在《2017 年世界投资报告》提出,数字经济将影响跨国公司的海外业务模式、全球供应链的治理模式和海外子公司对东道国的影响,进而影响公司的海外扩张、跨国投资的规模和方向(UNCTAD,2017)。数字经济的发展驱动跨国公司的全球布局明显表现出轻(海外)资产化、物理网点功能弱化的新趋势,并驱动新型数字型总部功能和地位上升。根据普华永道发布的"2020 全球市值 100 强上市公司排行榜",前 10 名中有 7 家属于数字经济,包括微软、苹果、亚马逊、阿里巴巴、腾讯等,而 100 强中有 26 家属于数字经济范畴。根据联合国贸发会议统计,全球 100 强数字行业跨国企业的数量及其资产迅速增长,远超其他行业跨国公司的成长速度,而且偏年轻化,有 30 家都是近 10 年内成立的新型公司。

二是服务业跨国公司总部成为新的增长点。当前,服务贸易在全球价值链中的地位不断提升,日益成为全球贸易和世界经济增长的新动力。2006—2018 年,服务贸易出口平均增长 6.3%,是全球经济增速(2.7%)两倍以上。全球服务贸易增速明显高于货物贸易,在全球贸易中的占比和地位稳步提升。2012—2018 年,全球服务贸易年均增长 3.11%,高于货物贸易年均增速(−0.33%)。WTO 的《2019 世界贸易报告》预测,2040 年服务贸易占全球贸易总额比重将上升到 50%。在联合国贸发会议报告的全球跨国企业 100 强(未包括跨国银行)中,服务业企业的数量稳步增长,几乎已占 100 强的 1/3。此外,100 强中服务业跨国企业的国际化指数(TNI)的提升也明显高于制造业及第一产业跨国企业。

1.2.3 影响全球——高端环节竞争力强

当前,全球城市间的竞争主要体现在高端环节的竞争方面。其中,产业链、价值链和创新链的核心环节竞争尤为激烈。随着全球数字化时代的到来,高端环节竞争力又与加速兴起的数字经济、数字贸易紧密结合,催生了新一代的国际产业链条的竞争格局。

1. 全球产业链核心环节集聚

如今,全球化生产转变为垂直分工与水平分工交织,投资区位选择以潜在市场规模为首要因素。跨国公司会通过海外直接投资或外包,将研发机构、区域总部、生产单元等分支机构内嵌于专业化的地方产业集群中。在这一过程中,开放枢纽门户城市承载着产业链核心节点和全球化或区域化辐射中心功能。

从数量上看,纽约、伦敦和东京是跨国公司总部集聚的首选地点。根据 2020 年《财富》发布的世界 500 强企业数据,设在东京、纽约、巴黎、伦敦的世界 500 强企业总部数量分别为 39 家、17 家、17 家、13 家,其总营收额分别为 2.44 万亿美元、1.00 万亿美元、0.96 万亿美元、1.03 万亿美元,均位居世界前列。

表 1.5　2020 年开放枢纽门户城市的世界 500 强企业情况

城　　市	东京	纽约	巴黎	伦敦	香港
总部数量(个)	39	17	17	13	7
总部总营收(万亿美元)	2.44	1.00	0.96	1.03	0.35

资料来源：财富中文网,www.fortunechina.com。

从结构看,跨国公司总部的结构比较完善,服务业跨国公司总部、创新型跨国公司总部的占比较大。尤其随着数字金融的深入发展,以纽约、东京为代表的开放枢纽门户城市从以外商直接投资为代表的金融枢纽向金融服务枢纽转变,跨国公司总部纷纷入驻并输出各种创新金融产品和无形的技术与管理,实现金融服务领先地位(上海大学课题组,2020)。

从能级看,集聚的跨国公司总部大部分为其亚太总部或全球总部,全球供应链整合能力强。东京立足于日本跨国公司的总部集聚优势,在全球贸易网络中占据重要枢纽位置。作为联结日本本土跨国公司和全球市场的重要载体,尽管东京的总部数量不多,但集聚了许多日本跨国公司的全球总部,能级非常高。目前,在《财富》世界 500 强中,日本有约 50 家公司入围,其中总部在东京的公司占比在 50％以上。近年来,东京通过建立亚洲总部特区,进一步吸引跨国公司总部集聚,并为落户特区的外国企业提供税收优惠制度,对其给予财政和金融援助,推动离岸贸易业务发展,这对提升日本在全球贸易网络中的竞争力起到重要作用。

2. 全球价值链高端环节集聚

全球产业链布局的新趋势直接影响全球价值链布局。近年来,发达国家纷纷出台以发展智能制造为核心的"再工业化"战略,抢占新产业发展的制高点。在新一代信息技术的驱动下,全球产业价值链的知识技术密集度都在增强,研发和无形资产的重要性与日俱增。根据麦肯锡全球研究院的《全球价值链变革与新"中国效应"》报告,2000—2016 年间,无形资产在全球总营收中的占比从 5.4％增加到了13.1％。

一是数字经济占比不断提高,催生全球价值链的高端新内涵。德国、英国、美国的数字经济占 GDP 比重已超过 60%。具有高数字经济占比的国家或城市往往是跨国公司高能级总部集聚与投资汇聚的重要地区。以主要全球城市为例,其在《全球数字经济竞争力发展报告(2020)》中的排名、其作为全球总部城市的排名和其拥有的跨国公司全球总部数量,这三者具有高度相关性。例如,纽约在全球数字经济竞争力和全球总部城市排名中均位列第一,集聚 62 家跨国公司 500 强全球总部;伦敦在全球数字经济竞争力排名中位列第三,在全球总部城市排名中位列第六,吸引了 30 家跨国公司 500 强全球总部。

表 1.6　全球城市的数字经济竞争力与其作为全球总部城市的情况比较

全球城市	全球数字经济竞争力排名	全球总部城市排名	跨国公司 500 强全球总部数量(家)
纽约	1	1	62
伦敦	3	6	30
东京	5	3	53
旧金山	6	4	45
北京	8	2	57
巴黎	10	6	30
上海	12	12	10

资料来源:(1)上海社会科学院信息研究所,《全球数字经济竞争力发展报告(2020)》,2021 年 1 月 5 日;(2)全球总部城市排名与跨国公司 500 强全球总部数量源自根据邓白氏企业数据库、福布斯 500 强排行榜等收集整理的数据库。

二是科技型、数字型跨国公司在高端价值链节点中的重要性攀升。在 WIR (wirglobal.com)公布的世界 100 强跨国公司中,轻资产科技跨国公司的数量由 2010 年的 4 家提高到 2020 年末的 15 家。跨国企业在全球价值链高端的知识密集度提升,削弱了海外生产经营活动(销售额)与海外资产的联系。在联合国贸发会议报告的全球跨国企业 100 强中,数字经济跨国企业的海外资产与总资产、海外资产份额与海外销售份额的比率都大大低于传统跨国企业。其中,数字经济跨国企业的海外资产份额与海外销售份额的比率为 1∶1.806,而传统跨国企业的该比率为 1∶1.099。价值链的数字化导致跨国企业将更多的资产集中于母国,总部协调功能加强,海外投资强度下降。

三是数字贸易领军企业和服务平台正在成为新型国际贸易的核心主体,对国际贸易流向和流量产生重大影响。比如,圣何塞、西雅图、圣迭戈等城市由于拥有谷歌、微软、高通等具有全球影响力的数字经济巨头,数字贸易创新策源能力较强,拥有强劲的数字贸易活力。

3. 全球高端创新资源集聚

东京、纽约、伦敦位于全球科技创新的中心地位,是全球创新链的高端枢纽。根据《全球城市竞争力报告(2020—2021)》,东京、北京、纽约、伦敦、首尔、波士顿、旧金山、上海、芝加哥、西雅图位居全球城市科技创新竞争力前 10 位。同时,比较全球各城市的竞争力可以发现,纽约、东京、伦敦不仅是具有代表性的全球一流科技创新中心,同时也是全球综合中心城市,其全球城市竞争力分别位列第 1、3、4 位。

表 1.7　科技创新指标与全球城市竞争力前 10 强城市

排名	科技创新指数	科技创新指标前 10 强	全球城市竞争力前 10 强
1	1.000	东京	纽约
2	0.959	北京	新加坡
3	0.954	纽约	东京
4	0.930	伦敦	伦敦
5	0.874	首尔	慕尼黑
6	0.872	波士顿	旧金山
7	0.865	旧金山	洛杉矶
8	0.858	上海	巴黎
9	0.842	芝加哥	深圳
10	0.829	西雅图	圣何塞

资料来源:同表 1.1。

一是拥有雄厚的底层技术和核心优势。以东京为例,2020 年 9 月 2 日,世界知识产权组织(WIPO)与康奈尔大学、欧洲工商管理学院等联合发布了《2020 年全球创新指数报告》。从报告中的排名情况看,东京-横滨科技集群位居全球第 1 位,纽约位列全球第 8 位。从专利申请量看,东京-横滨 PCT 申请量为 113 224 件,科学出版物在 PCT 申请总量中的占比达 10.81%。从生物医药领域看,全球生物医药产业的顶尖创新资源高度集聚在北美和欧洲,尤其是以美国硅谷和波士顿为代表的生物医药创新集群在全球处于引领位置。硅谷和波士顿不仅拥有全球领先的生物医药技术,还汇聚了诸多顶尖研发机构、科学家和企业。波士顿实行先进的"临床—实验室—临床"研发模式,对生物医药前沿创新潮流具有极大影响力,形成强大的外溢效应。

二是吸引全球创新链高端人才。通过比较部分主要城市的外籍人口占比可以发现,纽约和新加坡作为具有代表性的开放枢纽门户城市,其外籍人口占比均在30%以上,人口结构呈现出多元化和国际化的特点,尤其对全球高端人才有较强吸引力。纽约在吸引年轻且高素质的人才方面具有显著优势,当地要素指标稳居全球第一,伦敦、东京和新加坡均位列前10强。2020年10月,德科集团与欧洲工商管理学院及谷歌联合发布的《全球人才竞争力指数报告(2020)》指出,在2020年城市人才竞争力排名前20的城市中,纽约、伦敦和新加坡位列前三名,在人才吸引、培养、留存等方面表现突出。

表 1.8　主要城市的外籍人口占比

城　市	上海	北京	深圳	东京	新加坡	纽约
外籍人口占比(%)	0.8	0.7	0.2	4.2	31.1	36.5

资料来源:上海海事大学课题组,《上海自贸试验区临港新片区集聚海内外人才开展国际创新协同研究》,2020年。

表 1.9　当地要素指标全球前 20 强城市

区　域	国　家	城　市	指　数	世界排名
北美洲	美国	纽约	1.000	1
亚洲	中国	深圳	0.937	2
北美洲	美国	芝加哥	0.841	3
欧洲	英国	伦敦	0.837	4
北美洲	美国	波士顿	0.834	5
亚洲	中国	上海	0.833	6
亚洲	日本	东京	0.832	7
亚洲	韩国	首尔	0.815	8
欧洲	爱尔兰	都柏林	0.801	9
亚洲	新加坡	新加坡	0.799	10
亚洲	中国	北京	0.783	11

续表

区　域	国　家	城　市	指　数	世界排名
欧洲	法国	巴黎	0.772	12
北美洲	美国	旧金山	0.767	13
欧洲	俄罗斯	莫斯科	0.765	14
大洋洲	澳大利亚	悉尼	0.760	15
北美洲	美国	洛杉矶	0.759	16
亚洲	印度	孟买	0.759	17
亚洲	中国	香港	0.758	18
亚洲	阿拉伯联合酋长国	迪拜	0.747	19
北美洲	加拿大	多伦多	0.747	20

资料来源:同表 1.1。

1.2.4　融通全球——制度环境自由化程度高

综观纽约、伦敦、东京、新加坡、香港等具有开放枢纽门户功能的城市,它们都实行高水平的金融、贸易、数据、服务等开放措施,构建国际一流的开放型制度环境和高质量营商环境。

1. 高标准国际经贸规则

高标准国际贸易规则的新趋势和全球产业链、供应链、价值链的发展与数字经济的融合与蓬勃兴起密不可分。目前,发达国家主导的自由贸易协定谈判的内容主要涉及市场准入、技术标准、环境保护、知识产权保护、安全卫生标准、争端解决机制、监管一致性,以及服务贸易、跨境电商、跨境数据自由流动等方面的规则标准。与国际高标准经贸规则接轨,是增强国际枢纽管控能力的必备条件,也是构建全球一流国际贸易中心、金融中心、科创中心的必要条件。

在产业革命背景下,数字经济、服务经济迅猛发展,区域内贸易壁垒减少。当前,发达国家以货物贸易和加工制造为主、免于海关惯常监管的传统自由贸易港趋于衰落[①],而基于发达的离岸业务、宽松的监管方式和强大枢纽管控能力的新型自

---

① 发展自由贸易港的必要性与贸易自由化程度密切相关。2013 年汉堡自由贸易园区之所以关闭,原因便在于随着欧盟一体化的推进和内部贸易壁垒的消除,保留海关围网的必要性已大大减小,反而增加了监管成本。换个角度看,最近英国之所以计划设立多到 10 个自由港,也与英国与欧盟的贸易占其贸易总量比重高达 50%,脱欧后与欧盟进行贸易的壁垒上升有很大关系。

由贸易港迎来日益广阔的发展空间。诸如新加坡等国际一流自由贸易港已由传统意义上的货物进出口桥头堡转型为全球贸易运营的控制中心,成为管理全球货物、资金、信息流动的核心枢纽。

2. 开放型制度环境

开放的制度环境离不开完整的法律体系。以离岸金融领域为例,除适用基本的金融法规外,部分具有开放枢纽门户功能的城市所在国家(地区)还针对银行、保险、信托等业务制定了专门的法律法规。例如,新加坡离岸金融业务主要受该国《公司法》《证券业法》《股票交易所挂牌条例》的约束,在特定业务领域也有相应要求,如法定"债券发行计划书"明确要求发行新加坡元以外货币债券时,要详尽披露与发行者相关的实际情况等。中国香港以《证券及期货条例》《保险公司条例》《银行业条例》三大条例为核心,建立起完善的金融监管法律体系,对离岸金融发展起到重要作用。

表 1.10 不同国家和城市的离岸市场优惠措施

离岸市场	中国香港	新加坡 ACU	日本 JOM	美国 IBF
法定准备率	无	豁免	豁免	豁免
利率管制	豁免	无	豁免	豁免
利率预扣税	无	无	豁免	豁免
居民借款权利	自由	须经金融管理局批准	禁止	禁止
存款保险制度	无	无	豁免	豁免
贷款利息及海外收入预扣税	非经海外机构接洽须缴利得税	10%	须缴利得税、地方税、印花税	须缴联邦税、州税和地方税
国际银团贷款所得税	无	无	须缴利得税、地方税、印花税	须缴联邦税、州税和地方税
海外利润派息	自由	自由	自由	自由

资料来源:闫海洲等,《国际离岸金融市场发展对上海自贸区建设的借鉴意义》,《上海经济研究》2014 年第 10 期。

1.3　未来上海开放枢纽门户功能的新特征

上海既要立足于全球价值链的深刻变化,把握全球新产业革命和中国经济高质量发展的要求,也要立足于中国作为超大经济体的特点,借鉴伦敦、纽约、东京等城市的经验,着力强化开放窗口、枢纽节点、门户通道作用。

1.3.1　高水平制度型开放的示范窗口作用更加突出

在新发展格局下,上海将率先形成与高标准国际规则相衔接的制度规则,成为中国重大开放举措率先落地的标杆和窗口。

1. 与国际经贸规则接轨程度更高

上海应依托浦东高水平改革开放、自贸试验区和临港新片区、虹桥国际开放枢纽等重大战略载体,主动对标区域全面经济伙伴关系协定(RCEP)、中欧全面投资协定(中欧 CAI)、全面与进步跨太平洋伙伴关系协定(CPTPP)等高水平经贸规则,扩大制度型开放,打造与国际通行规则相衔接的制度创新高地。

RCEP 是迄今中国参与的经济体量最大的自贸协定,涵盖了货物贸易、服务贸易、投资和电子商务、知识产权、竞争等诸多议题。总体来看,RCEP 承诺呈现出较强的规则透明度和操作性,尤其是在服务贸易领域。在金融、旅行社、海运服务等领域,中国对允许开展的一些具体业务做出了承诺,提升了营商环境透明度。该协定在与电子商务、知识产权等有关的制度规则方面做出了诸多规定,在高水平制度创新层面具有重要意义,有利于降低服务贸易交易成本。比如,各方达成了亚太区域首份范围全面、水平较高的多边电子商务规则。

中欧 CAI 作为双边投资协定,主要涵盖中欧双边投资及相关的公平竞争、可持续发展等议题。中欧 CAI 在一批服务业部门去除了对外资在从业资质与资本金要求方面的准入限制。比如,在租赁服务项下中欧 CAI 去除了服务提供者的全球资产应达到 500 万美元的限制性条款。同时中欧 CAI 打破了中国在电信/云服务方

专栏 1.4 《区域全面经济伙伴关系协定》(RCEP)

2020 年 11 月 15 日,第四次区域全面经济伙伴关系协定领导人会议通过视频方式举行,国务院总理李克强出席会议。会上,在东盟 10 国及中国、日本、韩国、澳大利亚、新西兰 15 个国家领导人的共同见证下,各国贸易部长签署了 RCEP。商务部部长钟山代表中国政府签署协定。这标志着全球规模最大的自由贸易协定正式达成。RCEP 是一个现代、全面、高质量、互惠的大型区域自贸协定。RCEP 由序言、20 个章节、4 个市场准入承诺表附件组成,整合了东盟与中国、日本、韩国、澳大利亚、新西兰多个"10＋1"自贸协定以及中、日、韩、澳、新西兰 5 国之间已有的多对自贸伙伴关系,还在中日和日韩间建立了新的自贸伙伴关系。同时,RCEP 还照顾到不同国家的国情,给予最不发达国家特殊与差别待遇,通过规定加强经济技术合作,满足了发展中国家和最不发达国家的实际需求。

资料来源:泰和泰国际业务部,《〈区域全面经济伙伴关系协定〉(RCEP)条文解读》,泰和泰律师事务所,2020 年 11 月 20 日。

面对外资设定的投资限制,实际上允许欧盟投资者通过设立股比不超过 50% 的中外合资企业在华经营云服务。在建筑服务领域,中国将取消在 GATS"服务贸易具体承诺减让表"中保留的建筑服务外商投资项目限制。在空运服务领域,中国承诺在航空计算机订座系统服务方面对欧盟投资者开放。在医疗服务领域,CAI 突破了医疗机构仅限合资的限制,允许外国医护人员在外资医院执业。

2. 努力构建与国际高标准接轨的营商环境

国际化、市场化、法治化的营商环境是上海开放的最大优势。上海要在对标世界银行《营商环境报告》、WTO《贸易便利化协定》、世界经济论坛《全球竞争力报告》等给出的国际营商环境标准的基础上,聚焦投资贸易环境、知识产权保护、信用体系建设、要素市场化等领域,统筹推进制度创新、资源整合和流程再造,打通政策落地"最后一公里",努力为各类市场主体营造稳定、公平、透明、可预期的发展环境。

1.3.2 全球投资贸易网络中的高端枢纽管控功能更加显著

未来,上海将在加强全球资源整合基础上,更加注重强化在全球投资贸易网络中自主可控的高端枢纽管控能力。

1. 跨国公司地区总部能级进一步提升

通过优化跨境投资贸易营商环境,上海将集聚更多具有亚太乃至全球管控功能的跨国公司总部,并吸引更多本土跨国公司在上海设立总部。近年来,上海市跨国公司地区总部数量逐年增加。截至 2020 年,上海累计引进跨国公司地区总部 771 家、外资研发中心 481 家,实际使用外资 202.33 亿美元,首次突破 200 亿美元,占全国比重为 14.0%,处于全国领先地位(程兆博,2021)。具体来看,相当一部分新入驻的跨国企业为《财富》世界 500 强企业和全球行业龙头企业,其中包括日本伊藤忠商事株式会社、美国可口可乐公司、世界焊接行业巨头美国的林肯电气公司等。

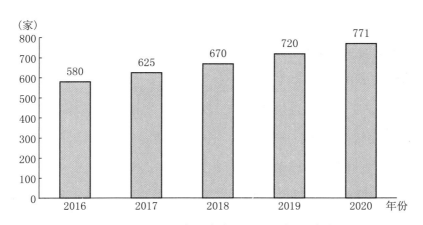

图 1.1　2016—2020 年上海市跨国公司地区总部数量

资料来源:根据上海市商务委员会公布的资料整理而得。

根据《"十四五"时期提升上海国际贸易中心能级规划》,上海将"持续提升总部经济能级,创新资金管理、境外融资、数据流动、人员出入境、通关便利等方面功能性政策,大力吸引跨国公司亚太总部和全球总部落户。继续保持中国内地外资总部能级最高、质量最优的城市地位,累计落户跨国公司地区总部 1 000 家左右、外资研发中心 560 家左右"。

2. 全球资源调拨和管控能力显著提高

一是打造新型国际贸易发展高地。上海不再只是货物进出通道,而是通过发展离岸贸易等新型国际贸易,实现货物在境外流动,通过大型跨国贸易商汇聚资金流、订单流,成为贸易营运和控制中心。通过加快国际贸易新业态、新模式创新发展,将创新驱动作为推动贸易新旧动能接续转换的关键动力,进一步推动上海融入全球价值链、供应链体系,提升国内国际两个市场的资源配置能力。

二是打造国际领先航空枢纽功能。《上海国际航运中心建设"十四五"规划》提出,2025 年基本建成便捷高效、功能完备、开放融合、绿色智慧、保障有力的世界一流国际航运中心。一方面携手苏浙皖强化区域港航协同发展机制,推动构建长三角世界级港口群、形成一体化治理体系;另一方面强化航运服务功能集聚区建设,大力促进海事法律、航运金融、航运咨询、文化会展等现代航运服务要素集聚。上海将建设以智慧高效的集装箱枢纽港、品质领先的航空枢纽港、国际一流的邮轮母港等为特征的具有全球影响力的国际航运中心[①],进一步增强国际航线、货物、人才等资源要素的集聚和配置能力。

目前,上海空港枢纽能力稳步提升。2020 年,上海港集装箱吞吐量全年达到4 350 万标准箱,连续 11 年位居世界第一;国际中转完成超 530 万标准箱,同比增长超过 14%;内贸吞吐量总和突破 600 万标准箱,同比增长约 15%(沈则瑾,2021)。在此基础上,"十四五"规划提出,"十四五"期间上海港集装箱年吞吐量达到4 700 万标准箱以上。

三是国际金融中心能级显著提升。人民币金融资产配置和风险管理中心地位更加巩固,全球资源配置功能明显增强。全球资产管理中心生态系统更加成熟,更

---

① 详见上海市人民政府办公厅印发的《上海国际航运中心建设三年行动计划(2018—2020)》。

表 1.11　2020 年上海浦东机场业务情况

	飞机起降架次(架次)	旅客吞吐量(万人次)	货邮吞吐量(万吨)
总计	325 678	3 047.65	368.66
国内	231 372	2 561.26	26.92
国际	90 258	409.52	297.97
地区	16 667	76.87	43.77

资料来源:根据上海机场(集团)有限公司的资料整理而得。

表 1.12　2020 年上海浦东机场收入情况

	2020 年 1—12 月金额(元)	占总收入比重(%)
航空性收入	1 727 274 734.84	40.14
架次相关收入	989 386 212.96	22.99
旅客及货邮相关收入	737 888 521.88	17.15
非航空性收入	2 576 190 353.10	59.86
商业餐饮收入	1 267 582 588.09	29.45
其他非航收入	1 308 607 765.01	30.41
合　计	4 303 465 087.94	100.00

资料来源:同表 1.11。

好满足国内外投资者资产配置和风险管理需求。金融科技中心全球竞争力明显增强,助推城市数字化加快转型。国际绿色金融枢纽地位基本确立,促进经济社会绿色发展。人民币跨境使用枢纽地位更加巩固,"上海价格"的国际影响力显著扩大。国际金融人才高地加快构筑,金融人才创新活力不断增强。金融营商环境高地更加凸显,国际金融中心软实力显著提升。

1.3.3　数字化时代的新型门户通道作用更加凸显

在新产业革命和数字经济崛起背景下,未来大规模口岸货物的门户作用可能趋于下降,而数字产品和高端服务的门户作用将更加凸显。

1. 数字贸易发展将使门户作用取得新突破

一是数字贸易发展将使上海获得更广泛的全球链接能力。数字化对上海国际贸易中心的影响突出体现为数字化对传统贸易方式的全面再造及数字平台类企业的快速发展。数字贸易将渗透到制造和服务价值链的各个环节,通过吸引和培育一批全球排名靠前的数字平台类企业,上海将集聚一批为其提供数据存储、大数据、云计算、区块链等配套服务的企业,形成强大的数字贸易产业集群,培育具有全球影响力的数字贸易平台。

二是未来数字贸易平台将推动新一代国际贸易中心的贸易设施、贸易环境和贸易政策的变革,提升与数字经济相关的行业开放度。通过前瞻谋划和稳步推进,上海将形成以数据驱动为核心、以平台为支撑、以商产融合为主线的数字化、网络化、智能化发展模式,增强数字经济竞争力。上海将以自动驾驶、智能制造和工业互联网、数字化服务等领域的数据跨境流动为突破口,持续完善跨境数据流动规则体系和数字贸易配套政策,加快数字基础设施建设,营造平台企业生态体系,打造全球数字贸易自由港。

2. 高端要素进出的门户通道作用更凸显

上海将进一步掌握高端环节的关键技术、关键零部件、关键材料的制高点,强化产业资源的系统集成能力,在国内大循环中形成对产业的掌控力和引领力,成为全球产业链、供应链、价值链的重要枢纽。

一方面,未来上海高端服务贸易的全球竞争力将进一步提高。受供给侧改革和消费升级产生的新服务需求、服务与制造融合发展趋势的影响,未来上海服务贸易的比重将进一步提高,以知识密集型服务为重点的高端服务贸易加快发展,且比重持续稳步提升。

另一方面,新型制造将与高端服务实现深度融合。通过聚焦集成电路、人工智能、生物医药、高端装备等重点产业,上海的高端创新能力将得到进一步强化。与此同时,通过放宽高端服务业准入,加大新型基础设施投资力度,打破商品和要素流动壁垒,上海将形成统一开放、竞争有序的市场体系,吸引人才、科技、数据等全球高端要素进出。

专栏 1.5 数字化时代的"数字产业化"和"产业数字化"

数字经济从数字产业化和产业数字化两个方向刺激新兴产业发展、推动传统产业转型升级,并不断重塑产业结构的形态。

数字产业化孕育新产业,对产业结构产生影响

数字技术通过产业化发展成为新的产业。经过信息技术几十年的发展,电子信息制造业、软件和信息技术服务业等已较为成熟,物联网、大数据、云计算、人工智能等产业发展迅猛并正在引领数字经济的发展潮流。这些新的产业使产业结构的内涵日益丰富。

数字技术催生新的商业模式,新的商业模式进而形成新的产业。相比于以企业价值创造为中心的传统商业模式,数字技术催生出以客户价值创造为中心、基于互联网创新的商业模式,缓解了信息不对称所带来的资源配置效率低下、社会福利无谓损失等问题,增加了商业利润、激发了商业活力,进而发展成为一种新的产业形态。

产业数字化推动传统产业转型升级,对产业结构产生影响

产业数字化催生了可感知的智能生产模式。在生产工艺方面,基于数字技术与工业软件的增材制造技术,突破了传统减材制造技术难以生产复杂结构部件的约束;在生产工具方面,工业机器人快速发展,甚至逐渐具备自我感知、判断和决策能力,其广泛应用代替了大量重复性的人类劳动。

产业数字化塑造了可视化的产业组织模式。作为数字技术赋能传统产业的平台和载体,工业互联网实现了生产者、消费者、供应商、设备和产品的联网,搭建了人、机、物对话的框架,成为信息的"汇集池"和资源的"匹配器"。每一个参与主体不仅能够了解与自己有直接业务关系的合作者,而且能够清晰地辨识与其存在间接关系的各类主体,同时实时监控物理设备运行状况,从而做出精准的战略决策、推动运营优化。

总的来看,数字产业化与产业数字化是数字经济推动产业结构升级的两个基本方向。虽然我国已经建立起了门类齐全、规模庞大的工业体系,但是产业整体的数字化水平依然较低,传统产业的数字化升级将会极大地改变我国的产业结构。今后一个时期,需在大力发展数字产业化的基础上,更加重视并加快产业数字化的步伐。

资料来源:陈晓东,《数字经济影响产业结构演进的方向路径》,《经济日报》2021年5月21日。

1.3.4 对内对外一体化开放的战略节点功能更加完善

立足新发展格局,对内、对外双向开放,着力打造国内大循环的中心节点、国内国际双循环的战略链接。

1. 临港新片区成为中心节点和战略链接的核心枢纽

上海自贸试验区临港新片区聚焦培育投资、贸易、金融、航运等重点领域核心功能,推出一批具有更大力度的重大开放政策和制度,成为服务双循环的核心枢纽平台。

一是力争在各个领域实现制度性突破,真正形成全球资源配置能力。在投资贸易领域,牢牢抓住特殊综保区、特殊经济功能区"两大载体",打造畅通高水平国际循环的深度开放大通道。在产业领域,聚焦发展"五型经济",大力集聚培育头部企业,加快构建开放协同创新体系,整合全产业链带动"两大生态",布局打造掌握核心技术、具有国际竞争力的产业集群,将临港新片区打造成引领中国经济高质量发展和新发展格局的前沿产业增长极。在金融、航运等服务领域,依托超大规模国内市场和腹地优势,充分发挥在上海大都市圈、长三角、国内大循环"三圈协同"中的辐射带动效应,打造服务国内大循环的联动发展新引擎。

二是对标CPTPP推进自贸试验区高水平制度创新,为国家层面扩大开放提供参考。比如,拓展跨境服务贸易的非商业存在领域,在无船承运、跨境电商、在线广告、跨国法律服务等领域先行试点,探索建立对非商业存在提供服务的管理机制;

在知识产权领域对版权权利管理信息实行保护制度,探索构建互联网版权的权利管理信息保护制度。

2. 进博会和大虹桥成为双循环战略链接的重要窗口和平台

中国国际进口博览会(以下简称"进博会")作为联通全球商品和中国超大市场的桥梁,为上海打造双循环战略链接提供了得天独厚的载体。大虹桥地区依托进博会,持续放大溢出带动效应,吸引更多全球高端要素和优质资源集聚,打造联动长三角、服务全国、辐射全球的商品和服务集散中心。

一是依托进博会构建线上线下融合的巨型经贸生态平台。新冠肺炎疫情发生以来,线上消费常态化趋势日益明显。应抓住进博会契机,线上整合酒类、汽车、机床、医疗器械、化妆品等 10 余个专业展示交易平台,吸引"一带一路"沿线国家和地区与高能级贸易投资主体线上参展,并与国内知名的跨境电商平台开展线上业务合作,促进进口商品领域的强强联手、优势互补,联合打造中国进口商品云平台。

二是提升虹桥国际经济论坛的全球对话功能。邀请 RCEP、CPTPP 成员国的高端政要参与对话,聚焦全球开放合作及多边贸易自由化、便利化等重大议题,提升虹桥国际经济论坛的全球关注度和影响力,引导全球舆论和行业发展趋势。

三是高标准推动虹桥商务区建设。聚焦发展总部经济、平台经济、数字经济、会展经济,打造具有集聚辐射带动作用的高端服务产业集群。创新发展数字贸易、技术贸易、电子商务等新型贸易业态。营造宜商、宜业、宜居的商务生态。

3. 长三角生态绿色一体化示范区成为更高质量一体化发展的标杆

一是打造体制机制创新高地。聚焦规划管理、土地管理、财税分享等方面,率先开展一体化制度创新。协同推进规划编制,跳出行政界限约束,建立统一的国土空间规划体系,统筹划定各类控制线、统一规划建设标准,实现"一张蓝图管全域"。

二是打造产业协同发展高地。放大华为研发总部等一系列重大项目的创新溢出效应,在区内开展终端芯片、无线网络和物联网研发等业务,加速建成全球高标准的高科技研发基地。延伸机器人、集成电路产业链,全面启动长三角面向物联网领域的"感存算一体化"超级中试中心建设,构建传感、计算、存储产业链新布局,打造世界级物联网产业高地和集聚地。

专栏 1.6　长江三角洲区域一体化发展目标

到 2025 年,长三角一体化发展取得实质性进展。跨界区域、城市乡村等区域板块一体化发展达到较高水平,在科创产业、基础设施、生态环境、公共服务等领域基本实现一体化发展,全面建立一体化发展的体制机制。

城乡区域协调发展格局基本形成。上海服务功能进一步提升,苏浙皖比较优势充分发挥。城市群同城化水平进一步提高,各城市群之间高效联动。省际毗邻地区和跨界区域一体化发展探索形成经验制度。城乡融合、乡村振兴取得显著成效。到 2025 年,中心区城乡居民收入差距控制在 2.2∶1 以内,中心区人均 GDP 与全域人均 GDP 差距缩小到 1.2∶1,常住人口城镇化率达到 70%。

科创产业融合发展体系基本建立。区域协同创新体系基本形成,成为全国重要创新策源地。优势产业领域竞争力进一步增强,形成若干世界级产业集群。创新链与产业链深度融合,产业迈向中高端。到 2025 年,研发投入强度达到 3% 以上,科技进步贡献率达到 65%,高技术产业产值占规模以上工业总产值比重达到 18%。

基础设施互联互通基本实现。轨道上的长三角基本建成,省际公路通达能力进一步提升,世界级机场群体系基本形成,港口群联动协作成效显著。能源安全供应和互济互保能力明显提高,新一代信息设施率先布局成网,安全可控的水网工程体系基本建成,重要江河骨干堤防全面达标。到 2025 年,铁路网密度达到 507 公里/万平方公里,高速公路密度达到 5 公里/百平方公里,5G 网络覆盖率达到 80%。

生态环境共保联治能力显著提升。跨区域跨流域生态网络基本形成,优质生态产品供给能力不断提升。环境污染联防联治机制有效运行,区域突出环境问题得到有效治理。生态环境协同监管体系基本建立,区域生态补偿机制更加完

善,生态环境质量总体改善。到 2025 年,细颗粒物(PM2.5)平均浓度总体达标,地级及以上城市空气质量优良天数比率达到 80％以上,跨界河流断面水质达标率达到 80％,单位 GDP 能耗较 2017 年下降 10％。

公共服务便利共享水平明显提高。基本公共服务标准体系基本建立,率先实现基本公共服务均等化。全面提升非基本公共服务供给能力和供给质量,人民群众美好生活需要基本满足。到 2025 年,人均公共财政支出达到 2.1 万元,劳动年龄人口平均受教育年限达到 11.5 年,人均期望寿命达到 79 岁。

一体化体制机制更加有效。资源要素有序自由流动,统一开放的市场体系基本建立。行政壁垒逐步消除,一体化制度体系更加健全。与国际接轨的通行规则基本建立,协同开放达到更高水平。制度性交易成本明显降低,营商环境显著改善。

到 2035 年,长三角一体化发展达到较高水平。现代化经济体系基本建成,城乡区域差距明显缩小,公共服务水平趋于均衡,基础设施互联互通全面实现,人民基本生活保障水平大体相当,一体化发展体制机制更加完善,整体达到全国领先水平,成为最具影响力和带动力的强劲活跃增长极。

资料来源:《长江三角洲区域一体化发展规划纲要》。

第 2 章

上海强化开放枢纽门户功能面临的
新形势与新要求

自 20 世纪 90 年代以来,上海以浦东开发开放为龙头,积极参与全球分工,承接国际产业转移,实现跨越式发展,成为中国最大的经济中心。从 2001 年中国加入 WTO 至今,上海深度融入全球经济体系,综合经济实力和国际竞争力显著提升,已基本建成全球经济、金融、贸易、航运中心。当前,上海面临的外部环境和自身的发展要求有了深刻变化,必须着眼新形势、新要求,立足新发展格局,进一步强化开放枢纽门户功能。

2.1 上海开放枢纽门户功能的发展历程

开放和创新是上海重要的城市品格。回顾上海城市发展历史,开放枢纽门户功能的发展大体经历了三个阶段:一是以浦东开发开放为标志进入商品和要素流动型开放阶段,二是中国加入 WTO 后投资贸易便利化自由化阶段,三是以自贸试验区设立为标志转向制度型开放阶段。

2.1.1 浦东开发开放：推动商品和要素流动型开放阶段

20 世纪 90 年代浦东地区的开发开放使中国经济战略布局发生历史性转变,标志着中国改革开放迈上新台阶,掀起新一轮对外开放的高潮。

1. 主要成就

浦东通过开发开放,经济实现跨越式发展。一是生产总值跃升,人民生活水平得到极大提高。根据《上海市浦东新区统计年鉴 2020》的数据,1990 年,浦东地区生产总值约为 60 亿元,2019 年跃升至 1.27 万亿元,人均生产总值为 3.32 万美元,以全国1/8 000 的面积创造了全国 1/80 的生产总值,财政总收入由开放初期的 11 亿元增加至 4 000 多亿元。2019 年城乡居民人均可支配收入达到 71 647 元。二是工业结构优化,外商直接投资大幅增加。1990 年浦东地区工业总产值为 176.85 亿元,其中 110.18 亿元来自国有企业,港澳台及外商投资工业总产值仅为 7.07 亿元;从轻重工业指标看,轻工业总产值为 72.08 亿元,低于重工业总产值 104.77 亿元。2019 年浦东新区工业总产值达到 10 141.55 亿元,绝大部分由港澳台及外商投资企业贡献;轻、重工业总产值均实现跃升,且轻工业发展远超过重工业。三是产业结构改善,第三产业占据主导优势。1990 年浦东地区生产总值结构中,第一产业、第二产业、第三产业分别占 3.7%、76.2%和 20.1%。2019 年浦东三大产业的占比分别为 0.2%、22.5%和 77.3%。30 年来外商投资水平大幅提高,对外开放程度显著增强。四是国际贸易中心和航运枢纽地位不断增强。2020 年,离岸转手买卖实现规模化运作,"白名单"试点企业、收支金额分别超过全市 80%和 90%,大宗商品核心品种的定价影响力不断提升,外高桥专业贸易平台形成 8 个千亿级、8 个百亿级的销售规模。2020 年,浦东国际机场货邮吞吐量保持全球第三位、口岸出入境人次排名全国第一位,外高桥港和洋山港集装箱吞吐量占全市 90%,推动上海港连续 11 年成为全球第一大集装箱港。

2. 重点举措

浦东秉持着"开发浦东,振兴上海,服务全国,面向世界"的开发宗旨,承载着自主改革、扩大开放的历史使命,成为改革开放的前沿阵地。

一是开创性设立多个功能平台和机构。1993年,浦东新区管委会成立,撤销川沙县建制,并将原川沙县、原上海县的三林乡,以及黄浦、南市、杨浦三个区的浦东部分进行合并,正式设立了浦东新区。浦东开发伊始,就聚焦国家战略和上海建设需要,在浦东新区成立了第一个金融贸易区、第一个出口加工区、第一个保税区、第一家证券交易所、第一家外资银行、第一个自贸试验区、第一个跨境贸易电商平台、第一个综合性国家科学中心、第一个自贸试验区新片区等诸多全国"第一"。

二是深入推动综合配套改革。2005年浦东开始综合配套改革试点,根据国务院"三个着力",即着力转变政府职能、着力转变经济运行方式、着力改变城乡二元经济与社会结构的要求,浦东实施了三轮三年行动计划,推动了金融、航运、贸易、行政管理体制、城乡二元结构等方面200多项改革任务,其中包括70多项部市合作项目,努力做到"浦东能突破、上海能推广、全国能借鉴"。以上海自贸试验区建设为契机,浦东综合配套改革试点取得新突破。

三是整体功能显著提升。浦东集聚了上海国际金融中心、国际航运中心、国际贸易中心建设的核心要素,不断提升整体功能。金融中心方面,浦东集聚了人民银行上海总部等"一行三会"驻沪监管部门,建立了上海证券交易所、期货交易所、中国金融期货交易所等一批要素市场,2019年各类金融机构共1 078家,金融业增加

表 2.1　1990 年与 2019 年浦东新区主要工业指标比较

指　　　　　标	1990 年	2019 年
工业总产值(亿元)	176.85	10 141.55
国有企业工业总产值(亿元)	110.18	10.26
集体企业工业总产值(亿元)	49.09	7.46
港澳台及外商投资工业总产值(亿元)	7.07	6 236.88
轻工业总产值(亿元)	72.08	6 366.85
重工业总产值(亿元)	104.77	1 715.58

资料来源:《上海市浦东新区统计年鉴2020》。

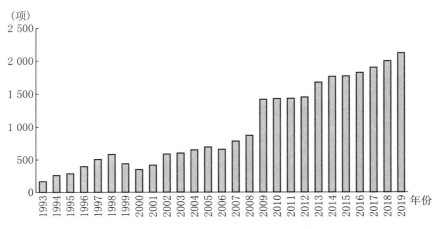

图 2.1　1993—2019 年浦东新区历年外商投资合同项目

资料来源:同表 2.1。

值占地区生产总值比重近 20%。航运中心方面,浦东有洋山、外高桥、浦东机场等,集聚了波罗的海航运交易所等一批国际级航运机构,2019 年外高桥港和洋山港集装箱吞吐量超过 4 300 万标箱、连续多年世界第一。贸易中心方面,2019 年浦东外贸进出口总额达 20 514 亿元,高新技术产品进出口同比增长 6.5%。

3. 历史意义与新使命

2020 年,浦东开发开放迎来 30 周年。30 年来,浦东创造性地贯彻落实党中央决策部署,取得了举世瞩目的成就。习近平总书记在浦东开发开放 30 周年庆祝大会上明确提出,要把浦东新的历史方位和使命,放在中华民族伟大复兴战略全局、世界百年未有之大变局这两个大局中加以谋划,放在构建以国内大循环为主体、国内国际双循环相互促进的新发展格局中予以考量和谋划,准确识变、科学应变、主动求变,在危机中育先机、于变局中开新局。浦东开放开放为中国特色社会主义制度优势提供了最鲜活的现实明证,为改革开放和社会主义现代化建设提供了最生动的实践写照。在全面建设社会主义现代化国家新征程上,浦东新区应继续高水平改革开放,着力打造社会主义现代化建设引领区,引领带动上海"五个中心"建设,更好服务全国大局和带动长三角一体化发展战略实施。

专栏2.1 准确把握浦东新的历史方位和使命

习近平指出,要全力做强创新引擎,打造自主创新新高地。要面向世界科技前沿、面向经济主战场、面向国家重大需求、面向人民生命健康,加强基础研究和应用基础研究,打好关键核心技术攻坚战,加速科技成果向现实生产力转化,提升产业链水平,为确保全国产业链供应链稳定多作新贡献。要在基础科技领域作出大的创新,在关键核心技术领域取得大的突破,更好发挥科技创新策源功能。要优化创新创业生态环境,疏通基础研究、应用研究和产业化双向链接的快车道。要聚焦关键领域发展创新型产业,加快在集成电路、生物医药、人工智能等领域打造世界级产业集群。要深化科技创新体制改革,发挥企业在技术创新中的主体作用,同长三角地区产业集群加强分工协作,突破一批核心部件、推出一批高端产品、形成一批中国标准。要积极参与、牵头组织国际大科学计划和大科学工程,开展全球科技协同创新。

习近平强调,要加强改革系统集成,激活高质量发展新动力。要聚焦基础性和具有重大牵引作用的改革举措,在政策取向上相互配合、在实施过程中相互促进、在改革成效上相得益彰,推动各方面制度更加成熟更加定型。要在改革系统集成协同高效上率先试、出经验,探索开展综合性改革试点,统筹推进重要领域和关键环节改革,从事物发展的全过程、产业发展的全链条、企业发展的全生命周期出发来谋划设计改革,加强重大制度创新充分联动和衔接配套,放大改革综合效应,打造市场化、法治化、国际化的一流营商环境。

习近平指出,要深入推进高水平制度型开放,增创国际合作和竞争新优势。要着力推动规则、规制、管理、标准等制度型开放,提供高水平制度供给、高质量产品供给、高效率资金供给,更好参与国际合作和竞争。要更好发挥中国(上海)自由贸易试验区临港新片区作用,对标最高标准、最高水平,实行更大程度的压力测试,在若干重点领域率先实现突破。要加快同长三角共建辐射全球的航运枢纽,提升整体竞争力和影响力。要率先实行更加开放更加便利的人才引进政策,积极引进高层次人才、拔尖人才和团队,特别是青年才俊。

习近平强调,要增强全球资源配置能力,服务构建新发展格局。要更好统筹国内国际两个市场两种资源,增强资源配置能力,提高对资金、信息、技术、人才、货物等要素配置的全球性影响力,努力成为国内大循环的中心节点和国内国际双循环的战略链接,在长三角一体化发展中更好发挥龙头辐射作用。要完善金融市场体系、产品体系、机构体系、基础设施体系,建设国际金融资产交易平台,提升重要大宗商品的价格影响力,更好服务和引领实体经济发展。要发展更高能级的总部经济,成为全球产业链、供应链、价值链的重要枢纽。

资料来源:《浦东开发开放 30 周年庆祝大会隆重举行 习近平发表重要讲话》,新华网,2020 年 11 月 12 日。

2.1.2 加入 WTO:投资贸易便利化自由化阶段

2001 年 12 月 11 日,经过反复多轮谈判后,中国正式成为 WTO 第 143 个成员。加入 WTO 是中国对外开放进程中具有里程碑意义的重大事件,上海对外开放进入投资贸易便利化自由化阶段。

1. 中国加入 WTO 的背景和成就

加入 WTO 是中国对外贸易大势所趋。1990—2000 年,对外贸易成为推动中国经济增长的重要力量,中国对外贸易规模不断扩大,对外贸易依存度持续加深,经济实力和综合国力显著增强。中国进出口贸易总额由 1990 年的 1 154.4 亿美元增长至 2000 年的 4 743 亿美元,年均增长率约为 15%。在此背景下,中国迫切需要加入 WTO 以分享经济全球化成果,并且通过参与贸易规则的制定,在全球经济和贸易体系中掌握主动权。

加入 WTO 的承诺:根据《中华人民共和国加入世界贸易组织议定书》和《中国加入世界贸易组织工作组报告书》,中国加入 WTO 时的承诺包括但不限于——在货物贸易领域,削减关税和降低非关税壁垒,包括取消进口配额、进口许可证及招

表 2.2　1990—2000 年中国 GDP、进出口总额、贸易依存度情况

年份	GDP （亿美元）	进出口总额 （亿美元）	出口总额 （亿美元）	进口总额 （亿美元）	贸易依存度 （％）
1990	3 877	1 154.4	620.9	533.5	29.77
1991	4 061	1 356.3	718.4	637.9	33.39
1992	4 830	1 655.3	849.4	805.9	34.27
1993	6 011	1 957.0	917.4	1 039.6	32.56
1994	5 425	2 366.2	1 210.1	1 156.1	43.61
1995	7 003	2 808.6	1 487.8	1 320.8	40.11
1996	8 165	2 898.8	1 510.5	1 388.3	35.50
1997	8 982	3 251.6	1 827.9	1 423.7	36.20
1998	9 463	3 239.5	1 837.1	1 402.4	34.23
1999	9 914	3 606.3	1 949.3	1 657.0	36.38
2000	10 800	4 743.1	2 492.1	2 251.0	43.92

资料来源:《中国统计年鉴 2001》。

标要求等非关税措施,全面开放外贸经营权,向 WTO 提交补贴通报。在服务贸易领域,取消地域和数量限制,扩大服务市场开放,为境外服务商提供包括金融、电信、建筑、物流、旅游、教育等在内的广泛的市场准入机会。

加入 WTO 的成绩:加入 WTO 使中国获得充分参与经济全球化的机遇,为推动全方位的深化对外开放格局奠定基础。2013 年,中国超过美国成为第一大货物贸易国。根据联合国贸发会议发布的《2021 年世界投资报告》,2020 年,在全球大部分地区的外国直接投资(FDI)大幅下降的情况下,中国吸收外资逆势增长 6％,达到 1 490 亿美元,成为全球最大外资流入国。从 2001 年到 2020 年的 20 年间,中国的 GDP 由 11 万亿元跃升至 101.6 万亿元,人均 GDP 和三大产业增加值也呈现显著增长态势。

2. 加入 WTO 后上海对外开放取得的成绩

一是贸易结构优化,世界级口岸城市地位夯实。2020 年,上海口岸贸易额占全球贸易总量 3.2％以上,继续位列世界城市首位。其中,集装箱水水中转和国际中转比例分别提高至 51.6％和 12.3％。货物贸易结构不断优化。附加值和技术含量

表 2.3　2001—2020 年中国 GDP、人均 GDP、三大产业增加值情况

年份	GDP（亿元）	人均 GDP（元）	第一产业增加值(亿元)	第二产业增加值(亿元)	第三产业增加值(亿元)
2001	110 863.1	8 717	15 502.5	49 659.4	45 701.2
2002	121 717.4	9 506	16 190.2	54 104.1	51 423.1
2003	137 422.0	10 666	16 970.2	62 695.8	57 756.0
2004	161 840.2	12 487	20 904.3	74 285.0	66 650.9
2005	187 318.9	14 368	21 806.7	88 082.2	77 430.0
2006	219 438.5	16 738	23 317.0	104 359.2	91 762.2
2007	270 092.3	20 494	27 674.1	126 630.5	115 787.7
2008	319 244.6	24 100	32 464.1	149 952.9	136 827.5
2009	348 517.7	26 180	33 583.8	160 168.3	154 765.1
2010	412 119.3	30 808	38 430.8	191 626.5	182 061.9
2011	487 940.2	36 277	44 781.5	227 035.1	216 123.6
2012	538 580.0	39 771	49 084.6	244 639.1	244 856.2
2013	592 963.2	43 497	53 028.1	261 951.6	277 983.5
2014	643 563.1	46 912	55 626.3	277 282.8	310 654.0
2015	688 858.2	49 922	57 774.6	281 338.9	349 744.7
2016	746 395.1	53 783	60 139.2	295 427.8	390 828.1
2017	832 035.9	59 592	62 099.5	331 580.5	438 355.9
2018	919 281.1	65 534	64 745.2	364 835.2	489 700.8
2019	986 515.2	70 328	70 473.6	380 670.6	535 371.0
2020	1 015 986.2	72 000	77 754.1	384 255.3	553 976.8

资料来源：国家统计局官网，www.stats.gov.cn/tjsj/。

较高的一般贸易进出口占比为 53.7％，新兴市场占比由 47％提高到 51.1％。技术进出口额达到 153.2 亿美元，年均增长 6.4％。电信计算机和信息服务、专业管理和咨询服务进出口比 2015 年分别增长 57.4％和 31.3％。

二是贸易新业态蓬勃发展。上海设立国家级跨境电商综合试验区，发布全国首份省级数字贸易行动方案，不断创新监管模式。上海有实际进出口交易的企业数量从 2015 年的 3.9 万家增加到 2020 年的 5.2 万家，贡献了全市 37.3％的税收和 12.5％的就业。其中，数字贸易交易额达到 433.5 亿美元。外贸综合服务、汽车平行进口、保税维修和再制造等实现新突破。

三是外资结构继续优化。在金融领域,全国首家外资独资保险控股公司、首家外资独资人身保险公司、首批新设外资控股合资证券公司落户上海。在高新技术领域,高技术服务业引进外资年均增长 30.9%,高技术制造业吸引外资占制造业比重由 25%提升至 31.2%。在机构总部领域,培育集聚贸易型总部 210 家,认定民营企业总部 274 家,101 家国际贸易投资促进机构在沪设立了常驻代表机构。在本土跨国公司领域,上海企业在境外投资设立企业增加到 4 317 家,对外投资覆盖 178 个国家和地区,海外存量投资超过 1 亿美元的企业达到 110 家。

专栏 2.2　唇枪舌剑布时局,多轮谈判终入世

中国复关和入世谈判大致可分为三大阶段:第一阶段从 20 世纪 80 年代初到 1986 年 7 月,主要是酝酿、准备复关事宜;第二阶段从 1987 年 2 月到 1992 年 10 月,主要是审议中国经贸体制,中方要回答的中心题目是到底要搞市场经济还是计划经济;第三阶段从 1992 年 10 月到 2001 年 9 月,中方进入实质性谈判,即双边市场准入谈判和围绕起草中国入世法律文件的多边谈判。

1994 年底,因以美国为首的一些发达成员漫天要价,无理阻挠,中国复关未果。1995 年 1 月,WTO 取代 GATT;同年,中方决定申请入世,并根据要求,与 WTO 的 37 个成员开始了拉锯式的双边谈判。从 1997 年 5 月与匈牙利最先达成协议,到 2001 年 9 月 13 日与最末一个谈判对手墨西哥达成协议,直至 2001 年 9 月 17 日 WTO 中国工作组第十八次会议通过中国入世法律文件,这期间起伏跌宕,山重水复。而最难打的硬仗,莫过于中美谈判,其次是中欧谈判,其中中美谈判进行了 25 轮,中欧谈判进行了 15 轮。

备受瞩目的中美谈判范围广、内容多、难度大,美国凭借其经济实力,要价非常高,立场非常强硬,谈判又不时受到各种政治因素干扰。对此,党中央、国务院以大局为重,审时度势,运筹帷幄。朱镕基总理等在最后一轮中美谈判中亲临现场,坐镇指挥。我方代表坚持原则,经过 6 天 6 夜的艰苦谈判,这场最关键的战役

取得双赢的结果,于 1999 年 11 月 15 日签署了双边协议,从而使入世谈判取得突破性进展,为谈判的最终成功铺平了道路。

既是谈判,双方必定有得有失,天下没有免费午餐。外经贸部首席谈判代表、中国代表团团长龙永图坦率地说,谈了 15 年,我们在原则问题上坚持了 15 年。如果我们什么都答应的话,谈判早就结束了。谈判过程之难,时间之长,正说明我国为维护自身根本利益所付出的巨大努力。另一方面,谈判多打几个回合,也为国内产业和企业争取了固本强体的缓冲期。

15 年来,围绕着谈判,类似的疑惑和争议始终持续不休。最典型的有两种观点,一种是盲目悲观,认为入世等于立即全面开放市场,等于实行完全的市场经济,大量外国产品、服务长驱直入,将给我国经济带来强大的冲击,似乎入世就要大难临头;另一种则盲目乐观,认为入世之日即中国完成建立市场经济体制任务之时,是中国坐享全球多边贸易投资利益之时,出口、就业、GDP 等马上会大幅增加,似乎入世就是黄金万两。

客观地讲,上述观点都有一定的片面性。对于入世的利弊得失,我们应该用全面、发展、辩证的眼光来看待,站在改革开放、经济发展和参与全球化的全局和战略高度来分析。既要看单个产业,又要看整个产业;既要看当前,又要看长远。

资料来源:张晶,《激荡四十年 · 中国"入世"谈判备忘录》,环球网,2018 年 5 月 24 日。

2.1.3　率先开展自贸试验区建设:转向制度型开放

2013 年 9 月 29 日,上海自贸试验区正式成立,由上海市外高桥保税区、外高桥保税物流园区、洋山保税港区和上海浦东机场综合保税区四个海关特殊监管区域构成。2015 年 4 月 27 日,上海自贸试验区扩展区域揭牌,实施范围扩展至120.72平方公里。2019 年 8 月 20 日,上海自贸试验区临港新片区揭牌。

1. 自贸试验区设立的历史背景

一是国际经济发展背景和新型高标准经贸规则的大势所趋。进入 21 世纪后,随着 2008 年全球金融危机和欧债危机的爆发,全球经济由快速发展期进入深度调整期,各国纷纷寻找成本低、风险小的合作方式以提振国内经济。在这一背景之下,区域经济一体化发展态势迅猛,在全球范围内不断涌现出以建立自由贸易区为主要形式的区域贸易安排,如日本—东盟全面经济伙伴关系协定(AJCEP)、跨太平洋伙伴关系协定(TPP)、跨大西洋贸易与投资伙伴协议(TTIP)等。对于区域国家而言,与多边贸易体制相比,自由贸易区不仅更有利于各成员国发挥经贸合作的地域优势,在 WTO 多哈回合谈判不顺的情况下更易于达成实质性协议,而且基于20 世纪 90 年代东南亚经济危机等一系列地区性经济危机的教训,世界各国意识到有必要通过加强地区经济合作制度化,增强地区和世界经济发展的稳定性。

二是中国进一步深化改革和高水平开放的时代要求。自由贸易区建设是以开放促改革、促发展、促共赢的新途径,通过自由贸易区这一更高层次的开放,中国可以和国际对接规则,探索中国对外开放的新路径和新模式,促进经济发展方式转变和经济结构优化(陈健、郭冠清,2019)。因此,党和国家立足于国内外大势,在统筹国际、国内两个大局的基础上,顺应全球经贸发展趋势,实施自由贸易区战略。2007 年 10 月,党的十七大报告提出要"拓展对外开放广度和深度,提高开放型经济水平",要求"实施自由贸易区战略",将建设自由贸易区上升为国家战略。2012 年11 月,党的十八大报告提出要"加快实施自由贸易区战略"。

2. 上海自贸试验区的建设经验

一是在投资便利化自由化领域的建设经验。率先推出"外商投资负面清单+准入前国民待遇"制度。上海自贸试验区设立之初,负面清单共涵盖 18 个行业门类190 条不予准入或有限制的"禁区",非禁止即准入。此后历经数次"瘦身",2020 年负面清单条目数为 30 条。改革境外投资管理方式,对境外投资开办企业和境外投资项目实行备案管理。推动商事登记制度改革,重点推进好注册资本认缴登记制、"先照后证"登记制、年度报告公示制等管理措施。截至 2021 年 8 月,上海自贸试验区累计新设企业超过 7.27 万户,其中累计新设外资企业 1.2 万户,累计吸引实到外资超过 450 亿美元。

二是在贸易便利化领域的建设经验。贸易监管制度试点起步。创新"一线放开、二线安全高效管住、区内自由"监管模式,海关和检验检疫启动了"先入区、后报关""分送集报、自行运输""即查即放""快检快放"等模式试点。为提升通关便利化程度,上海自贸试验区推出国际贸易"单一窗口",使外贸企业能够通过一个入口,向有关部门一次性提交货物进出口或转运所需要的单证或电子数据,并接收审查状态和结果信息,解决重复申报和提交单证的问题。2019 年,浦东进出口货物总值达 20 515 亿美元。

三是在金融改革与创新领域的建设经验。围绕"金改 51 条"和"金改 40 条",大力推进资本项目可兑换、金融市场开放、人民币国际化、利率市场化等关键领域金融改革。不断拓展跨境人民币使用范围,稳步推进人民币境外借款、跨境双向人民币资金池、经常项下人民币集中收付等创新业务,跨境人民币结算额快速增长。2014 年 5 月,上海自贸试验区分账核算体系建立,推出自由贸易账户,区内主体可以通过自由贸易账户开展投融资汇兑等创新业务。此外,先后成立上海自贸试验区金融工作协调推进小组和上海金融综合监管联席会议,搭建新型金融业态监测分析平台,开展金融综合监管试点,有效防范金融风险。截至 2020 年底,有 61 家不同类型的金融机构直接接入自由贸易账户监测管理信息系统,开立自由贸易账户13.2 万个,获本外币境外融资总额折合人民币 2.1 万亿元。

四是在政府职能转变方面的经验。综合监管制度形成雏形,深化信息共享和服务平台等六个方面的制度研究,推进政府管理由注重事前审批转为注重事中、事后监管。在国务院先后推出的六批向全国复制推广的自贸试验区制度创新改革经验中,约一半为上海自贸试验区首创,累计已有 300 多项改革经验向全国分层次、分领域进行复制推广。截至 2020 年 9 月,已有 328 项基础性和核心制度创新成果复制推广到全国。

3. 上海自贸试验区临港新片区的独特优势

2018 年 11 月,习近平总书记在首届中国国际进口博览会上宣布"将增设中国上海自由贸易试验区的新片区"。2019 年 7 月 27 日,国务院印发《中国(上海)自由

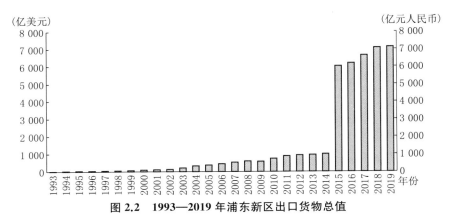

图 2.2 1993—2019 年浦东新区出口货物总值

注:2015 年度开始以人民币计。
资料来源:同表 2.1。

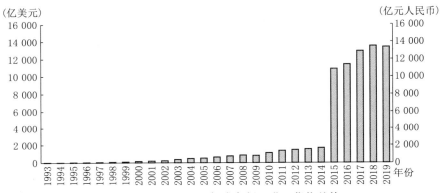

图 2.3 1993—2019 年浦东新区进口货物总值

注:2015 年度开始以人民币计。
资料来源:同表 2.1。

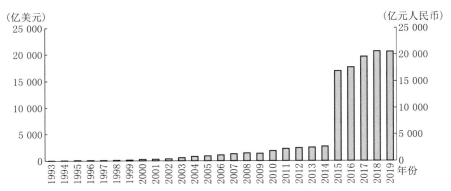

图 2.4 1993—2019 年浦东新区进出口货物总值

注:2015 年度开始以人民币计。
资料来源:同表 2.1。

贸易试验区临港新片区总体方案》，提出要打造更具国际市场影响力和竞争力的特殊经济功能区。2021 年 1 月，上海"十四五"规划中提出，"十四五"时期临港新片区生产总值要在 2018 年基础上翻两番，达到一万亿元。

设立临港新片区是党中央作出的进一步扩大开放重大战略部署，是新时代彰显中国坚持全方位开放鲜明态度、主动引领经济全球化健康发展的重要举措。临港新片区按照在更深层次、更宽领域、更大力度推进全方位高水平开放的总体要求和发展目标，到 2025 年，建立比较成熟的投资贸易自由化便利化制度体系，打造一批有更高开放度的功能型平台，集聚一批世界一流企业，区域创造力和竞争力显著增强，经济实力和经济总量大幅跃升。到 2035 年，建成具有较强国际市场影响力和竞争力的特殊经济功能区，形成更加成熟定型的制度成果，打造全球高端资源要素配置的核心功能，成为中国深度融入经济全球化的重要载体。

一方面，临港新片区对标国际上公认的竞争力最强的自由贸易园区，在适用自贸试验区各项开放创新措施的基础上，实施具有较强国际市场竞争力的开放政策和制度，加大开放型经济的风险压力测试，实现临港新片区与境外之间的投资经营便利、货物自由进出、资金流动便利、运输高度开放、人员自由执业、信息快捷联通。

专栏 2.3　洋山特殊综合保税区

《中国(上海)自由贸易试验区临港新片区总体方案》明确，在临港新片区内设立物理围网区域，建立洋山特殊综合保税区，作为对标国际公认、竞争力最强自由贸易园区的重要载体，实施更高水平的贸易自由化便利化政策和制度。2020 年 1 月，国务院正式批复同意设立洋山特殊综合保税区。根据批复要求，洋山特殊综合保税区规划面积 25.31 平方公里，包括芦潮港区域、小洋山岛区域、浦东机场南部区域等三个区域，共五个区块。洋山特殊综合保税区是中国目前海关特殊监管区中唯一的特殊综合保税区。

资料来源：中国(上海)自由贸易试验区临港新片区——洋山特殊综合保税区官网，www.ys.lgxc.gov.cn。

另一方面,临港新片区鼓励国际优质资本进入教育、医疗、养老、文化体育、园区建设、城市运行等公共服务领域,加强各类基础设施建设管理,提升高品质国际化的城市服务功能,打造开放创新、智慧生态、产城融合、宜业宜居的现代化新城。

2.2　上海强化开放枢纽门户功能面临的新形势

2.2.1　外部环境深刻变化带来新挑战

在中美关系复杂化、全球新冠肺炎疫情蔓延的背景下,中国加入 WTO 以来大规模开放的战略机遇期已经过去,上海扩大高水平开放面临前所未有的严峻挑战。

1. 经济全球化遭遇挫折

经济全球化遭遇挫折,区域化态势日益明显,给上海未来开放提出新的要求。一方面,狂飙突进的全球化渐入尾声,"逆全球化"持续升温。尽管当前资本、商品全球流动的便捷性与过去相比有所增强,但与此同时,一些大型经济体内部贫富差距扩大,社会矛盾加剧,全球化红利分配不均导致民粹主义、保护主义盛行,而新冠肺炎疫情等因素也在推升"逆全球化"情绪。全球 PMI、非金融企业债务率等经济先行指标显著恶化,2020 年 12 月,经合组织(OECD)发布了最新的全球 GDP 增长预测报告,预计未来两年全球经济增长率平均为 4%,其中 2022 年实际 GDP 增长将为 3.7%。同时,OECD 也指出未来数年全球经济形势仍存在相当大的不确定性,并给出了一种下行情形的预测,即如果新冠肺炎疫苗分配出现问题,或其有意想不到的副作用,经济增长信心可能会受到打击,2021 年全球经济或将下降2.75个百分点(周玲,2020)。

另一方面,区域化态势日益明显。在全球新冠肺炎疫情冲击、贸易保护主义加剧、跨国公司"近岸生产"兴起的背景下,随着全球产业链过长带来的脆弱性和不稳定性凸显,未来北美与亚洲价值链的联系将进一步减弱,而东亚价值链的内部合作将进一步强化。全球价值链的收缩化、区域化自 2008 年金融危机后便开始了,而新冠肺炎疫情冲击则加速这一进程。受新冠肺炎疫情影响,各国更加注重产业链的完整性和重要物资产品的供应安全。目前美欧提供科技与市场、东亚提供加工制造、中东提供能源资源的全球大三角分工格局将加速重构,区域价值链和国内价值链将在一定程度上替代全球价值链。从全球看,目前北美、欧盟地区的新冠肺炎疫情形势仍然严峻,而中日韩和东盟的新冠肺炎疫情形势逐渐趋于稳定,也将进一步凸显东亚经济的竞争力和吸引力,推动东亚地区强化内部价值链合作。从数据上来看,2020 年,东盟首次以 4.74 万亿元的进出口额成为中国第一大贸易伙伴,而欧盟、美国则分别以 4.5 万亿元、4.06 万亿元位列第二、第三。2020 年 5 月,李克强总理已明确表态支持"在经济大循环中建立中日韩小循环"。

上海在全球化受阻的背景下,扩大开放的外部空间面临极大挤压,必须及时调整开放战略,进一步加强与东亚地区尤其是日本、韩国、新加坡等的联系,构建以上海为枢纽的东亚投资贸易网络圈层。

2. 中美冲突走向长期化和复杂化

中美大国关系走向复杂化,"新冷战"风险日益扩大,上海面临的开放环境更加严峻复杂。尽管中美贸易摩擦暂时缓和,但双方关于贸易不平衡的结构性问题和发展模式的巨大分歧并未从根本上解决,中美深层次冲突将出现长期化、反复化的局面。随着中国综合国力和对外影响力的加快提升,美国国内精英阶层已确立以竞争为导向的对华战略共识,中美竞争将加速从经贸领域向科技、金融、意识形态、政治、军事等领域扩散。在科技领域,美国采取限制高科技产品出口、限制投资、封锁市场、切断供应链、修法撤销对华知识产权保护、干扰正常学术交流及科研合作等多种手段,并打压以华为为代表的中国高科技企业,试图将中国排除在全球科技体系之外。在金融领域,美国在汇率方面加大施压力度,严查中国概念股,阻碍中资企业赴美融资。在网络空间领域,美国更新了具有较强的意识形态偏见的"清洁网络计划",试图借助科技和产业以外的手段,从运营商、程序商店、云服务、应用软件等方面对中国互联网产业进行全方位包围封锁,并在舆论场上对中国政府进行施压,维护其在网络空间领域的优势地位。2020 年 5 月,美国白宫发布最新的《美国对中国战略方针》,随后出台涉港法案,标志着美国对华战略已全面转向"遏制",

两国面临系统性"脱钩"的风险。同年10月初,美国国土安全局发布首份《国土安全威胁评估》,明确指出中国已经在多方面构成了对美国本土安全的潜在"威胁"。这些都将对上海扩大开放带来负面影响。

客观上,以美国为首、针对中国的由美欧日等发达国家组成的同盟正在形成,全球走向"两大体系、三个世界"的可能性加大,即美欧日等发达国家组成西方体系,中国和部分相关国家组成另一体系,而其他发展中国家将被迫在两大体系的对峙中做出选择。这种局面一旦形成,中国将面临被隔绝于主流世界经济体系之外的风险,对上海开放枢纽门户功能的影响不能忽视。

专栏2.4　中美经贸合作的三大属性

中美经贸合作具有全面性。中美互为重要的货物贸易伙伴。美国是中国最大货物出口市场和第六大进口国,对美出口占我国总出口的19%。2017年中美双边货物贸易额达到5 837亿美元,是1979年两国建交时的233倍。中国是美国出口增长最快的市场。据联合国统计,2017年美国对华货物出口1 299亿美元,比2001年增长了557%,远高于美国对全球112%的出口增幅。美国出口的62%的大豆、25%的飞机、17%的汽车、15%的集成电路和14%的棉花,都销到了中国市场。服务贸易在双边经贸合作中的地位日益上升。据美方统计,中美双边服务贸易额从2007年的249.4亿美元增至2017年的750.5亿美元。其中美对华服务出口额从131.4亿美元增至576.3亿美元,增长了3.4倍。美国是中国第二大服务贸易伙伴,中国是美国第二大服务出口市场。中美之间投资规模巨大。截至2017年底,美国对华直接投资累计超过830亿美元,在华美资企业约为6.8万家。中国对美投资存量约为670亿美元。另外,中国大量投资于美国金融资产,持有超过1万亿美元的美国国债,是持有美国国债最多的国家。

中美经贸合作具有互惠性。中美经贸合作的互惠性体现在多个方面。双边经贸合作为双方企业提供了巨大的市场机会。双方企业通过出口或投资,分享了

对方的市场机会。中国在中美货物贸易领域有 2 700 多亿美元顺差。而美国在中美服务贸易领域有大额顺差,2016 年美对华服务贸易顺差约为 550 亿美元。还有不少美资企业通过对华投资而非出口方式进入中国市场。按照美国经济分析局的统计,2015 年美资企业在华销售额为 4 814 亿美元,比中资企业在美 256 亿美元的销售额高出 4 558 亿美元。因此,从利用对方市场机会的角度看,双方受益大体平衡。双边经贸合作为两国创造了大量就业机会。据美中贸易委员会估算,2015 年对华出口和双向投资支持了美国 260 万个就业岗位。另据有关研究,自华进口货物在美下游产业链创造约 400 万个就业岗位。由于中国劳动生产率远低于美国,对美经贸合作创造的就业岗位更多,据有关研究估算,对美货物出口为中国创造了大约 1 750 万个就业岗位。考虑到两国人口总量差距,双方在就业岗位方面的受惠程度基本相当。中美双边经贸合作助推两国产业结构升级,并为两国消费者提供了性价比更高的商品与服务,增加了消费者福利。

中美经贸合作具有互补性。中美两国分别是最大的发展中国家和发达国家,两国的资源禀赋、发展阶段、产业结构和国际分工地位不同。尽管双边经贸关系中竞争性在上升,但以互补性为主的基本格局并没有改变。从产业竞争力看,美国服务业竞争力强,在双边服务贸易领域有大额顺差。中国作为制造业大国,在货物贸易领域有大额顺差。从技术水平上看,美国企业在高技术产业上具有强大竞争力。如果美国政府取消或减少对华高技术出口限制,美国高技术产品在中国市场的份额可能会迅速扩大。中国对美出口产品仍以劳动密集型产品为主,尽管近年来中国出口结构不断升级,海关统计中"高新技术产品"出口占比约为 1/3,但大多数这类产品在中国的增值主要集中在劳动密集环节。从资源禀赋看,美国地大物博,中国为美国农产品和天然气等能源产品提供了巨大的市场空间。

资料来源:隆国强,《理性认识当前的中美贸易摩擦》,《人民日报》2018 年 8 月 29 日。

3. 新冠肺炎疫情带来更多不确定性

新冠肺炎疫情蔓延加速旧秩序坍塌,也加速了世界格局和秩序的变革,未来的不确定性使上海原来的开放路径面临转换。在新冠肺炎疫情的冲击下,全球进入动荡的新旧秩序转换期,各大国更强调经济主权和国家安全,力求掌控"卡脖子"的关键产业,导致全球产业链进一步收缩。2020 年 4 月 7 日,日本政府颁布了"供应链改革"计划,投入 2 200 亿日元(约 22 亿美元)支持日本企业将生产线迁回日本国内。同年 4 月 9 日,时任美国白宫国家经济委员会主任拉里·库德洛表示,可以为美国企业从中国迁回美国的成本埋单。这一方面给上海带来严峻挑战,可能出现部分供应链企业外迁、外贸下滑等问题,另一方面也给上海本土企业成长带来机遇,企业可以加快填补市场空白,并向产业链高端环节攀升,上海作为开放枢纽门户的竞争力将不断增强。此外,全球新冠肺炎疫情蔓延将提升人民币避险吸引力,境外人民币的避险需求进一步上升,与上海企业"走出去"的境外投融资需求相结合,助推人民币国际化和上海离岸金融市场发展。

2.2.2 国际经贸规则变化提出新要求

当前,全球经贸格局和增长态势深刻演变,国际经贸格局加快重塑。上海要强化开放枢纽门户功能,应当主动对标、抓住契机扩大开放,率先构建高标准国际经贸规则体系。

1. 全球经贸格局和增长态势深刻演变

一是未来全球经济增长趋缓,世界经济处在动能转换的换档期。从人口及年龄结构看,未来全球人口增长速度将放慢,许多国家出现人口增幅下降和老龄化,导致劳动力减少。据联合国预测,发达国家于 2025 年会全面进入超老龄化社会,65 岁以上老年人占比将达到 21.2%。从技术进步角度看,新的重大技术革命的应用和发挥作用需要一个周期,目前世界经济正处在换挡期,传统增长引擎对经济的拉动作用减弱。人工智能、虚拟现实等新技术虽然不断涌现,但新的经济增长点尚未形成。

二是主要经济体增速呈多速增长的分化格局,各国力量对比发生变化。从增速看,短期内受新冠肺炎疫情影响,中长期受人口老龄化和劳动力供给等因素影响,美欧日等发达经济体的增长速度可能进一步放缓;以中国为代表的新兴经济体的整体增速将高于发达经济体,据国际货币基金组织(IMF)预测,2024年中国国内生产总值将达到美国的81.33%,印度也将超越英国和法国,成为世界第五大经济体。从各国力量对比看,随着新兴经济体的崛起,美国主导世界贸易体系的议价能力在削弱,发展中国家在经济实力极大增强的同时,在世界经贸体系中的话语权也相对提升。

2. 国际贸易投资规则加速重构

全球治理体系进入加速变革期,旧的全球治理体系难以适应国际经济格局的变化,而新的全球治理体系还未成型。从全球经济治理体系看,未来国际贸易投资规则重构有三大趋势。

一是国际贸易规则高标准化。经济学家理查德·鲍德温认为,全球价值链分工和传统国际分工形式对国际贸易规则的要求不同,在全球价值链分工时代,需要更高标准的规则维护国际贸易的正常运转。国际贸易规则高标准化的典型表现是货物贸易关税降低的力度较大,绝大部分产品实施零关税。目前已经谈成的CPTPP、美墨加三国协定(USMCA)、欧日经济伙伴关系协定(欧日 EPA)等高标准自贸协定均实施很高比例的零关税。除此之外,自贸协定包括的议题数量越来越多,在非关税壁垒、知识产权、投资等方面提出更高标准规则。

二是国际经贸规则内容由边境上措施为主向边境内措施为主转变。长期以来,国际经贸规则主要聚焦关税减让等边境措施,促进国际经贸自由化。伴随全球价值链的发展及信息化手段的广泛应用,新国际经贸规则的重点将深入国境内部,逐步扩展到知识产权、竞争政策、投资、环保法规、劳动市场管制、消费者保护等领域,构建边界后规则。

三是更强调"公平贸易"。未来一个时期内,以美国为首的西方国家将以"公平贸易"和"国家安全"为由,联合盟友继续实施强硬的对华贸易政策。比如,美国政府将通过公平贸易和产业政策,重点解决所谓"非市场经济体"造成的市场经济扭曲问题及补贴问题,以期达到重塑本国安全和有弹性的供应链的目的。

3. 国际贸易呈现区域化和数字化趋势

受劳动人口减少、全球债务规模扩大和世界经济动能转换的影响,未来全球经济增长幅度可能会远低于过去十几年,全球贸易在未来一段时期内的下行风险仍很突出。具体来看,主要体现在以下三个方面。

一是国际贸易格局将以区域贸易协定为主导。多边贸易体系谈判已进入深水区,各成员分歧较大,谈判进展预计缓慢。各国将通过 CPTPP 等区域贸易协定来调整国际贸易规则,以使之更符合各自的利益。例如,RCEP 作为超大规模自贸协定,在延续货物贸易高水平开放的基础上,在投资开放、服务贸易、知识产权保护和政府采购等方面,纳入了较高水平的市场开放规则。

二是数字化革命对传统贸易方式的再造将改写未来全球贸易形态。一方面,从货物贸易看,越来越多的商品转变为数字形态,部分货物贸易被替代,如书、报、唱片等的数字化。另一方面,从服务贸易看,数字技术改变了传统服务贸易方式,许多原来不可贸易的服务现在可以跨境提供,如远程教育、医疗服务等。

三是服务贸易占全球贸易的比重不断提升,日益成为全球贸易和世界经济增长的新动力。WTO《2019 世界贸易报告》预测,2040 年服务贸易占全球贸易总额比重将上升到 50%。其中,计算机与信息服务、金融服务等知识密集型服务业将成为未来服务贸易发展的重点。

2.2.3 新产业革命和数字经济迅猛发展赋予新内涵

随着新产业革命和数字经济迅猛发展,传统的开放通道和模式面临颠覆式重构,上海应努力强化数字化时代的开放枢纽门户功能。

1. 全球数字贸易迅猛增长

全球数字贸易井喷式增长,数字化革命对传统贸易方式的再造改写未来全球贸易形态,将重塑上海开放枢纽门户功能。中国信通院发布的《中国数字经济发展白皮书》和相关数据显示,2018—2019 年,全球数字经济增加值规模由 30.2 万亿美元扩张至 31.8 万亿美元,数字经济占全球 GDP 比重由 40.3%增长至 41.5%。2020 年,中国数字经济规模达到 39.2 万亿元,占 GDP 比重为 38.6%,同比增速 9.7%,达到 GDP 增速 3 倍以上。

一是数字贸易将逐步改变国际贸易的内容,贸易数字化程度日益加深,将影响开放门户枢纽城市贸易的运行方式。从货物贸易看,商品形态发生转变,部分货物贸易被替代。例如,纸质书籍、报纸现在有了电子版,胶卷、唱片迅速被数码摄影和数字音频替代,录音机、CD 机等消费电子产品的需求不断萎缩。跨境电子商务迅速发展,大大降低了货物贸易的成本。中国已经成为全球跨境电商的领跑者,从 2014 年到 2019 年,中国跨境电商交易规模从 4.2 万亿元迅速增长到 10.5 万亿元,年均保持近 30%的增速。从服务贸易看,传统服务贸易方式发生转变,可贸易的服务范围在扩大。数字技术使储存和传输服务的成本大幅度下降。原来主要通过商业存在和自然人流动提供跨境服务,而在数字化条件下许多服务可以通过跨境交付方式实现,如远程教育、医疗服务、跨境研发等。

二是数字服务平台成为国际贸易中心的新主体,并对国际贸易的流向和流量产生重大影响。和以往国际贸易更多依托跨国公司枢纽主体不同,越来越多的数字服务平台正在成为新型国际贸易的枢纽主体。随着全球数字服务平台迅猛兴起,其将部分替代现有城市的国际开放枢纽功能。例如,谷歌拥有大约 90%的互联网搜索市场,Facebook 占据了全球 2/3 的社交媒体市场,TikTok 的全球下载量极高,海外月活跃用户超过 8 亿。在这一背景下,传统的海空港口岸门户功能下降,数字服务平台所在地将成为数字化时代新崛起的门户,由此对上海强化开放门户枢纽功能带来的影响需要高度重视,必须进行前瞻谋划和应对。

2. 新型服务贸易发展迅速

新型服务贸易占全球价值链比重进一步上升,服务贸易和货物贸易日益深度融合,给上海强化开放枢纽门户功能带来新的动力。根据 WTO 发布的《世界贸易统计数据》报告,2019 年全球服务贸易增长率为 2.1%,高于货物贸易增长率(−0.1%)。

一是知识密集型服务业将成为未来服务贸易发展的重点，为上海强化开放枢纽门户功能带来巨大空间。当前全球服务贸易的构成正在发生重要变化。传统服务贸易占比逐渐下降。21 世纪初，旅游、交通运输在全球服务出口中的占比均为 20% 左右，但从 2005 到 2018 年两者占比分别下降了 1.6 和 4.4 个百分点。知识含量高的新型服务业比重持续上升。计算机与信息服务、金融服务、专业服务和管理咨询、知识产权交易、研发服务等日益活跃，成为各国着力发展的重点领域。上海作为知识创新资源和人力资本禀赋丰富的国际大都市，在知识密集型服务业具有很强的竞争力，应充分发挥自身优势，大力发展金融服务、专业服务等知识密集型服务业。

二是制造业服务化推动货物贸易和服务贸易日益深度融合，对上海扩大开放提出新的要求。随着新产业革命的发展，许多商品不再简单称为"物品"，而是货物与服务相互作用形成的复杂混合体，金融、研发、维修检测等服务成为价值链增值的主要环节。如果在制造业扩大开放的同时，相关服务环节开放仍然滞后，开放的整体效果将受到很大制约。OECD 研究显示，欧盟 27 国的该类服务占货物贸易出口的 34%，未来这一态势将更加明显。比如，随着智能汽车的发展，汽车将转变为集成生态平台的入口，由此衍生的自动驾驶、智能体验等服务将占据更大份额。近年来，上海制造业服务化发展迅速，尤其在智能汽车、人工智能、航空等领域具有扎实基础，应抓住机遇推动服务业开放先行先试，加快研发设计、增值服务、维修检测等高端服务发展，提高开放枢纽门户的价值创造能力。

三是跨国公司对服务增值环节的掌控能力进一步强化，在沪跨国公司总部高度集聚给上海强化开放枢纽门户功能提供了有力依托。近年来，跨国公司日益重视服务要素的投入，凭借资本、技术和专利等优势，强化服务关键增值环节的竞争力和掌控力，一些传统大型产品制造商已经转型为综合服务方案提供商。目前，全球 500 强企业中有两成制造企业的服务收入超过总收入的 50%，通用电气公司的服务产值已由 20 世纪 80 年代的 12% 增加到 2018 年的约 70%，IBM 公司的服务收入约占其总营收的 57%。上海是中国境内跨国公司总部集聚最多的城市，在沪跨国公司总部已超过700家。上海应充分发挥这一优势,推动在沪跨国公司总部进一步提升枢纽平台功能,强化在全球服务贸易领域的高端管控能力,为提升开放枢纽门户的竞争力提供重要支撑。

专栏2.5　数字贸易重塑全球经济与政治格局

联合国贸易和发展会议数据显示,2019全球数字服务贸易(出口)规模达到31 925.9亿美元,逆势增长3.75%,占全球贸易比重上升至12.9%。2020年新冠肺炎疫情暴发后,数字贸易发展进程进一步加速,预计2021年数字贸易仍将在世界经济复苏中发挥重要作用,围绕其展开的博弈也将影响未来各国经济复苏和增长前景。

在驱动新一轮全球化的同时,数字贸易不仅将颠覆式改变全球价值链分工,重塑全球化格局,也进一步加剧大国竞争的强度与烈度。数字贸易及其规则竞争将成为大国博弈的新前沿,对先进数字技术的争夺成为全球数字竞争的"新赛道"。

目前,世界主要大国围绕人工智能、云计算、5G、大数据等前沿技术已经展开了激烈竞争。只有率先掌握了先进数字技术的国家,才能在数字贸易领域的激烈竞争中掌握先发优势。

在大国竞争博弈态势日益升级之时,各国争夺数字主权的"新赛道"将深刻改变全球经济格局、利益格局和安全格局。以欧盟为例,在2021年2月发布的新版贸易政策报告中,三大核心目标之一就是塑造全球贸易规则。

当前全球数字贸易规则的主攻方向,已经由关税、股比限制等准入的"边境上"规则逐渐转向产业政策、知识产权、环境、投资、国有企业、竞争法规、政府采购、行业监管等"边境后"规则延伸。成员国不仅要受贸易规则的约束,还将受到各国国内监管制约。边境后数字监管规则日益演变为国际贸易规则重要组成部分。以美日欧为代表的发达国家率先提出了数字贸易规则与主张,并外化为双边及区域贸易协定,并通过数字贸易议题谈判的主阵地,试图为数字贸易"定制立规"。

数字贸易竞争及其规则博弈走向,对未来世界经贸产业格局将产生广泛而深远的影响。从这个意义上讲,数字贸易是我国赢得未来数字竞争主动权的重要手段,更是制度型开放和构建开放型经济新体制的突破口。我国应服务于建设数字中国的战略部署,全面推进相关制度建设和顶层设计,明确数字贸易政策及对外谈判立场,积极参与国际数字贸易规则制定与经贸谈判,努力突破美欧可能形成的"规则合围"压力,强化规则主导权。

资料来源:张茉楠,《数字贸易:经济复苏新动力 大国博弈新前沿》,《经济参考报》2021年3月16日。

2.2.4 中国经济发展进入新阶段要求承担新使命

中国已成为全球第二大经济体,超大规模市场优势进一步凸显,上海应在服务国内大循环、促进国内国际双循环中发挥更大作用。

1. 在双循环中发挥枢纽作用

加快形成以国内大循环为主体、国内国际双循环相互促进的新发展格局是以习近平同志为核心的党中央,根据我国发展阶段、环境条件变化作出的重大决策。其内涵和实质是要调整过去"两头在外"大进大出的发展模式,依托大国经济内部可循环的优势,把发展立足点放在国内,更多依靠国内市场、国内生产和国内需求来实现中国经济可持续发展,以应对外部环境变化。根本要求是提升供给体系的创造力和关联性,解决各类"卡脖子"和瓶颈问题,畅通国民经济循环。根本目的是要把中国经济增长的动力从主要依靠外部市场和技术转向主要依靠内需市场和自主技术,实现发展路径和动力机制转换。同时,新发展格局不是封闭的国内循环,而是开放的国内国际双循环。推动形成宏大顺畅的国内经济循环,就能更好吸引全球资源要素,既满足国内需求,又提升中国产业技术发展水平,形成参与国际经济合作和竞争的新优势。

中国具有全球最完整、规模最大的工业体系,以及强大的生产能力、完善的配套能力,拥有1亿多市场主体和1.7亿多受过高等教育或拥有各类专业技能的人才,还有包括 4 亿多中等收入群体在内的 14 亿人口所形成的超大规模内需市场,人均 GDP 已超过 1 万美元,充分发挥内需优势对于中国这个超大经济体来说具有重要战略意义。上海处在长江经济带与"一带一路"交汇的节点,在新格局中需承担新使命,充分发挥在服务国家"一带一路"建设中的桥头堡作用,以及在推进长三角一体化发展中的龙头作用,努力成为国内大循环的中心节点和国内国际双循环的战略链接。

2. 突出开放枢纽门户地位

一是打造辐射亚太的进口贸易集散地。中国已成为全球第二且接近第一的消费市场,2019 年社会消费品零售总额达到 41.2 万亿元。随着中国从"世界工厂"迈向"世界市场",中国在世界经济中的角色正在发生转变,未来发挥的作用不仅是供给侧的,也将是需求侧的。上海作为进博会举办地,与过去以出口为导向相比,应更注重进出口平衡发展,打造全球经贸网络的枢纽节点。要利用进博会举办契机,形成具有强大影响力的全球贸易协作平台。

二是率先构建高标准国际经贸规则体系。改革开放以来,中国和世界体系的关系经历了"加入—接轨—改革—补充"等阶段。从最初的全面接轨到现在的相互衔接,中国在国际治理体系与规则重构中地位和话语权不断上升。按照浦东新区高水平改革开放打造社会主义现代化建设引领区的要求,在浦东全域打造特殊经

表 2.4　1960—2019 年世界主要国家经济增速(复合增长率)比较(％)

时　　间	美国	中国	日本	德国	英国	法国	加拿大
1960—2019(2010 年美元不变价格)	3.01	7.92	3.54	1.90	2.38	2.77	3.25
1980—2019(2010 年美元不变价格)	2.69	9.45	1.87	1.70	2.24	1.80	2.36
1960—2019(美元名义价格)	6.43	9.73	8.37	5.94	6.39	6.61	6.58
1980—2019(美元名义价格)	5.30	11.70	3.99	3.66	4.22	3.53	4.85

资料来源:世界银行的世界发展指标数据库(wdi.worldbank.org/table)。

济功能区,从要素开放向制度开放全面拓展,建立与国际通行规则相互衔接的开放型经济新体制。上海承担的重大使命之一,是在要素型开放的基础上,着力推动规则、规制、管理、标准等制度型开放,代表国家参与全球合作竞争,在全球治理体系变革中积极参与国际新规则、新标准制定。

2.3 上海强化开放枢纽门户功能的重要意义

新形势下,上海强化开放枢纽门户功能是新发展格局的必然要求,是"五个中心"建设的重要条件,也是提升城市能级和核心竞争力的关键要素。

2.3.1 上海强化开放枢纽门户功能是新发展格局的必然要求

提升"四大功能"是中央交给上海的战略任务,体现着新形势下对上海的新要求,也是上海城市发展的战略目标。"四大功能"体现着上海城市的核心竞争力,是打造未来战略优势的根本所在。

以强化开放枢纽门户功能作为上海打造国内大循环中心节点和国内国际双循环战略链接的切入口,符合国家对上海的战略定位,也是上海在服务新发展格局上区别于全国的重要特征。从全国看,构建新发展格局关键是要打通生产、分配、流通、消费等环节的堵点,破除妨碍要素市场化配置和商品服务流通的体制机制障碍。而对上海来说,一方面,要破解自身发展的体制机制障碍,融入新发展格局;另一方面,更重要的是要充分发挥国际经济中心城市的功能和作用,更多地吸收利用全球资源和要素,来满足国内需要,服务新发展格局。因此,着力强化开放枢纽门户功能,能够将国家的战略要求和上海发展的战略目标高度融合,体现了上海在全国新发展格局中的独特作用,是新发展格局的必然要求。

上海打造国内大循环的中心节点,重点是要成为全国资金、信息、技术、人才、货物等五大要素循环和配置的核心枢纽。立足于高质量国内大循环,进一步促进资金、信息、技术、人才、货物等要素集聚流动,力争在要素配置中占据关键环节,在

专栏 2.6　深刻认识"新发展"的丰富内涵

要从更宽广的时空视野上认识新发展阶段。习近平总书记以马克思主义战略家的眼光作出我国进入了一个新发展阶段的重大战略判断,明确指出:"新发展阶段是我国社会主义发展进程中的一个重要阶段。""新发展阶段是社会主义初级阶段中的一个阶段,同时是其中经过几十年积累、站到了新的起点上的一个阶段。"新发展阶段也是未来 30 年我们完成建设社会主义现代化国家目标历史宏愿的新阶段。这就预示着,在这样一个阶段,我国仍处于并将长期处于社会主义初级阶段的基本国情没有变、我国是世界上最大发展中国家的国际地位没有变,我们仍然要牢牢把握社会主义初级阶段这个基本国情和最大实际,继续坚持中国特色社会主义道路,牢牢坚持党的基本路线这个党和国家的生命线、人民的幸福线,更加着力于发展,更加谦虚谨慎、艰苦奋斗,更加积极有为、始终洋溢着全社会的蓬勃生机活力,通过阶梯式递进、不断发展进步、日益接近质的飞跃的量的积累和发展变化,让我国社会主义从初级阶段向更高阶段迈进,最后全面实现国家现代化。"其作始也简,其将毕也必巨。"全党全国人民必须付出更为艰巨、更为艰苦的努力。

要从更深厚的思想根基上理解新发展理念。习近平总书记指出:"全党必须完整、准确、全面贯彻新发展理念。"理念是行动的先导,从根本上决定着发展成效乃至成败。党的十八大以来我国经济发展取得历史性成就、发生历史性变革,新发展理念被证明是科学的思想引导。在新发展阶段,我们更要从政治视野、用政治眼光来理解新发展理念是一个系统的理论体系,将其作为我们党关于发展的政治立场、价值导向、发展模式、发展道路等重大政治问题来全面深刻把握。总书记指出的要从根本宗旨、从问题导向、从忧患意识三个方面把握新发展理念,清晰指明了必须要从思想根基上牢固树立正确的发展观、正确的现代化观,根本解决好发展"为了谁、依靠谁、我是谁"的问题。我们的发展必须坚持以人民为中心,始终坚持发展为了人民、发展依靠人民、发展成果由人民共享,坚守住了这个"根"与"魂",我们的人民立场才能始终坚定、价值导向始终不会偏离;我们的发展模式才会更加集约、更加高效、更求质量;发展道路上我们才能不惧任何风险挑战,敢于斗争善于斗争,随时能够应对更加复杂困难的局面,全面做强自己。

要从更高远的发展目标上推进新发展格局。习近平总书记指出:"加快构建以国内大循环为主体、国内国际双循环相互促进的新发展格局,是《中共中央关于制定国民经济和社会发展第十四个五年规划和二〇三五年远景目标的建议》提出的一项关系我国发展全局的重大战略任务,需要从全局高度准确把握和积极推进。"新发展格局是适应我国经济发展阶段变化的主动选择,是应对错综复杂的国际环境变化的战略举措,是发挥我国超大规模经济体优势的内在要求,是塑造我国参与国际合作和竞争新优势的必然途径。构建新发展格局也是要贯穿于新发展阶段全过程,要按照"十四五"时期的主攻方向,着力畅通国民经济循环,实现高水平的自立自强,提升国民经济整体效能,以强大的国内经济循环体系稳固国内基本盘,以更高水平的对外开放促进国内国际双循环,实现更高质量、更有效率、更加公平、更可持续、更为安全的发展。

资料来源:胡敏,《深刻领悟新发展阶段、新发展理念、新发展格局》,《中国青年报》2021年1月18日。

供需对接中锻造关键链条,在内需体系中打造关键支撑,助力国内经济循环更加畅通。打造国内国际双循环的战略链接,就是要把国内国际双循环能量交换的文章做足,努力成为链接国内国际两个市场和两种资源的通道和桥梁。

上海打造国内国际双循环的战略链接,重点是构建国内国际的要素链接、产能链接、市场链接、规则链接。要着力提高要素市场国际化水平,促进资金、技术、人才、数据等要素跨境流动自由化,打造国内国际大循环的要素链接。要加快发展总部经济和功能性机构,统筹引进外资和对外投资,推动国内外产业链布局和产能合作,打造国内国际大循环的产能链接。要统筹发展在岸业务和离岸业务,促进内需和外需、进口和出口协调发展和联动发展，打造国内国际大循环的市场链接。要对标国际最高标准和最高水平，加快规则、规制、管理、标准等制度型开放，打造国内国际大循环的规则链接。

2.3.2　上海强化开放枢纽门户功能是建设"五个中心"的重要条件

建设"五个中心"和强化开放枢纽门户功能存在紧密的内在联系。建设"五个中心"是战略目标，强化开放枢纽门户功能是战略路径。两者在发展目标上是一致的，是从不同角度指明上海城市发展的战略方向。

具体来看，经济中心建设要以提升产业管理控制能力和产业链、现代化水平为核心，为全国产业链、供应链的稳定和价值链的提升提供动力。金融中心建设要以提升金融市场国际化水平为核心，扩大人民币跨境使用、交易和结算范围，打造以人民币国际化和庞大国内市场为依托的全球金融交易中心、资产管理中心和金融科技中心。贸易中心建设要以带动和扩大国内商品和服务进出口为核心，积极发展离岸贸易和转口贸易，推动数字贸易创新发展，提升以庞大国内市场需求为基础的重要大宗商品价格影响力，打造全球进口商品集散中心和亚太贸易枢纽。航运中心建设要以依托庞大国内腹地为核心，积极推进长江黄金水道建设和"江海联运"，加快长江黄金水道建设，并规划建设沪甬跨海通道，建成辐射全球的航运枢纽。科创中心建设要以提高自主创新能力为核心，聚焦关键核心技术重点突破和加快科技成果产业化，注重基础研究和前沿性原始创新能力，积极参与和牵头组织国际大科学计划和大科学工程，开展国际科技协同创新。

2.3.3　上海强化开放枢纽门户功能是提升城市能级和核心竞争力的关键要素

2018 年 6 月，中共上海十一届市委四次全会审议通过《中共上海市委关于面向全球面向未来提升上海城市能级和核心竞争力的意见》。该文件指出，提升城市能级和核心竞争力是实现新时代上海发展战略目标的集中体现、核心任务和必由之

表 2.5 强化开放枢纽门户功能和"五个中心"建设的具体要求与目标

	总体目标	不同层次	具体要求与目标
开放枢纽门户功能	以枢纽型、功能性、网络化和智能化为特征的超大城市现代化基础设施体系建设,构筑各类有形和无形网络通道,打造联通全球的网络枢纽新高地	枢纽型	建设最具影响力的世界级航空枢纽,全力拓展亚洲最高水平的洲际航线网络,推进芦潮港集装箱集疏运体系提升工程,推进上海航空货运枢纽港建设,巩固上海港国际集装箱枢纽港地位,建设国际一流邮轮港加快推进"轨道上的长三角"建设,提升城际公路通达能力,完善重要区域交通配套,强化"松江枢纽"面向长三角的交通枢纽衔接作用,进一步增强服务长三角连通国际的枢纽功能
		功能性	着力推动规则、规制、管理、标准等制度型开放,提供高水平制度供给、高质量产品供给、高效率资金供给
		网络化	加快城市重大基础设施建设,优化市域交通体系,推进和完善轨道交通网络,深化智慧交通发展
		智能化	打造全球数据汇聚流转枢纽平台,加快建设国际数据港,率先探索数据本地存储、数据跨境传输等制度规范,在生产制造、航运物流、跨境贸易、金融服务等领域推进数据安全高效流动
"五个中心"建设	建成具有全球影响力的科技创新中心基本框架,基本建成国际经济、金融、贸易、航运中心	国际经济中心	实体经济能级不断提升,跨国公司地区总部累计达到771家
		国际金融中心	金融市场交易总额超过2 200万亿元,全球性人民币产品创新、交易、定价和清算中心功能不断完善,多层次金融市场体系和金融机构体系基本形成
		国际贸易中心	口岸货物进出口总额占全球3.2%以上,商品销售总额达到14万亿元左右,贸易型总部和功能性平台加快集聚
		国际航运中心	上海港集装箱吞吐量连续11年保持世界第一,机场货邮吞吐量、旅客吞吐量分别位居全球第3位和第4位,现代航运服务体系基本形成
		科技创新中心	张江综合性国家科学中心建设全面推进,全社会研发经费支出相当于全市生产总值比例达4.1%左右,每万人口发明专利拥有量达到60件左右,大飞机、蛟龙号深潜器等重大创新成果问世,上海光源等一批大科学设施建成

资料来源:《中共上海市委关于制定上海市国民经济和社会发展第十四个五年规划和二〇三五年远景目标的建议》,《上海市国民经济和社会发展第十四个五年规划和二〇三五年远景目标纲要》。

路,要坚持对标顶级、创造一流,坚持需求导向、问题导向,坚持软硬并重、同步提升,坚持深化改革、扩大开放。上海要围绕城市核心功能,聚焦关键重点领域,推进国际经济中心综合实力、国际金融中心资源配置功能、国际贸易中心枢纽功能、国际航运中心高端服务能力和国际科技创新中心策源能力取得新突破,在制度创新、对外开放、品牌建设、创新创业、全球网络、发展平台、人才集聚、品质生活等关键领域打造新高地。

一是强化国际金融中心资源配置功能。近年来,上海已成为国际顶级金融机构角逐的热土。但是,上海国际金融中心排名的提升更多是得益于其庞大的金融市场规模和交易量。相比之下,上海的离岸金融发展严重滞后,其金融自由度和开放度与全球一流金融中心存在较大差距。例如,上海多年来仅有招商银行、交通银行、浦东发展银行、平安银行等四家银行获准经营离岸银行业务,且总体规模较小,占全球离岸金融业务的比重较低,与上海国际金融中心建设的要求很不匹配。未来,积极探索跨境资金流动和人民币国际化,有利于增强上海在全球价值链中的枢纽管控能力和金融资源配置能力。

二是提升国际贸易中心枢纽功能。在新一轮产业革命深入发展的背景下,全球产业链的价值创造正在向研发设计、营销和维修等高附加值环节转移,高端服务贸易已成为产业国际竞争力的直接体现。相对于货物贸易而言,服务贸易面临较多法律法规管制和隐性壁垒,使得许多领域的服务贸易存在更高的交易成本。和纽约、伦敦、新加坡等国际一流城市相比,上海在高端服务贸易发展上存在显著差距,尤其是在知识密集型服务贸易上差距更为明显。上海应依托自贸试验区建设,以供应链管理为核心提升保税服务能级,以知识密集型服务为核心打造全球服务枢纽,在更高层次、更宽领域进一步扩大高端服务贸易开放水平和提升相应的核心竞争力。

三是增强国际科技创新中心策源能力。提升国际科技创新中心策源能力的关键是要进一步在人工智能、大数据、生物医药、电商贸易等前沿领域集聚具有全球性业务的企业总部和功能性机构,包括境外和本土跨国公司总部、研发中心和中介

表 2.6 全面提升上海城市能级和核心竞争力的要点梳理

基本原则和总体目标	基本原则	(1) 坚持对标顶级、创造一流。 (2) 坚持需求导向、问题导向。 (3) 坚持软硬并重、同步提升。 (4) 坚持深化改革、扩大开放。
	总体目标	(1) 经过5年的努力,使上海"五个中心"的核心功能显著增强,城市能级和核心竞争力大幅提升,城市吸引力、创造力、竞争力全面增强。 (2) 在此基础上,再用5年左右,使上海"五个中心"的核心功能全面提升,在全球城市体系中具有较大影响力。 (3) 到2035年,把上海基本建成与我国综合国力和国际地位相匹配的卓越全球城市,令人向往的创新之城、人文之城、生态之城,具有世界影响力的社会主义现代化国际大都市,具有全球影响力世界级城市群的核心引领城市。
主攻方向和重点任务	五个新突破	(1) 推进国际经济中心综合实力取得新突破。以高质量发展为引领,推动质量变革、效率变革、动力变革,着力提高经济密度,提高投入产出效率,持续推动经济规模和效益提升。 (2) 推进国际金融中心资源配置功能取得新突破。把增强全球金融资源配置功能作为关键,推动全球功能性机构高度集聚,不断提升市场规模与能级。 (3) 推进国际贸易中心枢纽功能取得新突破。进一步拓展市场功能,大力发展高能级总部经济,全面提高统筹利用两个市场、两种资源的能力,实现对全球资源的合理配置和高效利用。 (4) 推进国际航运中心高端服务能力取得新突破。在巩固提升国际航运枢纽港地位的基础上,不断增强上海航运服务品牌国际影响力。 (5) 推进国际科技创新中心策源能力取得新突破。瞄准世界科技前沿,强化科技创新的前瞻布局和融通发展,努力成为全球学术新思想、科学新发现、技术新发明、产业新方向的重要策源地。
	八个新高地	(1) 打造具有国际标识度的上海品牌新高地。坚持打响"四大品牌",全面提高上海产品、技术和服务的创新含量、文化品位和附加值水平,显著提升上海品牌的国际认知度、美誉度、影响力。 (2) 打造衔接国际通行规则的制度创新新高地。坚持以自由贸易试验区建设为突破口,聚焦"三区一堡"建设,放大自由贸易试验区辐射和溢出效应,积极参与国际标准制定,强化制度供给能力。 (3) 打造更高层次的对外开放新高地。坚持以开放促改革促发展促创新,全面贯彻国家进一步扩大开放重大举措,实施更加积极主动的开放战略,以高水平开放推动高质量发展,加快构建开放型经济新体制。 (4) 打造充满活力的创新创业新高地。着力建设国际一流的营商环境,持续推进"放管服"改革,大力推进"一网通办",加快形成大众创业、万众创新的"场效应"。 (5) 打造联通全球的网络枢纽新高地。全面建设各类有形和无形网络通道,提速增效,互联互通,增强面向国际国内"两个扇面"的集聚和辐射能力,建设全球城市体系高端节点。 (6) 打造具有国际影响力的发展平台新高地。坚持以高能级发展平台提升城市知名度和影响力,高水平举办国际一流的论坛、会展、赛事、节庆等活动,促进要素加速集聚,引领产业加速发展。 (7) 打造近悦远来的国际化人才集聚新高地。加快实施人才高峰工程,面向全球引才聚才,大力营造机会多、舞台大、前景好的一流人才环境,以强大人才优势提升城市核心战略优势。 (8) 打造令人向往的品质生活新高地。着眼于满足超大城市人民群众对美好生活的需要,增加多层次、高水平公共服务供给,使高品质生活成为提升城市能级的助推力。

资料来源:《中共上海市委关于面向全球面向未来提升上海城市能级和核心竞争力的意见》,2018年6月27日。

服务机构。通过加强开放枢纽门户功能,着力提高在沪科技跨国公司总部和功能性机构的数量和能级,大力培育和集聚本土的科技跨国公司总部,以利于推动 5G、智慧金融等数字核心技术取得突破,从而占据关键技术、关键零部件、关键材料的制高点,进一步提升上海的科技创新策源能力。

专栏 2.7　全面提升上海城市能级和核心竞争力

当前,上海已站在新的历史起点上,将坚定不移推进改革开放再出发,全面提升城市能级和核心竞争力。

全面提升城市能级和核心竞争力,必须把"四个放在"作为做好一切工作的基点。要把上海未来发展放在中央对上海发展的战略定位上,放在经济全球化的大趋势下,放在全国发展的大格局中,放在国家对长江三角洲区域发展的总体部署中来思考和谋划。

全面提升城市能级和核心竞争力,必须实施好"三大任务一大平台"。就是上海增设自贸试验区新片区,在上交所设立科创板并试点注册制,推动长三角更高质量一体化发展,持续办好中国国际进口博览会,加快构建更高层次的开放型经济新体制。

全面提升城市能级和核心竞争力,必须巩固提升实体经济能级。要加快形成以现代服务业为主体、战略性新兴产业为引领、先进制造业为支撑的现代产业体系,加快建设国际经济、金融、贸易、航运、科技创新中心和国际文化大都市。

全面提升城市能级和核心竞争力,必须打造国际一流营商环境和市场环境。要对标最高标准、最好水平,持续推进政府"放管服"改革,全面建设以政务服务"一网通办"为重要标志的智慧政府,进一步激发市场活力和社会创造力。

全面提升城市能级和核心竞争力,必须加强城市精细化管理和社会治理。要像绣花一样精细管理城市,努力走出一条符合超大城市特点和规律的社会治理新路子,坚决打好污染防治攻坚战,让城市更有序、更安全、更干净。

全面提升城市能级和核心竞争力,必须坚持以人民为中心的发展思想。要始终把人民群众对美好生活的向往作为我们的奋斗目标,以最大努力解决好老百姓关心的"老、小、旧、远"等突出问题。

资料来源:马海燕,《上海市市长:做好"六个必须"全面提升上海城市能级和核心竞争力》,中国新闻网,2019年7月2日。

第 3 章

上海强化开放示范窗口作用的战略重点

开放示范窗口作用主要体现为凸显中国高水平对外开放形象的示范窗口作用。建设自贸试验区是党中央在新时代推进改革开放的一项战略举措,在中国改革开放进程中具有里程碑意义。2013 年 9 月国务院批复的《中国(上海)自由贸易试验区总体方案》中就提出,上海自贸试验区要"力争建设成为具有国际水准的投资贸易便利、货币兑换自由、监管高效便捷、法制环境规范的自由贸易试验区,为我国扩大开放和深化改革探索新思路和新途径"。

3.1 上海强化开放示范窗口作用的现状与主要问题

上海自贸试验区及临港新片区以制度创新为核心,对照国际最高标准、最好水平的自由贸易区,率先建立同国际投资和贸易通行规则相衔接的制度体系,充分发挥了先行先试的开放示范窗口作用。

3.1.1 上海强化开放示范窗口作用的现状

上海引入"准入前国民待遇＋负面清单"投资管理制度、货物状态分类监管制度等,积极探索金融服务、科技服务等领域试点开放,积极发挥国际化的开放示范窗口作用。

1. 上海自贸试验区先行先试的"头雁效应"进一步凸显

作为中国首个设立的自贸试验区,上海自贸试验区始终坚持先行先试,聚焦基础性制度和核心制度加大改革力度,实现了一系列"零"的突破,在全国自贸试验区建设中发挥了先行者和领头雁的作用。

一是建立"准入前国民待遇+负面清单"投资管理制度。负面清单模式的核心在于建立"法无禁止即可为"的管理理念。外资准入从"正面清单"到"负面清单"的跨越,不仅代表着中国政府管理体制和理念的转变,也是接轨国际投资规则的有力举措。

二是建立国际贸易"单一窗口"和货物状态分类监管制度。建设国际贸易"单一窗口"不仅是贸易监管制度创新的重要内容,更是接轨国际通行规则、提升国际贸易便利化的重要途径。货物状态分类监管试点的最大意义在于,建立了以信息化系统监管为主、海关现场监管为辅的基本架构,推动了从"物理围网"到"电子围网"的改变,极大降低了企业的仓储物流成本和人员投入成本。

三是探索建立本外币一体化的自由贸易账户制度。自由贸易账户是上海自贸试验区金融开放创新的基础性制度安排,也是最大亮点。通过分账核算体系和自由贸易账户,实现了资金跨境流动的"一线审慎监管、二线有限渗透",为推进人民币资本项目可兑换奠定了重要基础。

四是实施"证照分离"改革试点。2015 年,国务院批复同意在上海浦东新区开展"证照分离"改革试点,有效区分"证"与"照"的各自功能,进一步降低市场准入门槛和制度性交易成本,有效破解"准入不准营"顽疾,更大释放创业创新活力。

2. 临港新片区高水平开放的"窗口效应"进一步凸显

2019 年 8 月 20 日临港新片区挂牌成立,为上海当好新时代全国改革开放排头兵和创新发展先行者、推动经济高质量发展提供了重大历史机遇,高水平开放的"窗口效应"进一步显现。

一是经济发展稳中加速。2020 年,临港新片区工业总产值完成 1 703 亿元,全社会固定资产投资完成 618.2 亿元。集成电路、生物医药、人工智能、民用航空等前沿产业加快布局,智能新能源汽车和高端装备制造产业集群效应初步显现。智能制造研发与转化平台等 5 个科技创新功能型平台落地,世界顶尖科学家社区和国际联合实验室启动建设。

二是改革开放取得重大突破。《中国(上海)自由贸易试验区临港新片区总体方案》明确的各项改革试点任务已基本完成,国务院印发《中国(上海)自由贸易试验区临港新片区管理办法》,上海出台《关于促进中国(上海)自由贸易试验区临港新片区高质量发展实施特殊支持政策的若干意见》等 120 余个政策文件。洋山特殊综合保税区(一期)封关区域正式运行,临港新片区一体化信息管理服务平台建成运营体系。

三是营商环境不断优化。临港新片区不断加大“放管服”改革力度,分两批集中承接市、区两级行政审批和行政处罚等事权 1 170 项,率先实施商事主体登记确认制改革,建立特色营商环境指标体系。临港新片区还设立临港新片区法律服务中心,引进境内外知名法律服务机构。

3. 服务业全方位开放的“高地效应”进一步显现

2021 年 4 月,商务部印发《上海市服务业扩大开放综合试点总体方案》,将上海纳入服务业扩大开放综合试点城市。通过放宽市场准入、完善监管模式、优化市场环境,上海努力形成市场更加开放、制度更加规范、监管更加有效、环境更加优良的服务业扩大开放新格局,积累在全国可复制可推广的试点经验,为国家全方位开放和服务业创新发展发挥示范带动作用。

一是服务贸易规模持续增加。上海服务贸易能级和核心竞争力不断提升,服务贸易进出口规模连续多年位居全国首位。2019 年,上海服务贸易进出口额 1 843.8 亿美元,约占全国服务贸易进出口总额的 1/4。2020 年上半年,虽然面对新冠肺炎疫情的挑战,上海服务贸易出口 303 亿美元,仍实现同比正增长。专业管理和咨询服务、电信服务、计算机和信息服务、技术服务等高附加值领域已逐步成为上海服务出口的主要增长点,占服务出口总额的比重达到 60％以上。上海服务贸易企业呈现多元化发展趋势,除跨国公司地区总部和大型运输企业外,生物医药研发、文化旅游、金融服务企业的数量进一步增加。

二是金融开放和功能性平台建设加快推进。2020 年,低硫燃料油期货、国际铜期货正式挂牌交易,成为继原油、20 号胶之后在上海期货交易所上市的国际化期货品种。债券作为期货保证金业务在境内期货市场全面实施,并推出国内首批挂钩贷款市场报价利率(LPR)的利率期权产品。2017 年 6 月,发布全国首张自贸试验区金融服务业对外开放负面清单指引,为外资进入金融业提供指导和服务。

三是服务开放试点不断深化。从 2019 年颁布的《上海市新一轮服务业扩大开放若干措施》到 2021 年的《上海市服务业扩大开放综合试点总体方案》,上海持续深入推进服务业扩大开放试点,并在重点平台和园区示范发展。比如,将进博会期间的相关创新政策固化为常态化制度安排,建设虹桥数字贸易跨境服务聚集区,申请创建国家数字服务出口基地,探索设立虹桥商务区至国际通信业务出入口局的国际互联网数据专用通道等。

专栏 3.1　浦东如何打造制度开放的"中国窗口"

从要素开放到制度开放

浦东开发开放至今已经走过三个阶段,一是 20 世纪 90 年代浦东开发开放,二是 2013 年开始的上海建设自贸试验区,三是引领区的建设,打开了制度建设的新篇章。《中共中央　国务院关于支持浦东新区高水平改革开放打造社会主义现代化建设引领区的意见》(以下简称《意见》)提出,在浦东开展制度型开放试点,为全国推进制度型开放探索经验。原全国工商联副主席、上海市人民政府参事王新奎表示,此次浦东打造引领区,核心就是从要素开放到向制度开放全面拓展。"要素开放讲的是准入,制度开放是准入进来以后体现的制度,包括规则、规制、管理、标准等,是根本性的变化。""浦东创新的关键优势是制度优势。"上海市科学学研究所所长、研究员石谦也表示,中国一直以来有着"集中力量办大事"的

传统,对产业集群、要素集聚有重要保障作用。浦东 30 年来之所以能在扩大开放、自主创新等方面走在前列,关键一条是浦东创造性贯彻落实党中央决策部署中形成的制度创新成果。"浦东打造引领区的任务不是对标。"《意见》中提出,浦东要率先建立与国际通行规则相互衔接的开放型经济新体制。这不仅仅是对标国际最高标准,而是自己要构建一套国际化的规则体系,从规则跟随者向规则制定者转变。和前两个阶段不同的是,当今国际形势发生了根本性的变化,浦东要在当前的大变局中,在全球经贸规则重新构建的阶段,打造全面建设社会主义现代化国家窗口。提供高水平制度供给、高质量产品供给、高效率资金供给,更好参与国际合作和竞争。

深化科技创新体制改革,软环境要提升

在《意见》的"全力做强创新引擎,打造自主创新新高地"部分,还提出"深化科技创新体制改革"。石谦认为,这就要求浦东既要在硬科技上有突破,也要在软环境上有提升,优化创新创业生态环境。具体来看,就是要疏通基础研究、应用研究到产业化的双向快车道,要让产业后端能够牵引到基础研究前端,让企业成为"出题人"。随着全球产业竞争关口前移,要加快形成"两端做强、中间畅通"的产学研双向畅通之路,通过制度保障和资源配置,助推产业创新。值得一提的是,《意见》明确了国家在浦东设立的研发机构可研究适用上海科技体制机制创新相关规定。过去上海出台了一系列支持科技创新的政策,但是央企、中科院派出机构或教育部部属高校等很多单位不能享受这个政策,此次《意见》则打破了这一限制。《意见》提出"可研究适用",这给上海提供了一个深化研究的重要依据。

为推动浦东制度型开放,2021 年 6 月 10 日,十三届全国人大常委会已通过决定,授权上海市人民代表大会及其常务委员会根据浦东改革创新实践需要,遵循宪法规定及法律和行政基本规则,制定浦东新区法规,在浦东新区实施。这是全国人大常委会首次授权上海在浦东新区变通适用国家法律、行政法规。按照全

国人大常委会授权决定的精神,浦东新区法规区别于上海市一般的地方性法规,可以对法律、行政法规、部门规章作出变通规定,其实施范围为浦东新区。因此,将来浦东在制度型开放中,可以充分利用浦东法规的权限,拓展制度空间。根据浦东改革创新实践需要,浦东引领区在税收、人才、知识产权、改革红利上的痛点将一一被破除,更有利于激发创新活力。

资料来源:刘禹,《浦东如何打造制度开放的"中国窗口"》,《上海科技报》2021年7月27日。

3.1.2 上海强化开放示范窗口作用的主要问题

上海在自贸试验区及临港新片区建设、服务业开放等方面已取得显著成效,辐射效应不断增强,但在创新引领、集成创新、服务开放领域的深化改革方面仍然面临诸多问题。

1. 上海自贸试验区制度创新引领优势有所弱化

上海自贸试验区制度创新引领优势弱化,对标高水平规则压力测试存在空白。目前,上海自贸试验区外资负面清单条目与全国版外资负面清单条目只差3条,仍具有开放优势的只有6条。上海自贸试验区已开放领域在实质性落地中仍面临诸多限制,负面清单以外领域的一些行政法规、部门规章中仍存在股比、投资方资质等限制,或尚未出台操作细则,部分细则没有明确服务范围和服务半径等。比如,增值电信机构落地需要上海市通信管理局的业务许可证,因此企业难以实际开展业务。对标CPTPP、RCEP等国际高标准规则,中国在货物贸易、服务贸易、知识产权保护等领域与国际最高标准相比仍存在较大差距,上海自贸试验区仍需进一步加大压力测试和制度创新力度,提升开放窗口功能。

2. 临港新片区重大开放举措落地不够充分

临港新片区在推动开放举措落地实施方面仍然面临三方面的问题。一是《中国(上海)自由贸易试验区临港新片区总体方案》中的不少重大举措尚未真正落地,如洋山特殊综保区围网外"一企一策"海关监管方式创新、建设国际互联网数据专用通道。具有前瞻性、突破性的重大制度创新力度尚需进一步加大。二是面向新产业革命时代的整体性制度设计亟待加强,一些举措与海南自贸港相比存在一定差距。比如,适应数字经济和跨境数据流动、高端服务贸易要求的重大开放举措环节薄弱,离岸人民币金融市场建设亟待加大力度,缺乏鼓励特殊综合保税区内生产加工企业发展的突破性税收政策,而海南对自贸港内生产的含进口料件的加工增值超过 30％的货物,出区免征关税。三是高端产业带动效应尚需提升。临港高端产业辐射能级不强,在集成电路、人工智能、生物医药、民用航空等关键核心领域,亟须引进一批行业龙头企业与国家重点支持的大项目,打造前沿产业集群。新型国际贸易、跨境金融服务、前沿科技研发、跨境服务贸易等高端服务功能亟须进一步强化。

3. 服务业扩大开放仍需加快突破

《上海市新一轮服务业扩大开放若干措施》共提出 7 个方面 40 项具体开放措施。从目前情况看,涉及市级权限的举措已基本落实,但涉及部委层面权限的不少开放举措仍需争取。服务业开放的不少领域仅停留在特定区域、少数企业试点阶段。比如,在外资医疗机构准入方面,上海目前只允许在自贸试验区内设立相关机构,已落地项目仅有两三家,且只能采取合资方式,扩大开放的标杆效应不明显。上海服务业开放模式较为单一,跨境交付和自然人流动领域限制仍然较多,上海自贸试验区内境内外人员资质互认渠道也未打通,对吸引外资服务业和创新企业总部带来制约。

3.2　强化开放示范窗口作用的国际经验借鉴

随着 USMCA、CPTPP、欧日经济伙伴关系协定(欧日 EPA)、欧加全面经济贸易协定(CETA)的签署,以及美欧、美日自由贸易协定(FTA)谈判等快速推进,国际经贸规则展现出新趋势、新特点,为上海自贸试验区及临港新片区进一步扩大开放提出新的要求,并提供经验借鉴。

3.2.1 借鉴高水平国际经贸规则推动上海自贸试验区制度创新

1. 当前国际经贸规则及相应谈判的发展趋势

一是开放水平高标准化。从投资领域看,在对投资的定义与范围方面,美国 2012 版双边投资协定(BIT)中将"投资"定义为一个投资者直接或者间接拥有或控制的具有投资特征的各种资产,这表明投资的涵盖领域已经远远超越了传统的直接投资范畴。在投资准入和投资便利化方面,美国 2012 版 BIT 中关于"转移"有以下明确规定:任一缔约方应允许所有与涵盖投资有关的转移自由、无迟延地进出其领土。在国民待遇和负面清单方面,当前的国际投资规则趋于准入前的国民待遇原则和负面清单管理制度,特别是美国、澳大利亚、加拿大、日本等对美式 BIT 和 FTA 的推动。从高标准知识产权保护看,CPTPP、USMCA 中知识产权保护标准代表未来知识产权国际保护水准提升的方向。CPTPP 协议与 TRIPS 协议相比,扩张了专利、商标等传统知识产权保护客体的范围;明确了各种类型知识产权的具体保护标准和例外规则的适用条件,同时对权利的具体内容进行扩张;延长了权利的保护期限;通过"专利链接"机制强力排除仿制药进入市场。

二是边境上规则向边境内拓展。长期以来,各国为推动自由化而签订协定,其在国际经贸规则中重点解决的问题主要与边境措施相关,如通过削减关税等措施促进国际经贸的自由化。因信息化发展和电子商务广泛应用,贸易操作形式发生变化,新国际经贸规则谈判中产生了新的交叉议题。新的规则对监管一致、国有企业、电子商务等议题越来越重视,并从边境贸易壁垒议题深入国境内部,构建边界后规则(赵春明、赵远芳,2014)。随着全球价值链的发展,对国际经贸构成主要障碍的因素已不是关税,而是国内监管、非关税壁垒等边境后措施。在经贸谈判中,议题逐步扩展到知识产权、竞争政策、投资、环保法规、劳动市场管制、消费者保护等领域。

三是强调"公平贸易"。首先,扩大了禁止性补贴的范围。美国在 USMCA 中推出了苛刻的国有企业条款,明确反对国有企业仅因国有性质而不论资信能力轻易获得政府贷款和担保,反对国有企业"大而不破"、以"债转股"方式获得重生的现象。欧日 EPA 第 12.7 条还规定了两类禁止性补贴:政府或公共机构对企业债务的无限制担保以及对无可靠重组计划的破产企业的补贴。其次,反补贴措施涵盖领域扩大。欧日 EPA 明确规定:当补贴适用于服务贸易领域时,条款适用于以下服务贸易领域——建筑设计与工程服务、银行服务、计算机服务、建筑服务、能源服务、环境服务、快递服务、保险服务、通信服务与运输服务。最后,强化了政府采购规则。一些主要的区域贸易协定有针对政府采购的规定,例如 CPTPP 第 15 章、USMCA 第 13 章及欧日 EPA 第 10 章均对政府采购进行了规定。这些新近产生而又具有较大影响的区域贸易协定中的政府采购章节对 WTO 中的政府采购协议(GPA)既有继承,又有相应的发展,特别是在政府采购的适用范围、采购方式、透明度、正当性等方面的纪律有所加强。

表 3.1　GPA 与 CPTPP、USMCA 中政府采购章节的对比

	GPA	CPTPP 第 15 章	USMCA 第 13 章
定义与范围	未明确 BOT 与公共工程特许合同	增加了 BOT 和公共工程特许合同	同 CPTPP
采购方式	公开招标、选择招标和限制招标等	三种方式:公开招标、选择招标和限制招标,且首选公开招标	同 CPTPP
"合规"规定	散见于各章节	专门规定	同 CPTPP
授予合同的公告	合同授予后不迟于 72 天发布公告	授予合同应立即发布公告	同 CPTPP
确保政府采购的正当性	没有特别规定	专门条款规定成员方应规定相应的刑事或行政措施防止采购腐败	在 CPTPP 的基础上进一步细化
为中小企业提供便利	未规定,列为未来谈判的议题	专门规定	同 CPTPP
服务贸易的出价	新西兰、乌克兰和美国负面清单模式	澳大利亚、文莱、智利、秘鲁、墨西哥、新西兰负面清单	负面清单模式

资料来源:根据 GPA、CPTPP 和 USMCA 的相关条款整理而得。

2. 对中国自贸试验区制度创新的启示

一是更加注重制度创新先行先试，成为全方位扩大开放的新高地。在当前外部环境发生巨大变化的背景下，上海自贸试验区推进高水平开放和压力测试的任务尤为紧迫。要牢牢把握开放型经济发展大方向、投资贸易自由化大趋势，立足国家全方位扩大开放的战略高度，全面落实国家新一轮扩大开放重大举措，强化上海自贸试验区制度创新与高水平开放的联动，力争在重点领域开放取得新突破，尤其是加大服务业开放力度，打造海关特殊监管区域升级版，大力发展转口贸易、离岸贸易，树立全球范围内开放新标杆，为中国构建开放型经济新体制探索新路。要更加注重制度创新先行先试，因应"零关税、零贸易壁垒、零政府补贴"的公平贸易新标准，加大改革试验与压力测试力度，为国家层面经贸谈判提供依据。

二是更加注重聚焦核心优势产业，成为高质量发展的新高地。推进上海自贸试验区升级发展，不能面面俱到，追求"大而全"，而应聚焦自身最核心、最有优势的领域，坚持精准发力、定向突破。要依托上海自贸试验区进一步扩大开放的制度优势，聚焦创新经济、服务经济、数字经济，集聚高端要素和资源，为上海实现高质量发展培育新动能。顺应知识创新全球化趋势，加快发展创新经济，在生物医药、集成电路、再制造等领域，加速创新要素跨境自由流动，大力发展高端制造和研发创新，提升上海自贸试验区在全球价值链中的能级。顺应服务业开放创新趋势，大力发展服务经济，构建上海自贸试验区服务业价值链竞争优势，形成较强的产业关联和带动效应，构建面向全球的服务贸易合作新平台。顺应智能制造与数字服务融合趋势，积极发展数字经济，培育一批基于互联网的人工智能、云计算、大数据、3D制造等的创新平台，为跨国公司供应链创新提供产业支撑。

三是更加注重搭建开放合作平台，成为服务"一带一路"建设的桥头堡和新高地。上海自贸试验区应立足国家战略、发挥自身优势，在集聚、服务、带动、保障上下功夫，服务国家"一带一路"建设。立足上海国际金融中心优势，打造服务"一带一路"建设的资金融通枢纽。为"一带一路"沿线国家和地区的企业提供高效融资渠道，顺应中国企业海外经营需求，为企业到"一带一路"沿线国家和地区进行投资并购提供支撑。立足上海自贸试验区和科创中心联动优势,打造"一带一路"科技创新平台。积极开展跨境研发,促进创新要素跨境双向流动,成为"一带一路"科技创新的重要枢纽。立足上海国际贸易中心优势,构建"一带一路"投资贸易网络。发挥跨国公司和专业服务机构集聚、国际化人才丰富的优势,构建综合性经贸投资服务平台,为企业"走出去"提供高水平服务。

3.2.2　借鉴国际先进经验强化临港新片区产业功能

1. 美国对外贸易区的发展经验

美国对外贸易区是国际自贸园区的成功代表,其成功经验值得深入分析和借鉴。相对于一些以转口和离岸贸易为主的自由贸易园区来说,美国对外贸易区作为超大经济体的腹地型自由贸易园区,与中国自由贸易园区更具共性,也更有参考价值。主分区制度是美国对外贸易区的最大特色,也是其成功的重要因素之一。

美国对外贸易区分区的设立背景与制度框架如下所述:1999 年,美国国会修订《对外贸易区法案》,允许为特定企业专门建立对外贸易区分区,以安排在主区内无法进行的加工制造项目,鼓励进口深加工产业。主区与分区在监管制度上保持一致,实施合规审查、选择性征税等制度,但分区采取电子围网。每个分区对应一个企业,但一个企业可以拥有多个分区。截至 2016 年 12 月,美国对外贸易区共有157 个主区和近 600 个分区。美国之所以在对外贸易区基础上设立分区,主要基于两个考虑:一是降低企业运营成本;二是给企业更多选择。通过分区制度,创造性破解了主区地理位置固定的局限性,将原先主区"面"上普遍优惠延续到分区"点"状企业上,极大提升了对外贸易区的活力。分区的经济规模已远远超过主区,成为美国对外贸易区发展的主体,2017 年分区货物价值及出口额占美国对外贸易区的比重均超过 3/4。

美国对外贸易区主分区制度运行具有三大特征。第一,对外贸易区主分区功能出现分化。主区主要是仓储与分销功能,分区以制造功能为主。根据美国对外贸易区 2000—2017 年接收外国来源产品累计金额,排名前列的制造业是石油、汽车、消费电子、药品生产及机械制造等。第二,国内货物在对外贸易区货物来源中占较大比重。对外贸易区制度的一个重要目标就是打造货物转运中心,外国进口的货物在经过简单加工、拼装分装等活动后再复运出口。但这一现象从 1983 年起发生了根本性变化,进入对外贸易区的国内货物比例首次超过外国货物,之后便一直维持到现在,其中分区接收国内货物远远超过主区。第三,对外贸易区货物内销化特征明显。美国设立对外贸易区的一个重要目的是促进出口,使用进口原材料在对外贸易区内制造后再出口到国际市场。然而,目前对外贸易区进口货物在经过与国内货物混合加工、制造等处理后,其总金额远高于实际出口的金额。从统计指标看,2017 年对外贸易区出口货物与进口货物的比值是 0.347 6,这说明 65.24% 的进口货物内销到美国关境内。

2. 对临港新片区强化产业功能的启示

制度普惠化与个性化的结合,对于提升临港新片区国际竞争力十分必要。一方面,临港新片区物理围网区域面积有限,难以大规模承接战略性新兴产业和高端制造业落地;另一方面,普惠式的海关监管也很难照顾到特定企业的个性化、多样化需求。因此,临港新片区可借鉴美国对外贸易区主分区制度,在设立洋山综合特殊保税区的同时,聚焦重点产业和特定企业,大力推进临港新片区海关监管制度创新。

一是选择重点企业先行试点,构建"点面融合"的海关监管制度。将特殊综保区作为主区,进一步厘清"一线"与"二线"的边界,该管的严格管住,该放的大胆放开,区内交易不作干预。分区主要针对集成电路、人工智能、生物医药及民用航空等战略性新兴产业的特定企业,开展海关监管创新试点。试点企业应符合四个条件:(1)具备较强研发实力和良好市场前景,经营规模、综合实力、产品附加值达到一定标准以上。(2)供应链高度全球化,大量研发和生产用品涉及跨境交付,存在较大的进出口需求。(3)进出口货物具备小批量、高频次、单价高的特点,惯常的海关监管模式难以满足其经营需求。(4)已在特殊综保区外投资运营,搬迁到特殊综保区内将面临较大的新建成本,且必要性不大。

　　二是建立试点企业准入和退出机制,实施全生命周期管理。建立自主申请与审核筛选相结合的准入机制。企业可根据自身业务需求自主申请设立分区,并由临港新片区管委会会同海关、税务、市场监管等相关部门按照一定程序与标准审核决定。同时,建立基于全生命周期的退出机制。由于前沿产业技术更新迅速、市场变化快,企业需要根据技术与市场变化动态调整经营策略,甚至退出市场。监管部门可运用通知、复议、休眠及取消等方式,在企业全生命周期内实施个性化监管。

　　三是充分运用电子围网和大数据技术,强化风险管控和安全监管。运用电子围网技术实现封闭监控管理。分区不实行物理围网而实行电子围网,通过人脸识别、关键闸口及道路的图像数据自动采集、人工智能审图系统、大数据管理平台等科技手段,对试点企业进行封闭监管,实现信息化、智能化监控。同时,依托大数据平台进行实时在线监管,将海关大数据平台与上海市政府大数据平台紧密对接,在数据充分共享的基础上,逐步从传统的企业账册管理模式转向大数据监管模式。此外,对海关认为具有较大风险或需要重点关注的企业,在常规监管外增加经营信息核查的要求,要求其报送更多规定信息,并建立风险预警和管控机制,最大限度防范潜在风险。

3.2.3　对标国际投资贸易规则进一步扩大服务业开放

1. RCEP、中欧 CAI 是当前中国服务贸易开放的最高水平

　　从服务贸易来看,在 RCEP 中,中国的开放承诺涵盖了商业存在、跨境交付、境外消费、自然人流动四种方式,采取正面清单形式(生效起 6 年内转为负面清单);而在中欧 CAI 中,中国的相关承诺仅涉及商业存在方式,采取负面清单和正面清单相结合的形式。

　　一是 RCEP 框架下中国服务贸易的开放度、透明度和相关规则的可操作性进一步提升。首先,和中国已签署的其他自贸协定相比,RCEP 框架下中国服务贸易开放承诺达到了迄今为止中国自贸协定的最高水平。相对于中国—东盟“10＋1”协定,RCEP 框架下中国在广告、金融、旅行、海运等 20 余个部门的承诺水平均有所提高,共涉及 WTO 服务贸易 12 大类中的 7 大类,其中商业服务、金融服务、与健康相关的服务与社会服务、运输服务 4 大类的提高幅度最大。从服务贸易的自然人移动方式来看,RCEP 框架下中国的承诺水平,无论是在和 RCEP 其他成员国相比,还是和中国已签署的其他自贸协定相比,都属于最高水平。其次,RCEP 中规则的透明度和可操作性较强。比如,在金融、旅行社、海运服务等领域,RCEP 框架下中国对允许开展的一些具体业务做出了承诺,有利于提升营商环境透明度。RCEP 在电子商务、知识产权等方面的制度规则做出了诸多规定,在高水平制度创新层面具有重要意义,有利于降低服务贸易交易成本。此外,主要成员国对华服务贸易开放水平进一步提高。日本、新加坡、韩国是 RCEP 成员国中上海服务贸易出口的主要对象。其中,新加坡主要限制的服务贸易部门是金融、建筑、港务、会计、医疗等;日本主要限制的服务贸易部门是维修、金融、船运、医疗保健、律师等;韩国主要限制的服务贸易部门是建筑、批发和零售分销、运输、电信、法律、会计和审计、工程、教育等。

二是中欧 CAI 框架下中国在服务贸易不少领域取得重要突破,与欧盟双向开放度进一步提高。一方面,一些服务贸易领域的开放程度相比中国现有准入规定呈现明显突破。就医疗服务部门而言,中欧 CAI 突破了医疗机构仅限合资的限制,允许欧盟投资者在北京、天津、上海、南京、苏州、福州、广州、深圳和海南全岛设立外商独资的私人投资医院和诊所(中医医院和诊所除外)。另一方面,部分已开放服务业部门的政策透明度与可操作性有较大提高。中欧 CAI 框架下中国针对部分行业准入要求做出了较为详细具体的承诺,为破除外商投资的"玻璃门""弹簧门"奠定了良好基础。比如,在金融服务领域,详细规定了国内保险公司在保险资产管理公司的股比不低于 75%,外国投资者投资现存金融资产管理公司的需为外国金融机构,且投资者在申请前一年的总资产不低于 100 亿美元。此外,欧盟也在中欧 CAI 中对中国承诺了较高的市场准入水平,在近几年欧盟多个成员国强化外商投资限制的背景下,中欧 CAI 在一定程度上降低了中国在欧盟成员国投资时面临的市场准入壁垒。在欧盟 2021—2027 年财政预算框架和"下一代欧盟"基金计划中,推进数字化和绿色投资是未来最大的投入领域,而中国在新能源服务、环保服务和数字服务等相关领域上具备较强竞争优势。在中欧 CAI 达成后,欧盟将对中国企业进一步放开相关行业的投资准入限制,这将为中国相关企业投资欧盟市场开辟新的绿色通道。

2. 两大协定为上海服务贸易带来的机遇与挑战

一是对上海深化服务贸易制度创新产生重要推动作用。RCEP 在"边境上"和"边境后"规则融合上取得了积极进展,其"边境后"规则主要涉及竞争、中小企业、经济技术合作、政府采购、知识产权等,体现了区域经济一体化背景下亚洲国家渐进式改革的方向。中欧 CAI 对"边境后"制度的涉及更为深入,在国有企业、补贴透明度、标准制定、劳工和环境等方面都有更高标准的规定,为中国提升与国际经贸协定兼容性奠定了基础,也为上海下一阶段率先开展与服务贸易相关的制度创新指明了方向。另外,RCEP 中的电子商务章节是首次在亚太区域内达成的范围全面、水平较高的诸边电子商务规则成果,在电子认证、签名认证、消费者保护、个人信息保护等方面作出规定,为成员国加强电子商务领域合作提供了制度保障,有助于增强成员国在电子商务领域的政策互信和规制互认,对上海发展跨境电商有积极意义。

二是为上海吸引国际高端服务资源带来机遇。RCEP 各成员国均做出了高于各自"10＋1"自贸协定水平的开放承诺,中欧 CAI 框架下中国也在医疗健康、云服务等领域做出了更高的开放承诺,这些开放承诺将为上海带来投资创造效应,使上海获得更多投资机会。比如,在中欧 CAI 框架下,中国进一步放宽医疗健康行业的外资限制要求,允许在上海等少数特定城市设立外商独资医院,这一突破有助于吸引国际高端医疗服务机构和相关资源落户上海,以满足上海乃至长三角地区对高端医疗服务的巨大需求。在海运服务、辅助服务领域,RCEP 协定相较东盟"10＋1"进一步扩大开放力度,取消了相关限制条款。同时,RCEP 中涉及商品贸易的相关条款将有力促进区域内货物贸易便利化,有助于推动外资进入上海从事海运和物流等相关运输服务发展,从而助推上海国际贸易中心和国际航运中心建设,进一步强化上海国际贸易枢纽地位。

三是有利于上海领先的服务贸易企业拓展国际市场。RCEP框架下各成员国对中国不同程度扩大服务贸易开放,欧盟承诺降低中国对欧投资的市场准入壁垒,同时服务贸易规则透明度提高,在一定程度上为上海领先的服务贸易企业开拓国际市场带来机遇。比如,对接RCEP各成员国服务贸易开放承诺,上海的云服务、数字内容、跨境电子商务等领域的领军企业可加快国际市场布局,积极扩大信息技术、商务服务等上海优势服务出口规模。又如,随着东南亚国家城市化进程加快,以及承接中国产业转移带来的配套建设需求上升,这些变化将为上海工程建设企业开拓东南亚工程承包市场带来契机。

四是有利于上海进一步加强与日韩等国的服务贸易合作。日本、韩国和新加坡是东亚贸易网络的核心枢纽,也是上海服务贸易主要伙伴。RCEP的签署有利于进一步加强上海与日本、韩国、新加坡的服务贸易合作。一方面,RCEP生效后,中国对这些国家的货物贸易有望显著增长,由此带来相关服务贸易增长。此外,中国与日本、韩国、新加坡在服务贸易领域的双向开放度提高,有助于上海加强与其服务贸易合作。借助RCEP,中日首次在WTO框架外建立了新的自贸伙伴关系,韩国和新加坡也都做出了高级别的服务贸易开放承诺。上海可抓住RCEP契机,进一步加强与日本、新加坡、韩国的服务贸易合作。

五是境外高端服务企业将更多进入中国市场,对上海服务贸易企业带来一定挑战。RCEP、中欧CAI除了对上海带来积极影响外,也将带来一定的压力和挑战,但风险与挑战总体可控。一方面,放宽准入壁垒后,境外高质量服务提供商进入上海,将在一定程度上加大本土企业的竞争压力。尤其是中欧CAI放宽了医疗健康、云计算服务等领域的限制,将对本土企业带来一定冲击。但医疗服务开放是一项系统工程,除医院外还涉及境外新药和医疗器械使用、医生执业等诸多环节,鉴于配套环节仍未完全开放,仅股比层面放开外资医院限制的冲击有限。另一方面,RCEP将进一步深化区域产业链、供应链布局,导致离岸贸易需求上升,上海将面临新加坡、香港等离岸贸易枢纽的更大竞争。

专栏 3.2　中欧 CAI

2020 年 12 月 30 日,国家主席习近平在北京同德国总理默克尔、法国总统马克龙、欧洲理事会主席米歇尔、欧盟委员会主席冯德莱恩举行视频会晤,中欧领导人共同宣布如期完成中欧 CAI 的谈判。

中欧 CAI 谈判自 2013 年启动,历经 7 年 35 轮,该协定的核心内容主要包括:(1)保证相互投资获得保护,尊重知识产权,确保补贴透明性;(2)改善双方市场准入条件;(3)确保投资环境和监管程序清晰、公平和透明;(4)改善劳工标准,支持可持续发展。

欧盟委员会表示中欧 CAI 消除了外国在中国投资某些行业的障碍,如新能源汽车、云计算服务、金融服务和健康等,中欧 CAI 也将是中国第一份履行国有企业行为义务和全面透明补贴规则的协定。因此,对标国际高水平经贸规则,着眼于制度型开放,中欧 CAI 是一项全面、平衡和高水平的协定。

资料来源:陶川、赵艺原,《一文读懂中欧投资协定内容、影响及幕后的大国博弈》,东吴证券,2020 年 12 月 30 日。

3.3　上海强化开放示范窗口作用的战略方向

当前中国面临的外部环境进一步恶化,上海亟须前瞻谋划,在融入全球经济体系的同时,大力参与东亚区域价值链体系,进一步强化开放示范窗口作用。

3.3.1　不断增强上海自贸试验区高水平开放制度供给

一是进一步加快在规则、规制、标准、管理等领域制度型开放步伐,打造新时代更高质量改革开放新高地。要以"挑最重担子、啃最难啃的骨头"的勇气和作风,探索建立与最新国际规则和管理规范接轨的制度体系,争取在制度型开放上率先突破。从面上推进向聚焦重点产业和关键领域转变,从流程优化向深层次体制机制再造转变,从局部改革向集成性联动改革转变,切实提高制度创新的含金量和感受度,在新的起点上推动改革开放再出发,努力把上海自贸试验区打造成为全方位扩大开放的新高地、高质量发展的新高地。全面推进浦东打造社会主义现代化建设引领区,推动自贸试验区、临港新片区协调联动,推动上海各区与自贸试验区协调联动。面对新发展格局,当务之急是在探索开展全面系统的综合性改革试点,推进自贸试验区、临港新片区各项改革创新集成协同,进一步放大前期改革综合效应。上海各区则要主动用好自贸试验区这个大平台,加强改革联动、开放联动、创新联动、发展联动。

二是更加注重发挥辐射带动作用,成为推动长三角更高质量一体化发展的新高地。立足上海自贸试验区高端要素集聚、全球联系密切的优势,强化制度创新层面和产业层面的辐射功能,与长三角兄弟省市紧密对接,打造推动长三角更高质量一体化发展的新高地。充分发挥上海自贸试验区制度创新策源地功能,将投资管理、贸易便利化、金融开放创新、政府服务管理、事中事后监管等领域的最新改革成果率先在长三角地区实施,在更大空间内放大先行先试效应。充分发挥上海自贸试验区高端产业辐射源功能,提升产业开放创新能力,引进高能级跨国公司总部和研发中心等功能性机构,加强与长三角企业的合作,提升在全球创新网络中的层级,为国家竞争力的提升作出更大贡献。

3.3.2 推出新一轮临港新片区重大开放举措

在当前严峻复杂的外部环境下,临港新片区应争取实施更加大胆的开放举措,成为国家突出重围的"先手",在拓展国际大循环、突破关键技术封锁上勇当开路先锋,打造国家层面深度开放的战略通道,为促进高端要素跨境流动发挥独特作用。同时,临港新片区应积极服务国内大循环,聚焦打造"更具国际市场影响力和竞争力的特殊经济功能区",依托超大国内市场和产业链支撑,实现产业迭代升级,培育参与国际竞争的新优势。

一是依托特殊综保区实现更大力度制度创新。大力发展海关物理围网层面以货物贸易为主的传统自由港,实现跨境货物"零关税"自由流动。中国正处于工业化中后期阶段,发展强大的制造业和实体经济对于提升国家竞争力至关重要。面对贸易保护主义的抬头,应充分发挥特殊综保区"境内关外"的优势,为外向型制造业和货物贸易提供有力支撑。为此,应在特殊综保区对标新加坡自贸园区、美国对外贸易区,实行全球最开放的贸易自由化措施,在围网内建设研发要素跨境自由进出的保税研发中心,发展生物医药、集成电路等外向型高端制造业,以国际中转集拼为核心打造全球供应链配置枢纽。

同时,积极构建基于电子围网,以数字贸易、离岸金融、高端服务为主的新型自由港,实现跨境资金、数据、服务要素"零壁垒"自由流动。临港新片区要更好发挥国家层面深度开放的战略通道功能,仅仅推进货物层面的贸易自由还远远不够,必须在数据、资金、服务等要素自由流动上取得更大突破。为此需要突破传统海关围网自由港的局限,在临港新片区对标新加坡等开放经济体和欧美发达国家的先进做法,实行全球最开放的金融、数据、服务自由化措施。应进一步促进跨境资金自由流动,建立离岸人民币金融市场,推出以人民币计价的国际板;促进跨境数据安全有序流动,以产业互联网为重点打造全球数字经济高地;发展离岸贸易、离岸医疗、供应链管理等新型服务贸易,使临港新片区成为全球高端服务最开放的区域。

二是加快构建开放协同创新和全产业链整合。依托重大平台构建开放协同创新网络,提升高端核心环节竞争力。临港新片区在吸引创新要素跨境流动方面具有独特优势,应依托"境内关外"制度,加强与国际一流实验室、研究机构合作,建设离岸研发基地。依托世界顶尖科学家论坛,吸引全球科创团队和国内外科技创新精英人才集聚,打造前沿人才高地。借鉴硅谷等地区发展经验,建设临港"新工科大学",引进国际一流理工科高校,形成融合式开放协同创新生态。同时,引进更多类似特斯拉、华为的创新头部企业,带动形成强大的全产业链集群。全产业链的形成有两种模式:一种是随本地产业成长而自发形成;另一种是通过引进创新巨头企业,带动上下游关键配套企业快速集聚形成。临港新片区作为国家层面的战略载体,更适合后一种模式。应充分发挥特殊经济功能区优势,精准施策引进龙头企业,带动上下游关联配套企业快速集聚,推动产业链垂直整合,实施土地、财税、就业等一体化政策扶持,培育形成龙头企业"顶天立地"、中小企业"铺天盖地"的全产业链整合带动生态。

三是依托超大规模国内市场和腹地优势,充分发挥辐射带动效应。在上海大都市圈"小循环"中发挥引擎作用。立足"五个中心"建设,和外高桥、张江、虹桥等地区紧密联动,并与苏州、宁波、嘉兴等周边地区加强协同,形成高端带动、错位发展格局,共同带动上海大都市圈崛起。在长三角"中循环"中发挥枢纽作用。临港新片区应加强与长三角腹地的紧密联动,导入苏浙皖在数字经济、量子通信等领域优势资源,在临港新片区共建离岸创新飞地,创新成果在长三角共享。推进大小洋山联动发展,共同打造长三角一体化港口群。为长三角企业提供跨境金融服务,吸引长三角优质企业通过新片区"走出去",打造长三角金融枢纽港。在国内"大循环"中发挥高地作用。立足于服务超大国内市场,充分发挥开放标杆功能。建设重点领域开放高地,探索医疗、教育、文化娱乐等重点领域开放先行先试,带动国内服务业向高端升级。建设营商环境示范窗口,有针对性地通过制度创新优化营商环境,为中国推进双循环制度创新提供示范。

3.3.3 进一步扩大高端服务业开放

上海应依托浦东社会主义现代化建设引领区、自贸试验区、临港新片区和虹桥国际开放枢纽等重大战略载体,主动对接 RCEP 和中欧 CAI,对标 CPTPP 等高水平国际经贸规则,进一步加快上海服务贸易发展,推进制度型开放。

一是率先推进服务贸易核心制度创新先行先试。一方面,率先开展服务贸易边境后规则的改革试验。顺应当前国际高水平服务贸易规则日益从准入环节的开放向边境后规则延伸的趋势,聚焦竞争规则、知识产权、政府采购、劳工标准、环境标准等核心议题大胆先行先试。另一方面,大力推进数字贸易规则先行先试。紧密对接国家层面立法步伐,对涉及的个人信息和重要数据出境安全评估、数据本地存储等具体问题作出规定。建立跨境数据审查机制,实行数据分类分层监管。同时，争取跨境服务贸易负面清单管理先行先试。探索在上海自贸试验区和临港新片区率先开展跨境服务贸易负面清单管理模式试点，提升透明度，便利企业在RCEP 区域内开展服务贸易，降低相应成本。

二是积极吸引相关国家高水平服务机构落地上海，打造全球服务贸易高地。对接 RCEP"新金融服务"条款，实施一揽子高水平金融开放措施。试点放宽"非居民并购贷款"限制。支持设立人民币跨境贸易融资和再融资服务体系，为跨境贸易提供人民币融资服务。支持金融机构按国际通行规则为大宗商品现货离岸交易和保税交割提供基于自由贸易账户的跨境金融服务。同时，率先允许在沪设立外商独资医疗机构，允许国外已批准使用、国内尚未上市的临床急需药品或医疗器械在定点医疗机构使用，支持与境外机构合作开发跨境医疗保险产品、开展国际医疗保险结算试点。在部分领域允许境外服务商以跨境交付或自然人移动方式为本土客户提供服务。可在跨境金融服务、跨境法律服务、跨境医疗服务及入境许可等方面率先探索。

三是大力支持本地优势企业"走出去"，拓展亚太和欧盟服务市场。对接 RCEP框架下相关国家对华服务业开放承诺，鼓励企业积极开拓市场。比如，上海企业在新能源服务、环保服务和数字服务领域具备较强国际竞争优势，应引导鼓励企业用好欧盟在上述领域对中国进一步开放相关行业的投资准入限制的机遇，支持上海在云服务、数字内容、数字服务、跨境电子商务等优势领域综合实力强、发展潜力大的本土企业，通过资本运营、战略合作和企业重组等方式，主动"走出去"拓展市场空间，提高企业综合竞争力。同时，通过打造一批有核心竞争力的服务贸易企业，积极扩大信息技术、商务服务、金融保险、研发设计、文化等上海优势服务出口规模。在相关优势领域发掘和培育一批服务贸易领域"隐形冠军"企业与成长爆发性强、技术和模式先进的"独角兽"企业，开展精准支持和帮扶，支持其拓展亚太和欧盟服务市场。

四是立足东亚区域投资贸易网络，进一步加强与重点国家合作。以 RCEP 为契机，大力参与东亚区域价值链体系，进一步提升上海在相关国家的服务贸易能级,构建以上海为核心的东亚产业网络核心圈层。与日本、韩国、新加坡等东亚发达经济体在科技研发、产业创新、高端服务业等领域加强合作,并加大对它们的引资力度。对处于产业链和供应链重要环节的日本、韩国、新加坡企业实行精准招商,弥补上海在高端服务领域产业链的空缺与不足,厚植上海在区域供应链、价值链、创新链中的优势地位。同时,探索与日本、韩国、新加坡企业共同开展产业园区、港口、道路的建设和运营。在对外工程承包等领域,探索与日本加强合作,整合上海与日本在技术设备、资金、人才队伍、管理模式等方面的比较优势,共同积极开拓 RCEP 区域内及"一带一路"沿线基础设施建设的第三方市场。

第 4 章

上海强化开放枢纽节点作用的战略重点

开放枢纽节点作用主要体现为全球贸易投资网络中的枢纽节点作用。发展高能级总部经济能够有效地提升上海在全球投资贸易网络中的枢纽节点作用,而提升离岸业务水平则能够强化上海对全球价值链高端环节的管控能力。因此,发展总部经济和离岸业务是上海强化开放枢纽节点作用的两大战略重点。

4.1 上海强化开放枢纽节点作用的现状与主要问题

近年来,上海总部经济快速发展,离岸业务也已经处于试点阶段,但对标国际先进城市与上海强化开放枢纽门户功能的要求,还有一定差距,尤其在跨境资金调配、税制制度等方面存在瓶颈与制约因素。

4.1.1 上海强化开放枢纽节点作用的现状

上海已成为跨国公司总部和全球人才进入中国的首选通道门户,枢纽节点功能初步显现。

1. 跨国公司总部集聚成效显著

上海是国内最早出台跨国公司地区总部政策的城市之一,近年来更是持续聚焦总部经济能级的提升,出台相关政策鼓励跨国公司亚太总部等在上海落户,并鼓励外资设立全球性研发中心等,促使上海总部经济持续快速发展。

一是总部数量持续增长。在规模数量上,上海总部经济实现跨越式发展,持续快速增长。截至 2021 年 9 月底,上海累计设立跨国公司地区总部 818 家、外资研发中心 501 家,来自美欧日的跨国公司地区总部占比在 80% 以上,累计已有超过 112 家《财富》500 强企业在上海设立了地区总部。

从落户区域看,上海目前已形成各具特色的总部经济集聚区。其中,浦东是吸引跨国公司地区总部的主要区域,落户浦东地区总部约占全市总数 46%。从地域分布看,陆家嘴是投资型和服务业总部的集聚区,外高桥保税区是贸易类总部集聚地,作为上海科创中心核心区的张江科学城是生物医药行业的主要集聚地,金桥则是外资先进制造企业和生产服务业总部的集聚地。此外,随着上海自贸试验区"负面清单"持续"瘦身",营商环境进一步优化,上海自贸试验区吸引了大量跨国公司地区总部在生物医药、信息技术、金融服务等领域加速布局。在 2021 年新增加的 40 家跨国公司总部或研发中心中,有 4 家生物医药领域企业、7 家智能制造领域企业、4 家高端服务业领域企业。

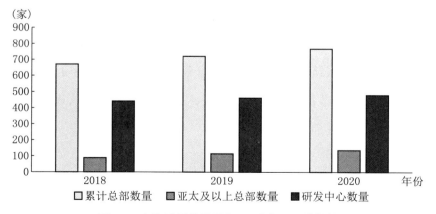

图 4.1 上海跨国公司总部、研发中心累计数量

资料来源:根据上海市商务委员会历年公布数据整理而得。

二是总部功能显著增强。总部功能首先体现在总部业务的经营范围、总部区域辐射程度和整合能力方面。一方面,上海跨国公司总部业务经营范围不断拓展。随着上海在市场准入、政府服务、专业服务等领域营商环境的快速改善,加上贴近中国超大市场的独特优势,许多跨国公司地区总部逐渐从投资、服务、贸易等单一功能总部,向集管理决策、采购销售、研发、物流分拨、资金运作、共享服务等多种职能于一身的"综合型总部"转变。另一方面,上海总部服务辐射范围不断扩展。随着中国经济实力不断增强,尤其是新冠肺炎疫情下,中国控制疫情扩散的良好成效,降低了其对生产的影响,中国企业产品在海外市场中的重要程度不断提升。不少跨国公司将产品的全球总部(全球事业部)转移到上海,如全球休闲食品领头企业美国百事食品。此外,上海跨国公司总部的全球整合能力不断增强。跨国公司纷纷在上海设立亚太总部、全球第二总部,上海逐步成为中国境内的区域中枢和全球区域运作中心。

表 4.1　上海已出台的鼓励总部经济发展的相关政策

出台时间	政　　　　策
2002 年	《上海市鼓励外国跨国公司设立地区总部的暂行规定》
2006 年	上海成立总部经济促进中心、发布首张总部经济地图
2008 年 7 月 7 日	《上海市鼓励跨国公司设立地区总部的规定》
2017 年 1 月 27 日	印发修订后的《上海市鼓励跨国公司设立地区总部的规定》
2019 年 7 月 26 日	《上海市人民政府关于本市促进跨国公司地区总部发展的若干意见》
2020 年 5 月 27 日	开展 2020 年度民营企业总部申报认定工作
2020 年 5 月 27 日	《市商务委关于开展 2020 年度贸易型总部认定申报工作的通知》
2020 年 11 月 26 日	发布鼓励设立和发展外资研发中心新政

资料来源:根据上海市政府官网公开信息整理而得。

三是研发中心能级不断提升。全球或地区总部中的研发型总部机构是上海总部经济的核心竞争力所在。2021 年,美国安进生物医药、瑞士 ABB 集团、美国强生、美国百事食品、日本索尼等《财富》世界 500 强企业均在上海设立研发中心,且主要集中在生物研发、高端制造和高端服务这些高端产业领域。这些跨国公司研发总部为亚太乃至全球服务,一些跨国公司研发中心已在部分高端产品研发方面领先全球。

四是营商环境持续优化。近年来,上海出台了大量支持总部经济发展的政策。2002 年出台全国首个吸引跨国公司设立地区总部的政策,在 2019 年出台的修订后的《上海市鼓励跨国公司设立地区总部的规定》中,进一步放宽了地区总部认定标准,将母公司的资产总额要求从 2017 年的不低于 3 亿美元,降低为不低于 2 亿美元,并在资金运作、出入境手续、人才引进、贸易便利等一系列领域颁布优惠措施。同时,上海自贸试验区推出"全球营运商计划",从培育"头部"企业集聚、深化开放创新、进一步提升专业服务等方面不断发力,增强企业全球资源配置能力,发展更高能级的总部经济。此外,上海在自贸试验区、临港新片区和虹桥国际开放枢纽等区域先行先试,实施"总部增能计划",在资金流动、贸易通关等方面提供便利,重点吸引跨国公司亚太总部和功能性全球总部落户,鼓励外资设立和发展全球研发中心及开放式创新平台,助力上海打造多维度总部型经济。

专栏 4.1　总部经济持续升级,营商环境不断优化

就在最近,60 个外资项目在上海集中签约,投资总额 58.5 亿美元,涉及集成电路、生物医药、人工智能等重点产业项目;上海的总部经济也持续升级,截至 2021 年 6 月底,跨国公司累计在沪设立地区总部达到 802 家,外资研发中心 493 家。

迅速上升的数量中,也被注入了高质量发展的动力。保时捷在上海设立地区总部;美国杜邦公司在沪设立全球研发中心;意大利船级社(中国)有限公司两年内连跳两级,把上海公司升级为亚太地区总部……上海依然是跨国公司全球布局的首选地和高质量外资的集聚地。

在上海"总部经济"越来越大的"朋友圈"中,不少"新朋友"近悦远来。法国历史戏剧主题公园"狂人国"(Puy du Fou,又译"普德赋")是全球唯一的戏剧主题公园。作为走出欧洲的第一步,普德赋在中国落地的首个项目选址上海徐汇区,总

投资超过 5 亿元,将打造中法文化交流典范项目。普德赋亚洲董事局副主席赵崇逸说,将以上海为原点,把这种带着新型艺术设计理念的大型秀场带到中国各大城市。在上海"总部经济"越来越高的能级中,不少新模式在开放创新包容的市场上得到认可。2019 年 6 月,强生(中国)投资有限公司将全球最大、亚太首家创新孵化器 JLABS 安家在上海张江,用两年时间走通了这条创新路。2021 年 5 月,强生成为首家获得上海市政府认定的外资开放式创新平台。截至目前,JLABS 上海已入驻 57 家初创企业,获得超过 24 亿美元的融资。为总部经济持续增能,得益于不断优化的营商环境。市商务委相关负责人透露,在《外商投资法》《上海市外商投资条例》的基础上,2021 年 6 月中旬,《上海市外商投资企业投诉工作办法》出台,外商投资企业权益保护工作更加制度化、规范化。目前,"涉外服务专窗"已整合全市 25 个部门的 61 类涉外服务事项、150 多项办事内容,成为外资企业、境外人士了解政策、享受服务的重要窗口。

资料来源:徐晶卉,《上海:外资企业信心化作真金白银投资》,文汇网,2021 年 8 月 8 日。

2. 离岸业务在全国率先探索起步

一是离岸金融方面。从离岸金融领域看,主要包括离岸银行、证券、保险、信托等业务,目前中国境内只能开展离岸银行业务,上海在全国走在前列,但多年来进展缓慢。

中国离岸银行业务试点始于 1989 年,1997 年和 1998 年中国人民银行和国家外汇管理局相继出台了《离岸银行业务管理办法》和《离岸银行业务管理办法实施细则》。受亚洲金融危机波及,1999 年中国暂停了离岸银行业务,直到 2002 年重启试点,交通银行、浦东发展银行、招商银行、平安银行等四家商业银行获批离岸银行业务资格(通过 OSA 账户)。此后,没有新的银行获批离岸银行业务资格,离岸银行业务也一直处于试点状态。据不完全统计,四家试点商业银行 2018 年末非居民存款余额约 4 000 亿元、非居民贷款余额约 3 000 亿元,2016—2018 年度非居民账户国际结算额约 4 万亿元,总体上近年来增长不明显,个别年份出现小幅下降。目前中国离岸银行业务以存贷款和国际结算为主,还有少量的境外同业拆借和境外担保等业务。

在经营模式上,离岸银行业务主要有两类:一是以 OSA 账户为主开展。从狭义上说,中国离岸银行业务仅限于持有 OSA 业务牌照的四家试点商业银行,但这些银行通过 FTN 账户和 NRA 账户也可为境外企业或个人提供金融服务。其中,基于 OSA 账户的离岸银行业务约占 80%,由设在总行的离岸业务部门独立承担,上海地区分行仅通过 FTN 账户或 NRA 账户为非居民提供服务,非上海地区分行通过 NRA 账户为非居民提供服务。二是依托 FTN 或 NRA 账户开展离岸银行业务。从广义上说,其他中型股份制银行虽不具备依托 OSA 账户的离岸银行试点资格,但可通过 FTN 或 NRA 账户为境外企业或个人提供结算、结售汇、融资等金融服务,在这个意义上也被归入离岸银行业务范畴。四大国有商业银行和外资银行则主要通过海外分行为非居民提供金融服务。

在客户对象和币种上,离岸银行业务主要服务于机构客户,绝大部分是优质中资"走出去"企业(即中资背景股东为开展跨境贸易或投资活动而在境外设立的企业或特殊目的公司),少量是纯外资离岸客户。从注册地看,港澳台地区客户占比约 70%,欧洲及北美地区客户占比约 10%,英属维京群岛、开曼群岛等离岸群岛客户占比约 10%,其他地区占比约 10%。在币种结构上,离岸银行业务以外币为主。主要币种涉及美元、欧元、港币、日元、英镑等,仅在 NRA 账户和 FTN 账户下有少量人民币业务。

二是离岸贸易方面。与香港和新加坡等相比,上海离岸贸易尚处于试点探索阶段,但发展潜力巨大。2010 年,为加快国际贸易中心建设,上海提出积极推进离岸贸易试点,同年实施了"新型国际贸易结算中心外汇管理试点"政策,主要试点区域为外高桥保税区,同年离岸贸易项下商品销售额就已达到 269 亿美元。2013 年,《中国(上海)自由贸易试验区总体方案》提出深化国际贸易结算中心试点,鼓励跨国公司建立亚太地区总部,设立整合贸易、物流、结算等功能的营运中心,拓展专用账户的服务贸易跨境收付和融资功能。2018 年底,上海市商务委与人民银行上海总部联合发布了《关于明确自由贸易账户支持上海发展货物转手买卖贸易有关事项的通知》，依托自由贸易（FT）账户实施离岸贸易推荐企业白名单制度。2019 年，列入白名单的企业共 299 家，离岸贸易收支总额约 200 亿元人民币，依托外管系统 OSA 账户开展的离岸贸易业务也占了很大比重。

目前，上海地区离岸贸易业务主要通过 FT 账户和 OSA 账户两个渠道开展，经营主体主要是为货物贸易提供交易服务的各类总部企业以及 6 000 多家贸易商，其中总部企业共 696 家，包括营运中心、地区总部、亚太营运商，以营运中心为最多（208 家）。在离岸贸易业务模式上，除传统的"两头在外"，承担全球供应链管理职能，提供境外不同企业间的全球采购、货物调拨、资金结算、订单管理等服务的纯离岸贸易模式外，也存在"一头在内、一头在外"的准离岸贸易模式，且后者近年来占比有上升趋势。

4.1.2 上海强化开放枢纽节点作用面临的主要问题

尽管上海总部经济、离岸业务发展势头较好，但总体而言，仍面临离岸功能薄弱、总部能级不高等制约因素，限制了上海在全球贸易投资网络中枢纽节点作用的提升。

1. 跨国公司总部能级有待提升

当前在沪跨国公司总部能级不高，制约开放枢纽节点作用的发挥。

一是在沪跨国公司总部在数量和能级上与新加坡、香港、东京等城市相比存在较大差距。从数量上看，截至 2019 年底，上海累计引进跨国公司地区总部 720 家，而香港超过 1 400 家、新加坡超过 4 200 家。上海世界 500 强企业总部只有 7 家，而东京、纽约、伦敦分别为 38 家、17 家、10 家。并且，在沪跨国公司地区总部主要服务中国市场，亚太区总部仅占 16%，在统筹和整合全球供应链和亚太地区事务方面缺乏竞争力和话语权。

二是目前跨国公司地区总部在沪发展还面临不少制度障碍，对吸引高能级跨国公司地区总部构成制约。比如，知识密集型服务业等相关产业仍然存在准入限制,使得服务业跨国公司总部、引领未来潮流的创新型跨国公司总部相对较少,总部结构有待优化。跨境资金调配与外汇收付阻碍仍然较多,致使在沪跨国公司地区总部的资金运作、贸易结算等核心功能还不强,对提升总部综合管控和资源调配能力构成了一定制约。满足总部经营需求的税收政策有待完善,故上海在吸引高能级跨国公司地区总部时,与境外先进城市相比处于劣势。

三是具有国际竞争力的本土跨国企业较少,在创新、管理、品牌等方面的引领型企业较为缺乏。"走出去"企业缺乏国际品牌、核心技术和产品,处于全球产业链、价值链、创新链、服务链高端环节的企业尚不多,使上海统筹利用国际国内两个市场、两种资源的枢纽功能未能充分发挥。

表 4.2   上海本土 500 强跨国公司

公　　　　司	大类行业	所属行业分类
交通银行股份有限公司	金融	先进生产性服务业
中国华信能源有限公司	化工、钢铁、能源	制造业
中国宝武钢铁集团有限公司	化工、钢铁、能源	制造业
中国太平洋保险(集团)股份有限公司	金融	先进生产性服务业
中国远洋海运集团有限公司	交通运输、物流	先进生产性服务业
绿地控股集团有限公司	房地产、工程与建筑	制造业
中国电力建设集团有限公司	房地产、工程与建筑	制造业
上海浦东发展银行股份有限公司	金融	先进生产性服务业
中芯国际集成电路制造有限公司	电子电气	高技术产业制造业
携程集团有限公司	信息传输、软件和信息技术服务业	高技术产业制造业

资料来源:根据相关资料整理而得。

2. 缺少先进生产性服务业跨国公司总部

先进生产性服务居于全球价值链的高端环节,是全球城市的"大脑"。主要全球城市由于集聚了主要的先进生产性服务业跨国公司总部及功能性机构,而成为全球的指挥中心和控制中心。数字经济的发展驱动服务业跨国公司比重及国际化程度提升,其重要性和影响不断上升。

在沪跨国公司总部主要是制造业企业,缺少层级高、附加值高的先进性生产服务业企业,如金融、服务贸易、金融科技、数字经济、海事服务等领域的企业。由于高端流量不足,生产性服务业服务半径很窄,导致上海城市首位度下降。以金融为例,上海作为国际金融中心,全球总部型金融机构只有 3 家,分别为交通银行、中国太平洋保险、上海浦东发展银行,能级上与工农中建四大国有银行和花旗集团、汇丰集团等还有一定的差距;在沪设立亚太总部的金融跨国公司有 7 家。从专业咨询领域看,毕马威、德勤等都是在此设立中国区总部,而没有一家咨询服务企业在上海设立亚太总部。

从国际经验看,纽约、北京、东京、伦敦的先进生产性服务业最为发达,金融业跨国公司总部数量分别达到 16 家、13 家、9 家和 7 家。纽约、伦敦作为世界主要金融中心,拥有花旗银行等诸多全球知名金融机构。毕马威等闻名全球的会计师事务所、专业咨询公司总部也都在纽约和伦敦。据统计,75％的世界 500 强企业在伦敦设有分公司或办事处。

3. 发展新型数字经济总部面临瓶颈与障碍

数据已经成为驱动跨国公司活动的关键资源,是上海总部增能和打造数字之都的"牛鼻子"。发展新型数字总部对上海总部经济提质增效具有重要意义。北京、深圳、杭州等城市不但数字经济发展特色明显,集聚了数字经济头部企业,而且都提出明确的数字型总部发展规划与具体的总部培育和吸引目标。《深圳市鼓励跨国公司设立总部企业办法》已经把数据管理明确写进总部功能,将数字型企业纳入总部范畴。《北京市关于加快建设全球数字经济标杆城市的实施方案》明确提出"培育壮大数字经济标杆企业"。杭州《关于加快推进生态工业和数字经济高质量发展的若干政策》明确提出数字经济总部企业的鼓励扶持政策。但上海数字总部型跨国公司与国内外主要城市相比处于劣势,在"2019 福布斯全球数字经济 100 强榜"中,中国有 14 家数字经济领军企业,仅次于美国的 38 家,但上海尚无一家企业上榜。

一是上海现有总部认定和扶持政策难以满足数字总部经济发展的需要。一方面,上海对数字经济新型总部尚未制定单独的认定标准。目前上海跨国公司总部认定主要针对跨国公司地区总部、总部型机构、研发中心与贸易型总部。对于数字

表 4.3　新型总部与传统总部的比较

传统总部	跨国公司地区总部 总部型机构 研发中心	新型总部	民营总部 数字型总部 数字贸易总部 符合绿色发展理念的新型跨国公司总部 开放式创新平台 金融科技总部
传统总部与新型总部的联系	传统总部与新型总部均是企业或机构中的战略决策和管理中心或特定职能部门,能够发挥一定的功能并具有能级高低的区分		
传统总部与新型总部的区别	相较于传统总部而言,新型总部是在新的发展与全球化趋势下产生的,其物理形态在数字化趋势下被弱化,更加注重功能发挥与能级提升		

资料来源:根据相关资料整理而得。

经济总部尚未出台单独的认定标准,仅是将已有的与数字经济相关的业务列入功能型总部中的电商平台管理。上海跨国公司地区总部认定办法主要针对传统股权投资形式。但数字化驱动跨国企业更多利用非股权投资方式,如协议生产、服务外包、订单农业、特许经营等,难以满足总部认定标准。另一方面,上海对数字经济总部缺乏明确的鼓励和扶持政策。上海主要对引入跨国公司区域总部、研发机构等出台普适性奖励政策,尚未有针对数字经济总部的鼓励扶持政策。而杭州明确给予数字经济总部企业最高不超过 200 万元的落户奖励,广州数字经济"1 号文件"更是直接提出对新引进数字经济总部企业最高可给予 5 000 万元奖励。

二是跨境数据传输与流动障碍制约了数字总部经济发展。跨境数据传输领域缺乏相关法律规范,目前只有《中华人民共和国网络安全法》和《中华人民共和国个人信息保护法》有所涉及,但缺少可操作细则,尤其缺乏根据行业特点"量体裁衣"的具体规范。此外,现有法律法规大多从维护数据主权、确保金融安全的角度出发,这在一定程度上与发挥数据跨境流动的经济价值冲突,如何兼顾尚未有具体规范。并且,全球跨境数据流动的统一规则尚未形成,提高了跨国企业的合规成本。中美欧在数据主权问题上各有诉求,各方为保留其对境外数据执法需求,纷纷将域外管辖权融入各自国内法律制度中,导致欧盟《通用数据保护条件》(GDPR)和美国出口管制调查不相容、《中华人民共和国数据安全法》又与美国 CLOUD 法案相冲

表 4.4　全球数字经济 100 强企业分布比较

国家排名	国家	数量（家）	代　表　企　业
1	美国	38	Apple（1）、Microsoft（2）、Alphabet（4）、AT&T Inc.（5）、Amazon（6）、Verizon Communications（7）、Walt Disney Company（9）、Intel Corporation（10）、IBM（13）、Oracle Corporation（17）
2	中国	14	中国电信(北京)(27)、京东(北京)(44)、百度(北京)(49)、小米集团(北京)(56)、中国铁塔(北京)(71)、联想控股(北京)(88)
			腾讯控股(深圳)(14)
			网易(广州)(90)
			阿里巴巴集团(杭州)(10)
			中国移动(香港)(8)、中国联通(香港)(34)、联想集团(香港)(89)
			台积电(台湾)(19)、鸿海精密(台湾)(24)
3	日本	13	SoftBank（12）、Nippon Telegraph and Telephone（15）、KDDI（20）、Mitsubishi Electric（40）、Canon（41）
4	韩国	4	Samsung Electronics（3）、SK hynix（28）、SK Holdings（60）、SK Telecom（67）
5	荷兰	4	Philips（47）、ASML Holding（50）、NXP Semiconductors（78）、Altice Europe（81）

注:括号中数字为企业排名,美国由于企业数量较多未全部列出,日本仅列出排名靠前的 5 家。
资料来源:2019 福布斯全球数字经济 100 强榜(Digital 100)。

突的复杂局面。

4. 离岸业务发展滞后制约枢纽管控能力的提升

一是离岸金融业务相关政策和基础支撑亟待完善。从政策层面看,中国离岸银行业务政策自 1997 年颁布以来一直没有修改,其中部分条款滞后于当前的金融实践与金融环境,制约了离岸银行业务的进一步发展。比如,现行政策规定离岸银行业务只能办理自由兑换货币,实际上是指外币,导致离岸人民币业务一直无法开展,与人民币国际化和企业"走出去"的需求不匹配。从账户体系看,目前离岸银行业务分散在三类账户体系,不同账户分属不同的监管主体,甚至同一账户的不同币种也要适用不同监管主体要求,企业难以适从,同时也难以进行统一监测。比如,NRA 外币账户和人民币账户分属外汇局和人民银行管理,适用不同的监管要求,导致一些业务衔接不畅。同时,非居民离岸银行业务主要集中在传统的存贷及结算领域,一些境外成熟业务(如跨国公司全球资金管理、离岸投融资业务等)无法开展,导致中资银行在与外资银行的离岸业务竞争中处于不利地位。

二是离岸贸易风险管控较严且手段单一。一方面,现有外汇管理体制与企业开展离岸贸易的运作模式不匹配,导致离岸贸易项下外汇收付困难。企业开展离岸贸易进行收付汇,外汇管理部门要求提供证明贸易交易真实性的有关单证(如海关报关单),而由于离岸贸易货物流与资金流分离的原因,企业无法取得相关单证或取得相关单证成本过高,从而无法开展离岸贸易业务。尽管由于离岸贸易涉及多个互为上下游的企业,理论上可以由进行贸易行为的各企业提供相关单证,但由此耗费的管理成本过高,并且由于商业保密原因,相互进行贸易行为的上下游企业间也不愿意提供有货物价格的单证(如海关报关单),使得实践中难以操作。另一方面,银行在缺乏有效手段核实贸易背景的情况下,普遍对离岸贸易业务持谨慎态度。外汇管理局对离岸贸易业务管理的核心在于审核贸易真实性。银行在办理该业务时,将其视作基本要求和自身职责所在。但是,与传统进出口货物贸易相比,银行在逐笔核实贸易背景真实性方面存在信息不对称及缺乏有效手段的实际情况,因此在信用风险与合规风险难以有效把控的条件下,往往不愿开展离岸贸易汇兑业务。

三是现有税制安排不利于离岸业务开展。当前中国境内离岸业务税制安排与全球先进离岸中心存在较大差距,在一定程度上削弱了境内开展离岸业务的竞争力。首先,离岸银行业务税收支持力度有待加大。比如,仅有 OSA 账户享有免交存款准备金和利息预提税的优惠,而 FTN 账户和 NRA 账户不享有。此外,在离岸银行业务企业所得税方面也缺乏相关优惠政策,而香港对离岸业务的企业所得税实行免税,两者差距巨大。其次,离岸贸易企业所得税税率偏高。跨国公司在上海开展离岸贸易的税负成本明显大于新加坡和香港。目前上海企业所得税率为 25%(对外分红需额外缴纳 10% 的预提所得税,实际税负达到 32.5%),大大超过香港和新加坡。香港企业从事一般业务的所得税率为 16.5%,而从事离岸业务的所得税率为 0。新加坡企业所得税率平均为 17%,且获得 GTP 资格的企业开展离岸贸易和转口贸易可享受低至 10% 甚至 5% 的所得税率。再次,离岸贸易印花税多环节征收。离岸贸易作为新型中间商贸易往往在同一笔货物贸易中存在着多项合同关系。按照现行印花税征收条例,当所有合同关系存在时均需多环节缴纳印花税。在最简单的一笔离岸贸易业务中,因为存在 2 次合同关系需缴纳 2 次印花税;当离岸贸易涉及内地企业的加工时,交易环节增多,一般需要交纳 5—6 次印花税,导致税负成本进一步上升,而贸易类行业的平均营业利润率仅为 2.98%(税前)。最后,离岸贸易出口退税要求偏严。作为一种新型贸易方式,离岸贸易以“三流分离”为显著特征,货物在异地办理出口退税时,因在国家层面缺乏专门针对离岸贸易的出口退税文件,导致各地税务部门对该贸易模式的理解不一致,从而造成诸多不便利。例如,按规定,货物出口至境外或境内特殊监管区就可以办理退税,但某些上海外省市企业将货物出口至外高桥保税物流园区等特殊监管区后,企业所在地税务部门不予办理退税,只有当货物最终装运发往境外时才予以办理,造成企业业务运作不畅,离岸贸易成本较高。

4.2　强化开放枢纽节点作用的国际经验借鉴

新加坡、香港、东京、伦敦等国际城市在总部经济和离岸业务上都比较发达,上海与这些城市相比仍有较大差距,需要进一步学习借鉴其强化开放枢纽节点作用的先进经验。

4.2.1　聚集高能级跨国公司总部的经验借鉴

1. 新加坡

新加坡是东南亚的经济中心,聚集大量的亚太总部,尤其是从制造业向总部经济转型的过程,为其他地区发展总部经济提供了很好的经验借鉴。目前,新加坡跨国公司总部超过 4 200 家,且 1/3 的世界 500 强企业在新加坡设立总部。新加坡对跨国公司总部吸引力如此之强,主要得益于以下三方面的优势:

一是在全球化网络中的精准定位。新加坡充分利用自身地理位置优势——与越南、印度尼西亚等东盟国家保持 2 个小时左右的飞行距离,处于交通枢纽位置,并将自身发展与周边经济融为一体,为经济要素跨境流动提供最大便利。新加坡作为高度开放的自贸港,对外汇等没有管制。其最新设计开发的 TradeNet 上线运行后,贸易单据由原来的 3—35 种减少为 1 种,单据处理时间由原来的 4—7 天缩短到现在的 10 分钟。在数据元标准化上,新加坡启用了世界海关组织数据模型(WCO Data Model),大幅度减轻了企业报关数据量。

二是政府扮演了重要角色。新加坡政府先后出台区域总部(RHQ)计划和国际总部(IHQ)计划等,大力支持总部经济的发展。这些政策具有两大特点:一方面,新加坡为不同类型总部制定了分类优惠政策,如对海外服务公司、国际航运企业、金融和财务中心、研发中心、贸易企业等实行不同比例、不同时间长度的税收优惠政策,具有很强的针对性和灵活性。另一方面,注重相关指标和评价标准的可操作性。强调总部经济对新加坡经济的贡献度,如对当地劳动力的聘用比率等,然后再做出实质性评价。

专栏 4.2　区域总部计划和国际总部计划

总体看来,符合在新加坡设立区域总部或国际总部要求的公司能够享受"3+2"年的 15% 优惠税率。如果在激励期内的第三年年底前达到最低要求,税收优惠可以再延长两年。

(1)申请在新加坡设立区域总部的公司必须满足以下所有最低要求,才能对其收入提供优惠税率。第一,公司应在激励期的第一年末缴足 20 万新加坡元,在第三年末缴足 50 万新加坡元。第二,到第三年底,公司需要在新加坡以外的 3 个国家设立子公司、分公司、合资企业、特许经营或代表处等实体。这些实体应从总部获得至少 3 种类型的服务。第三,在激励期内,至少 75% 的员工应该是熟练的,意味着至少应该获得 NTC2(国家贸易二级证书)认证。第四,到第三年底,公

司应该已经发展到将在新加坡雇用不少于 10 名至少具有文凭认证的专业人员的地步。第五,在同一时间范围内,5 个最高行政职位的平均薪酬应为 10 万新加坡元。第六,在同一时间范围内,企业在新加坡的年度商业支出总额必须额外增加 200 万新加坡元。其中,商业支出为运营成本减去新加坡境外分包工作的成本、在海外获取知识的成本、版税、包装、原材料与必要的工具和设备的总和。

（2）在新加坡设立国际总部的公司可以申请国际总部奖,该奖项对符合条件的增量收入给予低至 5％—15％的优惠税率。国际总部奖的申请人必须在新加坡当地注册,并且必须承诺超过区域总部奖的最低标准。具体标准如下:第一,公司必须在经营行业或部门内得到认可,在人力资源、资本和市场份额方面具有广泛的能力。第二,总部应是主要业务高级管理人员的组织枢纽,具有明确的管理和控制程序。第三,公司应将大部分总部业务迁至新加坡办事处。具体包括营销、规划和品牌管理,战略业务规划和发展,新概念的研究、开发和试验,知识产权管理,技术支持服务,企业培训和人事管理等。第四,公司为运营总部而聘用的管理、专业、技术和支持人员应在新加坡工作。

资料来源:corporatebackoffice. com. sg/international-ihq-regional-headquarter-rhq-programme-singapore/.

三是新加坡税负优势明显。首先,新加坡税收种类比较简单,主要包括企业所得税、个人所得税、消费税、印花税、不动产税等,不设遗产税、资本利得税、港口税等。其次,新加坡税率较低,其中企业所得税为 17％,社保费用为 14.5％,增值税/间接税为 7％,还对从事先锋企业[①]免征 5—10 年所有税。再次,新加坡对海外服务公司、国际航运企业、金融和财务中心、研发机构、全球贸易商也实行较为长期的低所得税优惠,而上海主要是短期的金额补助。最后,新加坡先后累计签署了 50 项避免双重课税协定和 30 项投资保证协议,为总部企业的跨国业务提供便利。

---

① 先锋企业是由新加坡政府界定的,通常情况下,从事新加坡目前还未大规模开展而且经济发展需要的生产或服务的企业,或从事具有良好发展前景的生活或服务的企业,都可以申请先锋企业资格。

2. 香港

在亚洲金融危机发生后，中国香港政府采取措施改善营商环境，强化香港的亚洲国际都市地位。目前，香港中环 CBD 集中了金融、保险、商业服务等各行各业，为总部经济提供了很好的支撑，香港跨国公司总部超过 1 400 家，且多为亚太总部乃至全球总部。香港总部经济如此发达，主要得益于以下三个方面：

一是良好的地理条件和区位优势。香港一直都是中国与全球经济联系的枢纽，尽管近年来枢纽功能有所减弱，但是与中国华南地区经济联系依然十分紧密，尤其是随着广深港高铁和港珠澳大桥的开通，香港到广州只需要 50 分钟，香港到深圳只需要 14 分钟，进一步强化了其与广州、深圳的经济联系。

二是拥有最优惠的税收制度。同新加坡一样，中国香港也是自贸港，对外汇没有管制。而且税制非常简单，没有增值税、资本利得税、股息税和遗产税等，只有财产税（15%）、薪俸税（限额为 17%）、公司所得税（公司利润 200 万港币以内为 8.25%，200 万港币以外为 16.5%）。

三是完善的体制机制与基础设施。香港拥有良好的营商环境，高效、廉洁的城市公共服务和公平的竞争环境，以及经济发展所需要的基础设施。香港在世界经济论坛发布的《全球竞争力报告 2020》中排名第 5，在世界银行发布的《营商环境报告 2020》中排名第 3，拥有全球 50% 以上的国际律师事务所，在香港开办企业仅需要 1.5 天。

3. 伦敦

近年来，伦敦总部经济快速发展，尤其是随着英国脱欧，有 40% 的欧洲跨国公司将伦敦作为欧洲总部或全球总部所在地。根据德勤的报告，全球财富 500 强企业在欧洲设立有 201 家总部，其中 114 家位于英国。根据 fDi Intelligence 数据库，按项目数量衡量，伦敦是 2003 年至 2018 年全球跨国公司总部外国直接投资排名第一的目的地城市。伦敦总部经济如此发展，主要得益于以下三个方面的优势：

一是拥有高度国际化的市场环境。一方面，国际化人才丰富。伦敦大约 20% 的人拥有知识型专业技能，如数字广告、银行和管理咨询服务等。伦敦还拥有四所世界排名前 40 的大学,每年有多达 50 万毕业生供给人才市场。另一方面,交通四通八达。伦敦有六个国际机场和四通八达的高速铁路,已经成为世界通往欧洲的主要门户。

二是具有竞争力的税收制度。英国拥有各种各样的地域税收制度,部分地区会对利润税进行股息豁免、选择性分支机构豁免等。此外,伦敦还通过税收激励来刺激研发和创新活动,具体包括税收优惠、现金补助、专利盒计划和资本投资激励等。其中,专利盒制度会对包含专利特征的产品收入征收 10% 的公司税。

三是金融业与科技创新较发达。目前,有超过 500 家银行常驻伦敦,伦敦的日本银行数量多于东京,美国银行数量多于曼哈顿。有超过 40% 的全球外汇交易在伦敦进行(每天总计 2.1 万亿英镑),其所吸引的金融投资比全球其他金融中心都多。此外,伦敦有 4.6 万家科技创新公司,Deliveroo、Revolut 和 AimBrain 等"独角兽"企业比比皆是。

4. 经验借鉴与启示

一是注重商业环境的不断优化。在充分发挥市场在资源配置中的主导作用的同时,需要政府积极作为,持续深化行政审批制度改革,重点在于提高效率,降低总部企业入驻的商业成本。打造宜居宜业的营商环境,重点是在知识产权保护等方面出台相关政策进行规范,同时加大对违法行为的打击力度,维护市场的公平竞争环境。及时追踪总部经济的发展情况,借助大数据等方法,定期分析总部企业的运行状况,以便制定针对性的鼓励措施。

二是注重国际化人才的培育。为国际人才进入提供便利,尤其是研发领域的人才,可将上海自贸试验区的人才互认制度进行复制推广,但是对教育、文化等领域的国际人才流入严格把关。推动国际人才培训,积极鼓励国际语言、国际会计等专业培训机构的发展。

三是进一步完善基础设施建设。跨国公司在总部区位选择时,注重目的地的基础设施建设状况。一方面,重点完善国际机场建设水平,为国际人才尤其是跨国公司中高层管理人员跨境流动提供便利。另一方面,尽快完善跨境数据流动机制,在保障数据安全和服务效率的前提下,优化数据本地存储制度,提升数据跨境流动效率。

四是融入全球知识产权保护的核心体系。新加坡、东京、班加罗尔等全球科技创新中心总部城市都比较重视知识产权保护,不仅制定了许多与知识产权相关的法律法规,所在国还都加入了《建立世界知识产权组织公约》《巴黎公约》《伯尔尼公约》《马德里协定》《专利合作条约》《布达佩斯条约》等保护知识产权的国际公约。加入知识产权国际公约有利于保护跨国公司专利成果,健全的知识产权政策有利于吸引跨国公司总部。

4.2.2 国际上离岸枢纽的发展路径与经验借鉴

国际上发达的离岸枢纽大体可分两类,即新兴离岛型枢纽与大国腹地型枢纽。从离岸金融看又分四种模式,分别为内外分离型、内外一体型、有限渗透型和避税港型。这些都从不同角度为上海提供了有益借鉴。

表 4.5　离岸金融四种模式及其特点

模　式	典型市场	特　　　点
内外一体型	伦敦、香港	离岸机构无严格申请程序,不设单独离岸账户,与在岸账户并账运作,资金出入无限制
内外分离型	纽约、东京	离岸机构设立须经当局审核,离岸业务只能在专门账户中进行,离岸交易与在岸交易分开,严禁离岸与在岸资金渗透
有限渗透型	新加坡	以离岸型为基础,离岸账户与在岸账户分立,居民交易与非居民交易基本上分开运作,但允许两个账户之间有一定程度的渗透
避税港型	开曼	没有实际交易活动,只是离岸金融机构注册和办理市场交易记账事务的场所,目的是规避母国税收和监管

资料来源:课题组整理。

1. 新加坡与香港的离岸枢纽发展特点

新加坡是亚太地区离岸业务发展最快的城市。在世界经济论坛发布的《全球竞争力报告 2019》、世界银行发布的《营商环境报告 2020》中,新加坡分别位居世界首位和第二位,这与其离岸业务发达密不可分。新加坡作为全球第四大国际金融中心,离岸银行贷款、债券和保险在其金融服务中占了很大份额,离岸贸易自 2000 年起达到年均 15％的高增长率。

在离岸金融方面,新加坡的做法值得借鉴。20 世纪 60 年代,跨国公司投资重点向东南亚转移,美国银行为了消除美国政府限制资金外流措施的影响,策划在亚太地区设立离岸金融中心。新加坡政府抓住机遇,1968 年允许美国银行新加坡分行在其境内设立亚洲货币经营单位(ACU),作为开展离岸金融业务的载体,接受非居民外币存款,为非居民提供资金借贷和外汇交易等业务,这标志着离岸金融市场的诞生。而后,新加坡鼓励更多银行加入 ACU 经营,利用亚太地区跨国公司、各国央行和政府机构以及银行同业间存款的美元资金,发展离岸金融市场。在早期,新加坡由于金融体系不够发达,选择了内外分离型的发展模式,将境外金融市场与境内金融市场严格区分,不允许本地居民在 ACU 开立外币账户。20 世纪 70 年代后,新加坡对离岸金融业务在税收、金融管制和外资持股等方面逐步放宽限制,过渡到有限渗透型模式,允许本地居民在 ACU 设立外币账户,并逐步提高存贷款额度。

新加坡的离岸金融支持措施具体如下:一是在税收优惠方面,取消了 ACU 20％的存款准备金,废除与汇票、信用证和存款证相关的印花税,免除非居民外汇存款利息扣除税,将商业银行从事离岸金融业务的盈利税设定为盈利额的 10％,免征非本地居民从 ACU 获得的离岸收入税及所有 ACU 的离岸贷款合同印花税等。二是在外汇管制方面,新加坡在 1978 年全面开放外汇市场,取消居民投资亚洲美元市场的限制,使得离岸金融业务迅速发展。三是在准入监管方面,新加坡离岸金融市场的参与主体主要是银行,对最低资本金、治理结构、风险管理水平等都有严格要求。当局把境内从事离岸金融业务的银行进行分类并发放不同类型的牌照,只有符合要求的银行才能从事离岸业务,并且需要定期报送离岸业务报表或根据要求补充特定报表,以便进行监管。

针对离岸贸易,新加坡有"全球贸易商"计划(GTP),具体激励政策如下:一是取得 GTP 资质企业在开展离岸业务时能够获得 5％或 10％的所得税优惠,期限为 3 年或 5 年。二是对新生且富有活力的创业型企业、中小企业给予特殊的税收减免支持,近年来还先后与中国、英国等 50 多个国家签署了免除双重征税协定。

香港是亚太地区离岸市场自由度最高的城市。在《华尔街日报》和美国传统基金会发布的《经济自由度指数 2019》中,香港已经连续 15 年位居首位。香港曾经是全球最大的人民币离岸金融中心,虽在伦敦的竞争下位次下滑,但仍在全球离岸金融领域排名靠前,截至 2019 年底,离岸人民币存款高达 6 322 亿元。

在离岸金融上,香港采取内外一体型模式,允许境外金融机构从事与本地金融机构相同的金融业务,并在市场准入、日常监管等方面同等对待。具体政策优势体现为:一是税制采用属地原则,对离岸收入不征税。二是早在 1973 年就取消了外汇管制,允许货币自由兑换。三是在 1978 年就允许外资银行在港自由经营。此外,香港在离岸人民币业务上还推行一系列开放性政策:一是最大限度放宽金融市场准入,如香港人民币债券市场对境外发行人没有任何限制,也不进行强制性信用评级。二是完善人民币回流机制,在 2008 年取消企业人民币兑换数额限制,允许人民币存款在不同银行间转账;在 2010 年根据《关于人民币业务的清算协议》取消本地银行提供与人民币相关金融服务的其他限制性规定。

在离岸贸易方面,香港除了强化贸易中间商管理、优化营商环境外,还采取一系列支持政策:一是在市场准入方面,不存在绝对禁止的行业,不限制外资股比,投资者可对公司 100% 控股。二是对离岸贸易业务不予征收企业所得税。三是不征收离岸贸易间接税,包括免征利得税、预扣税和印花税。

2. 纽约、东京与伦敦离岸枢纽的发展路径

纽约是全球领先的腹地型离岸枢纽城市。在离岸金融方面,纽约采取内外分离型模式,以国际银行设施(IBF)形式开创在岸经营离岸本币业务先河。20 世纪 80 年代,欧洲美元市场迅速发展导致美元大量外流。为重振美国金融服务业的国际竞争力,1981 年美联储允许美国各类存款机构及外国银行在美分行和代理机构建立 IBF,使得离岸金融业务迅速发展。仅 1981—1983 年就有 400 多家银行建立了 IBF,拥有资产 1 870 亿美元,其中纽约占比超过 3/4。在交易币种上,IBF 的最大特点是在离岸金融市场经营本国货币,该账户中的美元被视同境外美元,这种做

法随后被日本等效仿。在交易范围上，IBF 将交易严格限制于会员机构和非居民之间，且不允许投资证券，其中会员机构主要是指美国银行和境内外国银行的分行和子行等。在政策优惠上，享受各种优待，如不受利率上限限制、免交存款准备金、免交存款保险和利息预扣税等。

在离岸贸易方面，纽约并未出台专门的离岸贸易扶持政策，但却凭借一流的营商环境和发达的金融贸易体系，为离岸贸易发展营造良好环境，成为全球贸易网络的核心枢纽。

伦敦是全球离岸金融发展最早、规模最大和最成熟的城市。在最新全球金融中心指数(GFCI)排名中，伦敦排名第二位，其拥有世界最大的欧洲美元市场，外汇交易规模占到全球 41%，并且已超越香港成为全球最大的离岸人民币金融中心。伦敦采取内外一体型离岸金融模式，直接利用境内现有金融系统开展离岸金融业务，并对非居民业务及居民业务不加分离。在交易币种上，最初只能经营英镑之外的其他货币，1979 年后可以经营欧洲英镑的存款业务，但只能通过位于英国海峡群岛的离岸银行进行。在交易范围和政策优惠上，允许金融机构和非居民同时经营在岸和离岸两类业务，但必须缴纳存款准备金和有关税费，且对金融机构严格限制全面业务执照的发放量，以控制金融风险。在外汇管制上，伦敦早在 1979 年就取消了外汇管制，允许资金自由流动。在税制优惠上，对境外流入的资金免征收利息税，取消存款准备金制度，等等。

在离岸贸易方面，伦敦十分注重营造高效、规范的营商环境，诸多跨国公司总部和全球贸易商集聚，成为发达的离岸贸易枢纽。伦敦对外资企业实行国民待遇，并对多种产品免征增值税。

东京离岸金融市场是日本金融自由化和日元国际化的产物，采取内外分离型模式，通过专门的离岸账户对境内外市场进行隔离。在交易范围上，只有经有关部门批准的外汇银行才能在东京离岸市场从事离岸业务，证券公司、一般企业法人和自然人不能参与。在业务内容上，只能开展存贷款业务，不允许经营证券、期货业务，并严格规定存款交易的期限和限额，但允许存款利率自由浮动。此外，日本早在 1984 年就废除了外汇管制,日元和外币之间可以自由兑换。

在离岸贸易方面,东京在全球贸易网络中占据重要枢纽位置,集聚了许多高能级的日本跨国公司的全球总部。东京还通过建立亚洲总部特区,进一步吸引跨国公司总部集聚。

3. 经验借鉴与启示

一是立足自身实际,制定合理的离岸业务战略路径。这在离岸金融领域体现得最为明显。综观全球主要离岸金融枢纽,它们选择了各具特色的发展模式,这与其经济发展水平、金融体系发达程度和风险管控需求密不可分。以内外一体型模式为例,其不区分离岸和在岸市场,需要具备发达的金融体系、成熟的调控机制和强大的市场干预能力来应对外部冲击。而内外分离型模式需将在岸和离岸市场严格分开,以免境外资金干扰和冲击境内金融市场。有限渗透型模式则是随着本地金融市场的逐渐成熟,在内外分离型模式基础上扩大开放形成的。对临港新片区而言,也应立足中国国情和金融发展实际,选择最为恰当的离岸金融发展模式。另外,离岸金融的发展离不开特定的市场需求支撑。比如,伦敦主要立足于强大的金融中心功能和发达的金融市场,吸引了全球顶级金融机构和金融资本集聚,从而成为全球首屈一指的离岸金融枢纽和第一大人民币离岸金融中心。对临港新片区而言,未来应抓住中国作为超大经济体和人民币国际化的机遇,牢牢把握日益增长的离岸金融需求,乘势而上加大推进力度。

二是营造自由开放和宽松便利的市场环境。这是全球主要离岸枢纽形成的关键要素,主要体现在金融管制、账户设计、税收政策等方面。在金融管制上,主要体现为一定程度上对外汇管制的放松甚至取消,此外还包括减免存款准备金和存款保险、推进利率市场化和放松信用管制等。在账户设计上,发达的离岸金融市场都有一套独立的离岸账户体系,而这些账户也为离岸贸易结算和融资等提供了便利。以美国为例,通过设立国际银行设施,其以此为依托建立了内外分离型离岸金融市场。在税收制度上,各离岸市场均实行低税率甚至零税率,来吸引国际金融机构、贸易商和投资者等,如香港对离岸收入免税,新加坡对符合资质的离岸贸易公司给予所得税优惠等。在吸引市场主体集聚上,新加坡专门制定了全球贸易商计划,吸引数千家跨国贸易公司,有效推动了离岸贸易的发展。对临港新片区而言,应借鉴国际先进做法,结合自身实际制定有针对性的支持政策,为发展离岸业务营造良好环境。

三是建立高效严密的风险监管制度。有效的风险防控是离岸业务健康发展的前提,主要包括市场准入监管、日常经营监管、退出机制和风险救助等方面。在市场准入监管上,主要是实施经营主体资质审查,从源头上做好风险防范。以新加坡为例,在离岸金融方面,其通过颁发执照进行许可管理,并采取差异化准入政策,对本国银行开展离岸金融业务要求其资本不少于 15 亿美元,而对外国银行的要求则提高至 20 亿美元,且资本充足率不得低于 12%。在离岸贸易方面,新加坡建立认证制度,对从事离岸贸易的公司、贸易种类、贸易收入和年度贸易额等进行认定。在日常经营监管上,主要是制定明确的监管规则,对经营主体行为进行持续监管。比如,东京对离岸金融市场的经营主体设置了相应的资产、负债业务限额,每个工作日和每个月度资金的净流入都不得超过限额,以避免国际游资对离岸金融市场的冲击。在退出机制和风险救助上,主要包括危机预警机制、最后贷款人制度等。比如,香港政府外汇基金可以作为最后贷款人,来保障整个离岸金融市场的金融稳定。临港新片区要加快发展离岸业务,应把强化风险防范放在突出位置,努力改进和优化监管措施,筑牢防范风险的防火墙。

四是完善配套法律法规。国际上成熟的离岸市场都具备完整的法律体系,为离岸业务监管提供依据。在离岸金融领域,各个国家(地区)有制定基本的金融法规,有些国家(地区)针对银行、保险、信托等业务制定专门的法律法规。

4.3　上海强化开放枢纽节点作用的战略方向

上海在总部经济和离岸业务发展现状的基础上,应借鉴新加坡、香港、伦敦、纽约等国际城市的先进经验,不断提升总部经济能级,大力推动离岸业务发展,并建立健全配套制度体系。

4.3.1 支持现有跨国公司总部拓展功能、提升能级

"十四五"期间,上海将加快做强做优"五型经济",而跨国公司地区总部是发展"五型经济"的重要组成部分。上海将持续提升总部经济能级,"实行总部增能计划,吸收、吸引跨国公司亚太总部和功能性全球总部落户,鼓励外资设立和发展全球研发中心和开放式创新平台,并进一步完善本市总部经济政策体系"。

一是完善奖励制度及税收政策,助力总部能级拓展。建立完善的能级提升奖励制度。分别针对在沪跨国公司数字经济总部、"隐形冠军"企业、民营企业总部等不同类型的总部制定详细的标准,建立统一且符合各总部特征的能级提升奖励框架体系。对跨国公司提供的优惠政策应建立在其经营贡献及能级提升的评价基础之上。按照数字经济总部企业能级提升的程度,对城市总部、国家总部、地区总部、全球总部分别给予不同的奖励额度。此外,还需要实施符合国际惯例的总部税收政策,未来在上海自贸试验区内注册的地区总部特殊重组的审批权限可下放到地方层面。

二是加强制度创新,提升总部业务开展便利度。为了提高跨国公司总部跨境资金管理的自由度、使用数据平台和进行跨境研发的便捷度,需要辅以一系列配套制度创新。一方面,争取将自由贸易账户等同于境外账户管理,在风险可控前提下提高使用自由度,同时优化跨国公司外汇集中运营管理和跨境双向人民币资金池业务。另一方面,借鉴新加坡数据平台和跨境研发创新管理模式。可借鉴其"单一窗口"和"公共平台"模式,提高跨境单据处置效率。在临港新片区推进研发用品进出境管理改革的自主权改革,以跨国公司研发中心先行试点"白名单＋告知承诺＋属地延伸"的管理模式,促进跨境研发便利化。

三是继续加大知识产权保护,支持总部研发升级。继续完善知识产权保护机制。不断优化专利审查流程,缩短审查时间以提高效率。例如,日本已大幅缩减专利申请审查期限,专利审查期从早期的 22.2 个月缩短为目前的 1.9 个月。同时,鼓励在沪跨国公司总部申请专利,并给予创新成果奖励。特别是,要建立专利权、商

标权、版权联合评估机制,质押融资风险分担机制和质物快速处理机制,打造处理知识产权纠纷案件的完整体系。

四是提高国际化、专业化人才跨境流动的便利度和保障力度。在税收政策方面,建立税收政策加计扣除制度。这既有利于鼓励企业对人力资本进行开发和培训,也便于新型数字型总部集聚人工智能和大数据分析等领域的高端复合型人才。在签证政策方面,跨国公司高层所办理的签证有效期目前仅为 1 年,可在此基础上延长签证时长或简化签证手续,并为高层管理人员处理跨国事务的协调工作提供便利。在双重国籍认定方面,可在临港对顶尖科学家试行双重国籍制度。从印度的经验看,印度承认双重国籍,吸引海外印度人才回流,还设立"科学人才库"吸纳海外高层次人才,创设"海外印度人日"凝聚海外印裔人才。此外,鼓励发展涉外医疗,可借鉴北京、天津经验,鼓励本土医疗机构与国际保险机构进行合作,设立国际医疗部,并引入外籍医生为外籍人士提供直接便利的医疗服务,允许外籍人士使用国际医疗保险直接付费,免去理赔报销手续。

专栏 4.3　上海发布促进跨国公司地区总部发展 30 条

《上海市人民政府关于本市促进跨国公司地区总部发展的若干意见》(以下简称《意见》)包括六大方面内容,进一步优化了总部认定标准。一是为进一步鼓励总部集聚,调整总部和总部型机构认定标准;二是进步提高跨国公司投资便利度;三是进一步提高跨国公司资金使用自由度和便利度;四是进一步提高跨国公司贸易和物流便利化;五是进一步提高跨国公司研发便利化;六是进一步加大对总部功能的配套保障。

《意见》主要从三个方面鼓励外资总部经济发展:

第一,进一步优化总部认定标准。近年来跨国公司轻资产化发展渐成趋势,导致越来越多的互联网、数字化等新兴领域的跨国公司难以符合本市跨国公司地区总部认定中关于公司资产等要求。因此本次将优化跨国公司地区总部认定

标准：一是将地区总部母公司总资产要求放宽至2亿美元，将总部型机构母公司总资产要求放宽至1亿美元；二是取消实缴注册资本和管理企业数量要求；三是取消总部须为独资企业的限制。

第二，进一步促进地区总部发挥功能。根据地区总部功能集聚和提升能级要求，对照问题逐条提出突破举措建议，在投资便利度、资金使用自由度和便利度、贸易和物流便利化、研发便利化等方面探索突破，以满足近年来跨国公司地区总部越来越多的业务重组、新业务拓展等要求。例如，放宽投资性公司设立条件、支持地区总部参与集团重组、便利地区总部境内外资金运营管理，在跨境资金池业务下开展全币种跨境收付、支持地区总部灵活配置跨境融资资源、支持地区总部开展离岸转手买卖、试点连锁企业"一照多址"、支持地区总部开展关税保证保险、促进研发试验用材料进出口便利化等。

第三，进一步加大总部功能配套保障力度。在总部功能的配套方面，增加鼓励发展国际教育和涉外医疗的政策措施，便利总部高管人员聘雇的外籍家政服务人员进出境，加大对总部企业的服务力度，打造有利于跨国公司地区总部发展的国际一流营商环境，做好地区总部的安商、留商、富商、稳商工作。

资料来源：《放大招！上海发布促进跨国公司地区总部发展30条》，上观新闻，2019年8月13日。

4.3.2　集聚培育一批世界一流的本土跨国公司

对上海来说，作为大国经济体的开放枢纽，总部经济发展路径与香港、新加坡等城市有很大区别，不仅要大力吸引外资跨国公司总部，更应把集聚本土跨国公司总部放在重要位置。尤其是优化总部企业认定标准，将在沪登记和纳税且对上海经济社会发展作出较大贡献的本土企业总部纳入总部优惠政策范围，支持一批符合产业发展方向、关联带动力强、发展层次高的民营企业总部。

1. 加大对数字型总部的扶持力度

一是完善数字型总部认定标准。目前国内没有明确数字型总部企业认定的细节,上海可率先单列出数字型总部企业认定标准,比如,可优先对数字经济全球100 强企业总部、世界 500 强互联网领域企业给予直接认定,并放宽对其母公司资产的认定标准。对标杭州、广州等城市做法,加大对数字型总部的奖励及扶持力度。对落户的数字经济总部企业给予最高 500 万元的奖励,后续五年内可按照每年营业收入的 10%进行奖励,且对进一步提升能级的数字经济总部企业可给予最高不超过 600 万的梯度奖励。

二是依托临港新片区,在数据安全与跨境传输方面先试先行。依托临港新片区建设国际数据港和数据交易所契机,率先探索数据本地存储、数据跨境传输等制度规范,尽快出台实施细则,并先行先试,扩大"上海标准"的影响。试点探索与特定国家和地区建立数据跨境传输互信机制。比如,可率先探索上海与香港建立可靠的跨境数据流通交易机制,共同建立数据跨境流通的云架构和其他配套开放式体系结构,共同协商建立数据流通和交易标准。在确保数据安全的基础上借鉴欧盟、伦敦等先进经验,进一步扩大数据开放程度,构建亚太跨境数据汇聚流转枢纽。比如,借鉴欧盟以境外接收方可以提供相同数据保护水平作为允许数据传输的特定情况,建立可支持数字创新型企业对外出口的统一平台及立体交易系统等。

三是技术赋能,平台招引,提升对国内外数字经济企业的吸引力。成立数字经济引导基金,加大对大数据管理、处理系统工具等方面的研发投入支持,降低对国外开源软件的依赖程度。利用上海在人工智能、大数据等方面的优势,重视新兴技术在数据登记、安全评估、安全管理和事中事后监管等环节的应用,提升政府和企业对数据安全的风险识别和管理能力。利用进博会平台,大力发展数字贸易、跨境电子商务等,并以此为突破口,内引外联,扩大国际影响。在 A 股和科创板设立数字经济上市公司绿色通道,提升对数字经济企业的吸引力。

2. 强化对"隐形冠军"企业的培育

一是构建完善的"隐形冠军"企业鼓励和扶持政策体系。可借鉴浙江经验,加大奖励扶持力度。针对数字经济领域的"小巨人"企业、单项冠军、单项冠军产品等及新认定的市级"隐形冠军"企业、培育企业给予不同程度的现金奖励。借鉴德国的"隐形冠军"政策体系,对初创企业出台扶持措施。上海可利用金融中心优势,放宽对初创企业的融资限制,与银行合作帮助其获得贷款,并成立相关机构为中小企业经营提供专业化的指导,跟进企业发展状况并适时给予补贴,建立"隐形冠军"融资支持体系。

表 4.6　德国政府所构建的"隐形冠军"企业扶持体系

	扶 持 政 策
融资	通过不同的融资渠道,为初创企业发展提供资金,还和其他州的州立银行合作,帮助这些企业获得贷款
基础环境	通过改善城市交通建设、数字化建设及改善税率等,为企业提供更好的基础环境
机构	德国联邦政府经济部、财政部、科技部都下设专门负责中小企业的机构,各州政府、德国工业协会工商会也都设有专门负责中小企业的促进部门,一些指定的银行也设有专门的机构,负责召集研讨会、信息交流会,为中小企业提供各种国内外市场信息咨询并提供补贴

资料来源:上海产业转型发展研究院,《德国"隐形冠军"底气十足:对创新义无反顾,对资本敢于说"不"!》,上海转型发布,2020 年 11 月 4 日。

二是建立严格的质量标准管理制度,助力"隐形冠军"企业创新与能级提升。德国政府通过制定严格的质量标准制度并建立一系列标准化协会大力提升"德国制造"的品质。如今,德国大约有 30 万个行业协会和联合会组织对制造业进行指导、监督,这些标准协会每年发布上千个行业标准,约 90% 的标准可以被欧洲及世界各国采用。[①]上海可要求相关企业严格执行相应的产品质量标准,并通过法律来保障效力,如果有消费者举证质量不合格的产品,企业将受到严厉处罚,对产出质量高标准的企业给予适度的表彰及奖励。

3. 提升民营本土跨国公司的能级

一是逐步优化民营总部认定标准与政策环境。在 2020 年出台的民营企业总部认定标准上进一步完善和出台相应的扶持政策,积极优化营商环境,持续推动减环节、简流程、压时限、提效率、优服务,为民营企业打造公平竞争的环境,给民营企业

---

① 参见华信研究院中小企业投融资项目组:《德国培育"隐形冠军"中小企业经验及启示》,中小企业投融资研究,2019 年 4 月 4 日。

表 4.7　上海与杭州民营企业总部的认定要求比较

	申报认定条件	认定企业总部	认定总部型机构
上海 （2020 年 开始认定）	民营企业总部应注册在上海，具有独立的法人资格，经济性质为非纯国有或国有控股	在本市注册且持续经营 1 年（含）以上；上年末资产总额达到 1 亿元人民币；上年度营业收入（销售收入）超过 10 亿元人民币；除本市外，拥有 2 个或 2 个以上分支机构	母公司为外省市注册的民营企业，且持续经营 1 年（含）以上；上年末资产总额达到 5 000 万元人民币；上年度营业收入（销售收入）超过 10 亿元人民币；除本市外，拥有 2 个或 2 个以上分支机构
杭州	浙江对入围世界企业 500 强、中国企业 500 强、中国民营企业 500 强、中国制造业企业 500 强、中国民营企业制造业 500 强、中国服务业企业 100 强、中国民营企业服务业 100 强，且符合企业型总部和机构型总部的企业（机构）总部（以当年度《财富》和全国工商联发布为准）予以直接认定		

资料来源：上海市商务委员会，《市商务委关于开展 2020 年度民营企业总部申报认定工作的通知》，2020 年 5 月 26 日。

发展创造充足的市场空间。

二是鼓励民营企业与跨国公司合作以扩大民企影响。"以民引外、民外合璧"，鼓励民营企业通过与跨国公司合资、合作、"嫁接"改造，更加有效地利用国内外两种资源、两个市场。上海可在原有外资企业打下的坚实基础上，加强国际跨国公司与本土民营企业之间的合作，并推动本土民营企业在全球范围内布局业务和建立地区总部。

三是数字赋能，推动传统制造龙头企业向智能制造转型。上海目前的跨国公司总部仍是以制造业为主，数字型总部的发展尚处于摸索阶段，加速传统制造业与数字经济的融合发展，不仅有利于提升传统制造业企业的生产和管理效率，也有利于推动新型制造、智能制造"独角兽"企业的涌现。

4.3.3　立足临港新片区打造内外分离型人民币离岸金融枢纽

一是在发展路径上，初期采取内外分离模式，在条件成熟后逐步向境内外有限渗透模式转型。为防范离岸金融冲击国内经济金融稳定的宏观风险，初期可采取以分账核算为核心的内外分离型业务管理模式，同时还可以围绕许可管理、经营活动、税收规定等方面制定有关规章制度和实施一定管理,规范离岸金融发展。这既可以发挥离岸金融市场促进国内经济金融发展的积极作用,又可以有效防范国际金融风险对国内金融的冲击。在条件成熟时逐步向境内外有限渗透模式转型,并合理应对分账核算下的流动性管理压力。一方面,以分账核算为核心的风险管控系统已经在非居民业务和在岸业务之间建立起了较为可靠的风险防火墙,允许离岸、在岸资金在一定额度内相互抵补,可以适度缓解非居民账户内资金期限错配等流动性管理压力。另一方面,允许离岸、在岸资金在一定额度内相互拆借,也可以增加境内银行境外同业资金来源渠道,中资银行可以适度利用境外低成本资金支持境内银行及实体经济的发展。

二是在业务模式上,大力发展离岸银行业务,同时积极发展离岸证券、保险、金融衍生品等其他业务。考虑上海与香港、伦敦等境外离岸人民币中心的功能定位协调问题,在未来越来越多的企业借助临港新片区"走出去"并产生大量离岸金融需求的前景下,建议临港新片区以离岸银行业务为主,立足为国内具有实际贸易和跨境项目投资背景的企业提供离岸金融服务,与香港的离岸债券业务形成错位。同时,积极发展非银行业务,推出离岸人民币股票、债券、再保险及金融衍生品,增强对市场主体的吸引力,吸引境外人民币资金回流。

三是在币种结构上,重点发展离岸人民币业务。中国现行离岸银行业务政策仅允许开展外币业务,不利于人民币国际化和本土企业"走出去"。建议从离岸银行业务入手,放开非居民账户经营人民币业务,同时巩固发展外币业务。主要依据在于:一方面,当前人民币国际化地位显著提升,人民币已成为国际跨境结算和投融资的重要币种,离岸人民币市场规模迅速扩大,大量人民币游离在本国管理之外反而可能对中国货币主权产生不利影响。因此,支持临港新片区试点发展离岸人民币业务,打造离岸人民币市场的重要枢纽,是进一步推进人民币国际化的需要,也是维护中国货币主权的需要。另一方面,中资商业银行拥有大批优质"走出去"客户资源,允许其经营人民币业务,可以更好支持中国企业"走出去",满足海外中资企业等非居民客户的需求,为企业提供本外币、离在岸一体化金融服务。并且,商业银行通过 NRA 账户、FTN 账户已积累了一定的非居民人民币业务经营和风险管控经验,且在现有非居民业务系统上增设人民币币种操作简单易行,办理人民币业务的条件已具备。

四是在面向对象上,重点面向本土企业"走出去"、境外投融资和跨国公司资金管理需求。首先,服务于境内母公司对"走出去"子公司的资金管理需求。"走出去"主要包括在境外投资开展日常经营和对外承包工程两种形式。由于"走出去"的境外子公司或工程项目的资产和业务经营均在境外,境内母公司对其缺乏有效的风险管控手段。通过境外子公司在境内银行开立非居民账户,境内母公司可以对境外子公司的资金进行有效管控,实现"境外资金境内管理、境外业务境内操作、全球资金自由划转"。其次,服务于境内企业对海外投融资业务的需求,帮助其在全球范围内筹集资金,有效降低企业资金使用成本。最后,服务于跨国公司开展全球化资金管理的需求,鼓励其在区内建立全球化的资金集中管理平台,统筹集团下境内外子公司的资金归集和运用。

4.3.4　完善离岸业务发展的配套制度和基础支撑

一是进一步完善离岸金融业务的配套制度和基础支撑。

首先,加大离岸银行业务发展的政策支持力度。适当放松管制措施,放开非居民账户的业务范围。建议允许非居民账户经营人民币业务,并实行本外币基本一致的监管规则。适时修订"离岸银行业务经营币种仅限于可自由兑换货币"这一规定,并在条件成熟时适当放开非居民账户的业务范围。以分账核算为管理核心,不再要求银行单独设立离岸业务部门。同时,大力吸引离岸金融机构集聚。金融机构是离岸金融中心形成的市场主体,没有大量高水平金融机构集聚,离岸结算中心无法真正形成。因此,要努力提升与香港、新加坡、伦敦等金融市场的合作层次,增强与其他国际金融中心的合作和联系,引进国际知名的银行、保险、证券和其他国际金融机构,吸引国际一流金融人才集聚。

其次,提升离岸人民币金融资产池的丰富度和吸引力。在大力发展离岸银行业务的同时,依托上海证券交易所等机构,构建离岸人民币债券、股票、衍生品资产池,有效地将人民币资金池的"势能"转化为临港新片区金融开放与人民币国际化的"强大动能",实现"临港新片区离岸金融交易量做大、我国金融市场定价权提升、人民币国际化加速"的"三得利"。此外,建立符合国际惯例的离岸金融税制。参照国际通行做法,在存款准备金、利息预提税、增值税方面给予离岸金融业务更大优惠。

最后,在发展离岸金融的同时积极发展跨境金融。建议依托上海联合产权交易所等机构,结合临港新片区集成电路、智能制造、生物医药、航空航天、新能源汽车等重点产业的发展,在临港新片区建立跨境资产转让和股权投资服务平台,充分运用境外融资支持境内实体经济发展。

二是进一步完善离岸贸易业务的配套制度和基础支撑。

首先,在审慎监管前提下优化离岸贸易外汇支付体系。目前,上海市商务委和人民银行上海总部开展的货物转手买卖贸易试点取得了一定成效,但还存在着受益面偏小、便利化程度有待提高等问题。建议进一步加大试点力度,优化健全离岸贸易商"白名单"制度,探索形成畅通高效离岸贸易运作模式。适应离岸贸易主体货物流、资金流、订单流"三流分离"的常态化要求,探索无关单资金收付便利化,并取消对贸易主体和所在国家(地区)等限定,便利企业运作。同时,加强对试点企业外汇账户的灵活管理,争取外汇、税务、海关等部门对试点企业实行一揽子简化高效的监管流程,比如,外汇主管部门对离岸贸易专用账户进行定期专项审计,对从事离岸贸易的企业实行备案制、一年审计一次,而非逐单审计,税务主管部门对离岸贸易企业进行税务专项审计,等等。

其次,统筹优化离岸贸易账户体系。自由贸易账户是自贸试验区金融开放的基础性制度安排,但目前自由贸易账户主要在经常项目下使用,对资本和金融项目交易的限制还十分严格。下一步,可将自由贸易账户功能拓展作为金融开放的突破口,争取将自由贸易账户等同于境外账户管理,在风险可控前提下提高使用自由度。逐步分批次放宽对企业、非银机构通过自由贸易账户的境外借款、境外发债的管制,对通过自由贸易账户向境外贷款采取与国际市场贷款一致的管理要求,降低企业融资成本。支持境外投资者通过自由贸易账户从事期货、债券等要素市场的交易活动。

最后,建立符合国际惯例的离岸贸易税制。目前临港新片区对具有基础优势的集成电路、人工智能、生物医药、民用航空等重点行业的关键核心环节相关企业实施所得税优惠,建议争取将"离岸贸易"纳入这一优惠政策范围,对符合期限(成立之日起 5 年内)的企业实行 15% 的企业所得税税率。同时,降低离岸贸易合同印花税率。印花税名义上为共享税,但除央企缴纳的部分外,其余均为地方税收收入。目前中国在实际操作中对银行借款合同和融资租赁合同已按 0.5‰ 的税率征收印花税,可进一步对离岸贸易合同也执行 0.5‰ 的印花税率,使大型离岸贸易业务印花税成本平均降为原来的 1/6,逐步适应企业全球贸易分工细化的需要。

专栏 4.4　"离岸通"带来的变化

目前,"离岸通"平台已获取境外 17 个国家的海关报关数据,并对接覆盖约 60% 国际海运业务的船公司和 30 多个主要国际港口装卸信息。

2021 年 4 月 1 日,上海自贸试验区内一家企业委托中远海运将一批电子元器件运送到香港,然后送到墨西哥恩森纳达港,4 月 29 日送到墨西哥蒂华纳市的客户受手上。这笔业务由该区内企业完成供应链上下游合同签订和资金结算,但货物流完全在境外发生,因此境内海关并不掌握相关物流信息。之前,银行为判断贸易真实性,需要企业提供合同、发票、正本提单,并通过船公司核实提单信息。

但借助"离岸通",银行可以在企业无法提供正本提单或者完整物流凭证的情况下,通过国际货物运输信息、境外港口装卸信息、境外海关报关信息等多方数据交叉比对,确定完整的境外物流链条。

"企业即使没有正本提单,但可以输入编号,银行可以查询到相关信息并加以交叉比对。银行可以规避虚假单证的风险,平台还会预警陌生交易、重复结算

等风险。"中国银行交易银行部副总经理王谨文说。

润通航运、索尼电子运营、西门子国贸等上海自贸试验区内企业与其合作银行已将实际业务数据导入"离岸通"平台进行测试,测试结果达到预期目标。润通航运总经理黄福宇说,该公司从韩国采购了一批船用过滤器,销售给新加坡客户。"我们通过电子比对方式就完成了贸易真实性审核以及收付汇,原来可能需要一周甚至更多,现在非常快就完成了。"

作为货物运输在海外、资金结算在国内的特殊贸易模式,离岸贸易可以促进贸易的资金流和信息流向总部型企业集聚,对总部所在地的贸易、金融、配套服务等方面发展具有强大的带动作用。离岸业务的规模,也代表了一个区域的国际市场竞争力和全球市场资源配置能力。

《"十四五"时期提升上海国际贸易中心能级规划》中,上海首次提出了离岸贸易额这一全新指标。要在 2020 年 3 055 亿元的基础上,进一步将离岸贸易额提高到 2025 年的 5 000 亿元左右。

两年来,离岸业务已经成为上海自贸试验区新的增长点。最新数据显示,2021 年以来,上海自贸试验区保税区内企业的离岸转手买卖项下收支合计金额达 475.58 亿美元,同比增长 68.47%,占全市比重约 91.36%。

上海自贸试验区保税区管理局副局长陈彦峰表示,接下来将进一步丰富"离岸通"平台的数据来源,不断增加数据接入的海关和口岸数量,拓展空运、陆运、多式联运等多种运输模式的物流信息来源,力争做到报关数据的全球覆盖、运输数据的海陆空全覆盖。同时,"离岸通"平台也将对长三角区域开放,支持更多的企业和金融机构利用平台进行离岸贸易真实性审核。

"继续多渠道加大力度支持离岸贸易发展,优化商品资源及金融资源配置,助力国际国内双循环的相互促进,使自贸试验区真正成为'买卖全球、调度全球'的国际资源配置中心。"陈彦峰说。

资料来源:胥会云,《离岸贸易真实性审核太难?上海"买卖全球"有了硬核支撑》,第一财经,2021 年 10 月 14 日。

4.3.5 构建高效严密的离岸业务风险监管体系

一是进一步强化以数据信息共享为核心的审慎监管体系。在支持临港新片区离岸贸易发展方面，探索运用区块链技术，实现商业银行、海关、外汇管理局等部门之间相关系统对接和数据共享，形成高效的贸易真实性审核机制。针对离岸金融领域可能的反洗钱风险和流动性风险，加强相关监管部门和金融机构的信息共享和互联互通，建立全面、高效、反应迅速的"反洗钱、反逃税、反恐怖融资"监测预警机制，对离岸金融资金来源和资金去向进行监控，严防违法犯罪风险。

二是积极运用大数据、人工智能等最新信息技术改进监管。建立实时监控风险参数的智能化电子信息系统，对离岸金融市场的利率、汇率、外汇及资金流动等情况进行实时监控，尤其是密切关注可能会对离岸和在岸市场造成风险的国际投机资本，对离岸市场与在岸市场间的短期资本流动风险给予密切关注。在密切监测基础上完善离岸金融风险预警机制，对风险参数系统监测的实时情况及时做出判断、发布预警，加强对离岸金融市场金融风险的敏锐预测功能，一旦出现相关指标和参数异常波动及时采取措施，将高风险概率和可能造成的不利冲击降到最低。

三是完善离岸金融机构审慎管理措施。制定严格的市场主体准入标准，涉及资本状态、经营能力、存款准备金等。对进入临港新片区从事离岸金融业务的中资银行应当严格审查其资本状态及经营能力，避免其因参与国际市场经验不足导致的金融风险，危及在岸市场；对于外资银行，应当规定其以母国总行的分行形式进入，以母国总行的资产缓冲离岸银行所造成的交易风险。针对离岸银行的存款准备金，可借鉴日本经验，即离岸账户直接的资金往来银行不需要缴纳存款准备金，离岸账户与在岸账户之间的资金往来需缴纳存款准备金，以此规避离岸账户对在岸金融市场的风险。同时，针对业务拓展、资金流动等情形，制定具体的境外融资与跨境资金宏观审慎管理实施细则。

专栏4.5　构建与上海国际金融中心相匹配的离岸金融体系

离岸金融为上海国际金融中心建设注入新动能。上海国际金融中心建设的传统发展路径主要依托于体量雄厚的在岸市场，2020年上海金融市场成交总额超过2 274万亿元人民币，上海证券交易所股票总市值、筹资额和成交额分别位居全球第三、第二、第四位，上海原油期货成为全球第三大原油期货，上海黄金交易所黄金现货交易量连续多年位居世界第一，市场规模足以比肩世界上主要的国际金融中心。但与纽约、伦敦、香港、新加坡等地相比，离岸金融是上海的相对短板，业务规模较小且尚未形成一个完善的离岸金融市场体系，是非常具有提升潜力空间的业务领域，将进一步提升上海国际金融中心服务能级、打造更完整的金融体系。除了有利的政策支持、发达的经济和金融基础，上海浦东开展离岸金融业务还具备独有的地缘优势，将实现离岸市场与在岸市场在地理上衔接融合，不仅更容易实施监管和政策协调，还因上海背靠长三角、全中国广袤经济腹地以及超大规模的在岸金融市场体系，能更好地发挥离岸、在岸两个市场联系互动，成为联通国际市场和国内市场的重要枢纽和桥梁，打造资源要素配置的高地。面向非居民主体的离岸账户和对标国际领先的制度建设是上海浦东发展离岸业务的重要基础性工作。作为国内金融改革创新"桥头堡"，近年来上海浦东在临港新片区、离岸属性账户、金融服务开放、互联互通市场等方面取得了多项突破，以"负面清单"为基础的制度型对外开放格局初步形成，人民币跨境支付系统（CIPS）全球清算网络日益完善，中国外汇交易中心交易平台（CFETS 2017）已经支持商业银行自贸区FT账户开展外币的交易。在发展路径上，沿袭自贸区FT账户体系的内外分离型监管模式是未来浦东发展离岸业务的可能方向。根据"一线放开、二线管住"的总体原则，实施境内外资金和业务的分隔管理有利于推进改革和防控风险，金融机构基于离岸账户体系为全球非居民客户提供各类金融服务。账户功能方面，目前自贸区FT账户、离岸OSA账户、互联互通等具有离岸性质的金融账户在功能上各有侧重,如自贸区 FT 账户突出贸易和兑换便利性而金融资产投资属性较弱,离岸 OSA 账户主要开展外币的离岸业务而不涉及人民币。未来可以在现有离岸金融账户基础上取长补短进一步整合完善账户功能,构建离岸本外币一体化账户体系。

　　制度建设方面,离岸金融市场一方面以优惠的税收政策、低廉的交易成本、宽松的监管要求等优势吸引全球投资者;另一方面也对所在国的风险管控和制度建设提出更高要求。上海浦东发展离岸金融市场,既要充分发挥中国特色社会主义市场经济体制优势,又要主动对接乃至引领国际准则,加大税收、金融服务、法律、监管、人才等方面制度建设力度,在营造市场化、法治化、国际化、便利化离岸金融制度环境的同时,降低对宏观经济和金融市场稳定性的潜在冲击。离岸市场政策创新和制度建设亦为境内金融市场改革发展提供参照,给在岸市场发展创造条件,两者互相影响促进,形成良性循环。

　　资料来源:李晓明、乔宏军,《推动浦东引领区金融创新开放》,《中国金融》2021 年第 19 期。

第 5 章

上海强化开放门户通道作用的战略重点

开放门户通道作用主要体现为先进资本、技术、人才、数据、货物等要素资源进出的首选门户通道作用。在新产业革命和数字经济崛起背景下,"门户"的内涵发生了很大变化,未来大规模口岸货物的门户作用可能趋于下降,而数字产品和数据流通的门户通道作用将更加凸显。

5.1 上海强化开放门户通道作用的现状与主要问题

依托中国超大规模市场,上海开放枢纽门户地位初步确立,为服务"双循环"打下了坚实基础。货物贸易、服务贸易规模处于世界城市前列,枢纽功能逐步凸显。2019 年上海口岸进出口货物总额达 1.22 万亿美元,占全国的 26.7%,继续居世界城市首位;2019 年服务贸易进出口额 1 843.8 亿美元,居全球城市前列。

5.1.1 上海国际贸易发展的现状与主要问题

1. 上海国际贸易发展的现状

一是贸易集聚功能持续提升,优进优出的外贸总体发展格局基本形成。一方

面,世界级口岸城市地位继续夯实。2020 年,上海口岸贸易额占全球贸易总量
3.2％以上,继续位列世界城市首位。货物贸易结构持续优化。深入实施"四个一
百"专项行动,附加值和技术含量较高的一般贸易进出口占比达 53.7％,比
2015 年提高 6.3 个百分点;新兴市场占比由 47％提高到 51.1％;离岸贸易加快发
展,经常项目汇兑顺畅度进一步提升。贸易中转功能稳步增强,集装箱水水中转
和国际中转比例分别提高至 51.6％和 12.3％。另一方面,服务贸易发展全国领
先。技术进出口额达到 153.2 亿美元,年均增长 6.4％。电信计算机和信息服务、
专业管理和咨询服务进出口比 2015 年分别增长 57.4％和 31.3％。同时,贸易新
业态、新模式蓬勃发展。设立国家级跨境电商综合试验区,积极创新监管和发展
模式。外贸综合服务、汽车平行进口、保税维修和再制造、二手车出口等实现新
突破。

二是消费基础性作用更加凸显,国际消费城市建设取得显著成效。流通和消
费规模居全国城市首位。2020 年,上海商品销售总额、社会消费品零售总额分别
达到 13.98 万亿元和 1.59 万亿元。商贸业增加值占全市 GDP 比重达 13.5％,商
贸业税收占第三产业税收比重达 21.3％。商业模式创新持续加快。电子商务交
易额从 1.65 万亿元增长到 2.94 万亿元,年均增长 12.3％,居全国城市首位。"互
联网＋生活性服务业"创新试验区建设成效显著,已有 5 300 多家企业落户。产
业互联网领域创新性平台集聚发展,成为引领传统制造业转型升级的重要力量。
品牌集聚效应显著提升。打响"上海购物"品牌三年行动计划顺利完成,年均引
进首店超过 800 家,占全国一半左右,消费品进口占全国三分之一,离境退税销售
额占全国六成以上,浦东机场免税销售额跻身全球前三,上海时装周位列全球五
大时装周之一。

三是贸易主体能级不断提升,国际竞争力进一步提高。外资结构优化质量提
升。"十三五"期间累计实际利用外资 921 亿美元。高技术服务业引进外资年均增
长 30.9％。全国首家外资独资保险控股公司、首家外资独资人身保险公司、首批新
设外资控股合资证券公司落户上海。高技术制造业吸引外资占制造业比重由 25％

提升至 31.2%。高能级市场主体持续集聚。"十三五"期间累计新认定跨国公司地区总部 236 家(其中大中华区及以上总部 96 家)、外资研发中心 85 家,累计分别达771 家(大中华区及以上总部 137 家)和 481 家,继续保持中国内地外资总部最多的城市地位。贸易流通企业集聚效应明显增强。年进出口规模 10 亿美元以上企业55 家。101 家国际贸易投资促进机构在沪设立了常驻代表机构。上海钻石交易所成为世界第五大钻石交易中心。本土跨国公司显著增多。上海企业在境外投资设立企业增加到 4 317 家,对外投资覆盖 178 个国家和地区,海外存量投资超过 1 亿美元的企业达到 110 家。

四是贸易制度创新持续深化,贸易环境进一步改善。上海自贸试验区改革取得新突破。参照国际通行规则,实施准入前国民待遇加负面清单的外商投资管理制度。国际贸易"单一窗口"功能模块增加到 10 个,覆盖部门扩展到 23 个。亚太示范电子口岸网络成员增至 12 个经济体 22 个示范口岸。洋山特殊综合保税区挂牌,一期 14.27 平方公里封关运行。服务贸易集聚区加快建设,建立数字贸易交易促进平台。全力推进企业原油进口资质、保税油补、保税维修政策创新。营商环境建设取得重大进展。跨境贸易便利度不断提升,根据世界银行发布的《2020 年营商环境报告》,上海跨境贸易便利度在全球海运经济体中排名第五。出台中国首部地方外商投资条例。推出重点商圈"上海购物"诚信指数和全国首份市场信用奖惩清单。建立长三角国际贸易知识产权海外维权联盟。一批国际贸易投资、跨国经营管理领域精英入选上海各类人才计划。

2. 上海国际贸易发展存在的主要问题

虽然目前上海国际贸易规模和总量稳居世界城市前列,对外贸易结构不断优化,国际贸易中心的竞争力不断提升。但是,国际贸易中心建设是一个动态演进和不断升级的过程。同时,伴随制造业服务化发展进程,货物贸易与服务贸易日益深度交融,产业革命的发展使得许多商品成为货物与服务相互作用形成的复杂混合体。对标全球国际贸易中心城市,上海在贸易能级、全球供应链整合能力、制度环境等方面仍存在一定的差距和问题。

专栏 5.1　上海发展离岸贸易面临的问题

　　问题一：政府监管问题。由于离岸贸易的货物是从其他国家或地区出口，因此中国贸促会不能为其签发原产地证书，只能通过香港签发，为离岸贸易开展带来不便。此外，根据海关监管的现有规定，集装箱在上海港转运时必须经过海关、商检等多道检查手续。贸易环节的冗余致使中转效率低下。

　　问题二：贸易融资问题。中国改革开放之后取得的重要成就绝大多数是依靠廉价的劳动力形成的制造业，而像金融这样效益高的领域并没有过多涉及。是否全部开放金融市场一直困扰我国。因此与离岸贸易配套的金融政策是少之又少，故在贸易融资方面，上海自贸试验区发展离岸贸易比较困难，完善自贸试验区的金融配套政策问题是一个大挑战。

　　问题三：税负水平问题。自贸试验区的税收门槛是制约上海离岸贸易发展的主要问题。中国大陆的离岸贸易仍按 25％ 征收所得税，这种极高的税率影响着每一个想来华的企业，它们不得不权衡较高的税率带来的负担，转而考虑其他国家和地区建设公司总部，管理贸易流和资金流。相比之下，如中国香港对开展离岸贸易的企业不征企业所得税，新加坡的平均税收也只有 17％，是十分低的。而在个人所得税中，最低为 5％，最高达到 45％，这也是不利于吸引国际优质贸易人才的。

　　资料来源：董文桐，《"新冷战"下上海离岸贸易的再起航》，《中国市场》2021 年第 22 期。

　　一是上海国际贸易中心辐射能力有待进一步增强。一方面，目前上海高端服务贸易供给不足，对国内外吸引力有待增强。与新加坡、香港等国际一流的金融和专业服务中心不同，上海支持国际贸易发展的贸易融资、贸易保险发展不充分，金融创新服务不足，专业服务业外资准入面临较大壁垒。服务业开放模式过于单一，以放宽商业存在股权限制为主，跨境交付和自然人流动很少涉及。"准入不准营"问题依然存在。在一些未列入负面清单的领域，审批许可程序仍然存在，投资者仍无法开展业务经营。另一方面，上海大宗商品国际市场价格影响力总体较弱。市场定价功能是国际贸易中心的核心功能，上海尽管已有期货交易所和若干大宗商品交易市场，但定价权大多在发达国家手中。这与中国金融市场国际化程度不高、难以形成具有国际影响力的大宗商品期货交易价格有关，制约了国际贸易中心的辐射服务能力。

二是上海国际贸易中心建设的核心主体能级有待提升。一方面，整合全球供应链能力偏弱。目前在沪跨国公司总部以中国区总部为主（78.57%），而亚太总部（14.65%）及全球总部（1%）数量仍然较少，相比之下东京、新加坡、香港的跨国公司总部大部分为亚太总部或全球总部，上海统筹整合全球供应链和亚太区事务的功能与其相比存在差距。此外，上海缺少市场影响力强的本土大型贸易企业，国际级品牌商和营销网络经营商较少，在全球供应链中处在较低层级。另一方面，跨国公司总部结构有待优化。在沪总部类型以传统制造业企业为主，目前有制造业总部400多家，占比超过75%，服务业跨国公司总部、创新型跨国公司总部相对较少。究其原因，与跨国公司总部在华运营面临诸多制度约束有关，主要有以下几个方面：跨境资金调配与外汇收付阻碍较多，投资性公司投资收益再投资手续繁琐，自由贸易账户投资功能缺失；知识产权保护力度仍有待增强，获得救济仍然较难；满足总部经营需求的税收政策有待完善，企业所得税和个人所得税税率较高。

三是上海国际贸易中心的制度环境还需进一步改善。目前，上海在构建与国际高水平经贸规则相衔接的制度环境方面仍存在诸多薄弱环节。例如，外资准入开放度和透明度仍需提高。OECD的最新FDI限制指数显示，上海FDI总体限制指数为0.316，远远高于巴黎（0.045）、东京（0.052）、伦敦（0.04）和纽约（0.089），特别是在服务业外资准入上差距更大。此外，跨境贸易的自由化程度还有待进一步提高。新加坡、香港等自由贸易港普遍实行"境内关外"制度，进出口高效便捷。而上海实行的仍是海关特殊监管区的监管模式，货物进出口和在区内的移动都需严格监管，与国际上存在很大差异，亟须进行监管理念与制度变革。上海自贸试验区货物状态分类监管试点仍然停留在物流环节，贸易和加工环节还未纳入试点，这使得内外贸一体化功能未充分发挥。

四是上海国际贸易中心在数字贸易领域竞争力较为薄弱。上海在数字贸易发展上还面临诸多问题：一方面，缺乏有全球影响力的数字贸易平台。与圣何塞、西雅图、圣迭戈等城市相比，上海没有谷歌、微软、高通这样的全球数字经济巨头；与北京、杭州、深圳等国内城市相比，上海没有百度、阿里、腾讯这样的互联网巨头，也没有华为这样的科技巨头。这削弱了上海国际贸易中心在数字时代的竞争力，影响了货物、服务、技术等要素在上海的集聚。另一方面，跨境数字贸易面临障碍，数字贸易活力不强。电信、金融、医疗等与数字贸易相关的服务业开放度偏低，严格的数据管制阻止了正常商业数据跨境传输的进行，导致企业的数字贸易进出口需求没有充分释放。根源在于对数字贸易的界定尚没有清晰的认识，在监管实践中各部门目标各异，"管安全的不管发展"，存在多头监管、相互冲突的现象。

5.1.2　上海国际航运发展的现状与主要问题

国际贸易发展离不开国际航运服务的支撑。自 20 世纪 90 年代以来，上海国际航运中心建设在进出设施和港口吞吐量方面均取得了瞩目的成绩，航运软实力环境也在逐步推进。上海海港、空港枢纽地位逐渐提升，航运服务功能不断创新。但也应当看到，上海国际航运中心建设也面临诸多问题，如税收政策缺乏竞争力、外汇结算不便利、口岸监管措施需优化、相关支持政策可操作性不强等。

1. 上海国际航运发展现状

一是上海海港枢纽地位日益巩固。2020 年是上海国际航运中心基本建成之年，在年初新冠肺炎疫情对港口运营造成影响的情况下，上海港集装箱吞吐量总体形势呈现前低后高，下半年屡创新高，全年逆势达到 4 350 万标准箱，其中，国际中转完成超 530 万标准箱，同比增长超 14%。洋山港区的水水中转功能愈发显现，承担了上海港大部分国际集装箱中转功能，全年水水中转比达到 51.6%，同比增长约 3%。2020 年，洋山港集装箱吞吐量首超 2 000 万标箱，位居上海港第一，吞吐量占上海港集装箱吞吐量的 45.9%。洋山港一期、二期、三期码头，利用分时段双套泊、压缩桥吊作业待时、加强作业协调、优化箱区规划等措施提升装卸作业效率。尤其突出的是洋山四期自动化码头,通过新增桥吊、堆场扩容、系统升级等措施克服新冠肺炎疫情影响,集装箱吞吐量 2020 年首超 410 万标箱,同比增长超 25%,增幅位居全港之冠。

二是上海空港枢纽能力不断提升。以货邮吞吐量计算,2020 年 1—12 月上海浦东机场累计达 368.8 万吨。在全球民航均受新冠肺炎疫情影响的大背景下,仍维持正增长 1.47%,反映出上海机场空运业务竞争优势明显。上海浦东机场已有 30 余家航空公司在此运营全货机业务,全货机通航 31 个国家、112 个通航点,每周全货机起降近 1 000 架次。

三是航运服务功能不断创新。为了提升上海航运服务功能,依托特殊经济功能区,上海不断探索沿海捎带、国际船舶登记、国际中转集拼等航运服务功能,提高对国际航线、货物资源的集聚和配置能力,试点推进的沿海捎带业务已取得一定成效。自从上海自贸试验区允许开展中资外籍船舶沿海运输捎带业务以来,中国远洋海运集团共有 156 条船舶具备沿海捎带资质(含五星红旗和方便旗),所涉及的港口及运输货量每年在 8—9 万标准箱。从目前的运行航线来看,中国远洋海运集运主要由两条国际航线的船舶开展"沿海捎带"业务,一是欧洲线 AEU3,目前共投入 11 艘船舶,二是东南亚线 PA1,目前共投入 5 艘船舶,投入从事沿海运输捎带的船舶占比 10.2%;从货物流向来看,开展沿海捎带业务的货物流向经上海中转进口至天津、青岛,出口集装箱沿海捎带业务暂时不涉及;从运行的船公司来看,目前沿海捎带只能惠及中资外籍船,对于许多长期租用自己融资的海外子公司船舶的公司而言,沿海运输捎带受众面受限。

专栏 5.2　浦东将同长三角共建辐射全球的航运枢纽

(1)搭好大平台,提升长三角区域协同创新能力。

张江综合性国家科学中心集聚了国际一流的科学设施集群和一批高水平机构及科研力量,要利用浦东科技创新资源集聚优势,进一步强化与苏浙皖创新联

动和协同合作,优化区域创新布局。深入实施长三角科技创新共同体联合攻关计划,推动建设一批长三角科技成果转化中试孵化基地。深入开展产业链补链固链强链联合行动,发挥好浦东国家集成电路产业基地、大飞机产业园、张江药谷等产业平台作用,促进产业要素自由流动,协同突破产业链薄弱环节和供应链堵点。深入推进浦东与长三角生态绿色一体化发展示范区、虹桥国际开放枢纽、G60科创走廊等重要功能区域联动,着力提升长三角产业链现代化水平。

(2)共建大市场,促进长三角要素资源市场化配置。

中央《关于支持浦东新区高水平改革开放打造社会主义现代化建设引领区的意见》明确浦东要建设国际金融中心核心区,关键是增强全球资源配置能力,营造助力企业创新发展的良好生态,特别是发挥金融机构、金融市场、金融基础设施集聚的优势,为长三角地区产业升级、科技创新等领域提供优质金融服务,发挥好长三角资本市场服务基地等功能平台作用,不断强化金融服务实体经济的能力。

(3)当好大通道,同长三角共建辐射全球的航运枢纽。

浦东具有世界级的大交通基础设施,要进一步联动内外,推动长三角地区交通基础设施互联互通,加快建设北沿江、沪乍杭等高铁项目及浦东机场三期等工程建设,强化上海港、浦东国际机场与长三角港口群、机场群一体化发展,形成分工合理、协作高效、竞争有力、辐射全球的长三角世界级港口群、机场群。

(4)促进大开放,推动长三角自贸试验区深度合作。

上海自贸试验区及临港新片区的主体都位于浦东,要进一步加强制度创新集成,深化长三角自贸区联动发展,发挥长三角自由贸易试验区联盟作用,积极推动三省一市自贸试验区的深度合作,通过合作共建长三角国际贸易"单一窗口"等重要功能平台,加快形成优势互补、协同创新、各具特色的联动发展格局,助力长三角产业转型升级和经济高质量发展。

资料来源:张杨、王志彦,《浦东将同长三角共建辐射全球的航运枢纽》,上观新闻,2021年7月22日。

2. 上海国际航运面临的主要问题

一是税收政策缺乏竞争力。临港新片区区内航运企业税负较高,主要体现于以下三个方面。首先是企业所得税,目前区内航运企业所得税率为25%,而新加坡基础企业所得税率为17%,同时又叠加多种折扣和优惠项目,综合税率能降到10%以下,上海与之相比差距明显。其次是船员所得税,新加坡对船员每年离岸工作超过183天即免征所得税,年免征额20 000新加坡币,对超过部分采用2%—11.5%的六级累进税率。相比而言,中国目前对船员在国际航行船舶服役超过半年免征50%所得税,个税起征点为5 800元人民币,超过部分实行3%—45%七级累进税率。中国税收制度使得中国船员的使用成本比菲律宾和孟加拉国的船员使用成本高出15%—20%,成本处于劣势。最后是船舶吨税制,航运发达国家大多采用船舶吨税取代公司所得税以促进本国航运贸易和航运企业的发展。根据联合国贸发会议2018年《世界海事报告》统计,全球海运运力排名前十位的船东国(地区)基本已经采取现代船舶吨税制,而中国仍然采用航运企业所得税和船舶吨税并行的办法,导致航运企业税收成本相对较高。

二是外汇结算不便利。船舶融资、船舶管理、船舶供应等国际航运服务会产生大量跨境资金流。虽然目前临港新片区正在逐步简化企业跨境人民币业务办理流程以推动跨境金融服务便利化,但航运企业实务操作中所面临的手续复杂、大额资金支付不便利、结汇时间较长等问题仍未得到妥善解决。同时,由于航运企业经常产生5万美元以上的大额支付资金,大额资金结算的不便利往往导致后续外汇结算业务转移至境外,不利于特殊经济功能区航运要素集聚。

三是口岸监管措施需优化。口岸监管流程存在进一步改进空间。在国际中转集拼、启运港退税、沿海捎带等航运功能创新过程中,仍然面临口岸监管制度的制约。大量国内货与少量保税货在海关特殊监管区内进行集拼时仍需要经过多道报关、备案手续,程序复杂。中资非五星旗船沿海捎带业务,目前仍按内支线转关模式进行监管,出口过程与境外中转相比,退税时间长、操作手续复杂。同时,口岸监管便利化程度存在进一步提高空间。由于中转集拼货物的多样性(国际中转、转关保税货物、本地保税货物、本地入区非保税货物），加之拼箱随机性较大，往往在货物送达港区前会频繁出现调换货物的现象。目前非保税货物如果进入洋山保税港区拼箱，往往需要企业提前 2—3 天准备好所有货物报关报检信息。一旦货物信息临时变更，会对进境备案、出境备案、出口报关等报关程序产生较大连锁影响，导致企业报关时间和货币成本增加。

表 5.1   航运方面的自贸试验区海关监管制度

海关监管服务创新	适用领域
中转集拼—舱单	集装箱运输
融资租赁	船舶和飞机融资租赁
境内外维修—正面清单	船舶和飞机境内外维修
中资外籍船沿海捎带	集装箱运输
启运港退税扩大范围	集疏运系统

资料来源：上海海关学院、上海海事大学课题组，《上海国际航运中心建设与特殊经济功能区联动》，2020 年。

四是航权、航时资源受到制约。航权开放程度直接决定航空运输市场的规模。高密度的国际航线及充足的航空运力是特殊经济功能区国际航空运输能级提升的重要条件。目前上海浦东机场的航空货源大量流失至香港机场的一个重要原因是香港机场的航班密度高、航线多，能够充分满足航空货物运输的快捷需求。相较于香港机场，上海浦东机场的航线选择较少，货运时刻资源紧张，无法形成有效的航班波。目前，货运航班和客运航班腹舱载货无法有效衔接，空空中转效率低下，国际—国内机坪直转无法开展。航权、航时资源受到制约也导致国际货运枢纽基地航空公司布局建设缓慢，浦东机场尚未形成以通达全球为目标的国际中枢基地航空公司。

五是部分支持政策的可操作性有待增强。2020 年 6 月，临港新片区管委会与人民银行上海总部、上海海事局、上海出入境边防检查总站联合发布了《关于促进洋山特殊综合保税区对外开放与创新发展若干意见》。该文件提到对从事国际中转集拼业务的企业，从事集装箱、航空货物等国际中转业务的企业，以及开展以洋山港为国际中转港的外贸集装箱沿海捎带业务的企业,可根据其业务规模提供资金奖励。但有关奖励的实施细则没有出台,导致政策无法真正落地。比如,"对在洋山深水港、上海南港挂靠的船公司(无须注册),每新增一条外贸航线,根据新增集装箱吞吐量,给予最高不超过 500 万元的奖励"。但其中的航线没有具体的界定,奖励对象(船公司、港口)也没有明确,导致政策的可操作性不强。

5.1.3 上海数字贸易发展的现状与主要问题

数字贸易正在显著影响着全球贸易流向和格局,将逐步改变货物贸易和服务贸易的形态,尤其是随着全球数字服务平台的迅猛兴起,其将部分替代现有国际贸易枢纽功能,导致国际贸易中心出现去中心的趋势。WTO《2018 年世界贸易报告》指出,全球数字经济在过去 10 年里增长了 20 倍,2017 年达到 27.7 万亿美元,预计2021 年将达到 45 万亿美元,占全球经济的 50%。根据国家统计局数据显示,2020 年中国数字经济规模达 35.8 万亿元,同比增长 9.4%,占 GDP 比重为 38.6%。

1. 上海数字贸易发展的现状

目前,上海已经初步形成以"消费者为中心、市场驱动、智能化技术支撑、上下游贯通"的数字贸易产业链生态。上海发展数字贸易在以下几个方面具备优势条件。

一是上海拥有充沛的数字经济主体及人才。上海数字经济发展所需要的创新企业、创新人才、数据储备量等均处于国内第一梯队,网民普及率及网络购物用户数量均居全国前列。这为数字企业、智慧社区、智慧医疗等数字领域的发展提供了基础。

二是上海拥有雄厚的信息产业基础。根据亿欧智库《2021 上海市数字经济发展研究报告》,从数字经济增加值规模占 GDP 比重来看,北京与上海数字经济在地区内经济中已经占主导地位,数字经济 GDP 占比超过 50%。上海已经推出多项政策以扶持电信业、电子制造业、软件和信息技术服务业、互联网及相关服务业的发展。截至 2020 年 12 月,上海软件和信息技术服务业中有专利的企业占比为

4.62％,是全国平均水平的 1.77 倍,同时有 3 个及以上专利的企业占比为 2.68％,是全国平均水平的 1.92 倍。

三是上海拥有丰富的数字经济业态。例如,在产业数字化中,一方面,上海为积极促进制造业向服务化方向迈进,多次推出相关鼓励政策,如"工赋上海"三年行动计划等。另一方面,上海也加速推动第三产业数字化发展,如电子商务、共享经济、直播经济。依托上海繁荣的市场环境,除去数字经济在各个横向产业领域的应用,上海数字化也深度渗入各个商业环节。例如,在研发环节采用数字建模、3D 打印,在生产环节使用无人机、传感器、生存数据分析,在管理环节提升智慧供应链、仓储机器人使用,在市场销售及分销售后环节,采用智慧定价、客户自助服务等创新模式。

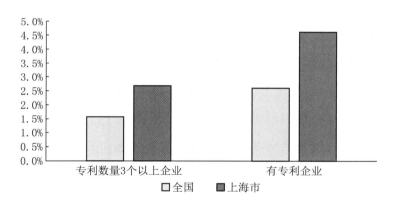

图 5.1　全国和上海软件及信息技术服务业中有专利企业的占比情况

资料来源:亿欧智库,《2021 上海市数字经济发展研究报告》,2021 年。

2. 上海数字贸易发展存在的主要问题

上海是中国最大的货物贸易口岸,但数字贸易发展相对滞后,2019 年数字贸易占服务进出口比重不到 15％,与伦敦、新加坡相比有明显的差距,制约了新型门户功能的提升。

一是数字贸易创新策源能力不强,底层技术和核心优势薄弱。目前上海在核心数字技术上整体处于技术跟随状态,与国外一流企业相比仍存在一定差距。特别是芯片、算法等关键领域的核心专利缺位、关键技术的影响力和话语权不强,在很大程度上影响上海占据数字时代竞争的制高点。世界知识产权组织每年公布的《全球创新指数报告》是评价城市创新能力的重要依据。从 2019 年排名情况看,上海位居全球第 11 位,落后于深圳—香港(第 2 位)和北京(第 4 位)。从专利申请量看,上海 PCT 申请量(8 736)也远远落后于深圳—香港(55 433)和北京(23 014),与排名第 10 位的圣迭戈(19 280)相比有很大差距。这将削弱上海对数字贸易相关技术、顶尖人才和资本的吸引力,进而弱化上海在数字时代的通道门户功能。

以临港新片区为例,随着临港新片区数字贸易的快速发展,越来越多的头部企业未来将落户临港新片区,其对包括 5G 网络、工业互联网、物联网等网络基础设施,数据中心、新型互联网交换中心等数据基础设施,人工智能、云计算等算力运算基础设施在内的新一代数字基础设施需求将日益加大,临港新片区现有数字基础设施将难以满足未来数字经济快速发展的需要。比如,大规模工业数据传输离不开高数据速率、高连接密度的商用 5G SA(独立组网)网络基站的大规模覆盖,现有以 1.8 GHz 频段 4G-LTE 为主的移动网络将不能满足大规模工业数据传输的要求。智能网联汽车与车联网的大规模联网数据采集也将依赖于窄带物联网(NB-IoT)、低功耗广域网(LPWAN)等新一代数字基础设施的支撑。

二是缺乏数字贸易领军企业和巨型平台,全球影响力不足。数字贸易领军企业和服务平台正在成为新型国际贸易的枢纽,将对国际贸易流向和流量产生重大影响。国内数字贸易平台总部主要集聚在北京、深圳和杭州,上海虽然在工业互联网、垂直电商、跨境电商、网络支付等方面在国内具有一定的相对优势,但尚未形成具有全球影响力的平台型企业,也未建立起以数字贸易平台为核心的生态圈,全球影响力和竞争力不足。从数字通信和计算机技术领域的专利申请量看,华为在深圳—香港 PCT 申请量中占 25.76%,京东方科技集团在北京 PCT 申请量中占24.43%。上海 PCT 申请量排名第一的是阿尔卡特朗讯,且占比只有 3.36%。领军企业和巨型平台的缺乏影响了货物、服务、技术等要素在上海的集聚和辐射,制约了上海在数字时代通道门户功能的发挥。

具有全球影响力的数字贸易平台能够集聚大量的数据流,对技术、资金、服务、货物的流向和流量产生重大影响。如,硅谷在全球数字贸易领域的核心地位正是得益于苹果、谷歌和 eBay 等一批知名数字贸易平台的集聚。临港新片区虽已引进商汤科技、云从科技、寒武纪、地平线、图森未来等多家数字贸易企业,但以在线、智能、交互为特征的数字经济头部企业以及大型数字服务提供商仍然缺乏。目前一些大型互联网平台公司在临港新片区只是从事某些具体业务,大部分临港新片区数字贸易企业只能借助苹果应用商店等为国内用户提供服务,并且其提供的跨境数字服务较少。

三是跨境数据流动面临较大制约,影响了开放门户功能的发挥。比如,上海与数字贸易相适应的监管模式尚不健全。由于关系到国家网络主权和网络安全,中国对跨境数据流动进行了较强的监管。《中华人民共和国网络安全法》确立了关键信息基础设施收集和产生的个人信息、重要数据以境内存储为原则,以安全评估为例外的数据本地化要求。虽然该法并不禁止数据出境,但从《个人信息出境安全评估办法(征求意见稿)》《数据安全管理办法(征求意见稿)》《关键信息基础设施安全保护条例(征求意见稿)》《数据出境安全评估指南(草案)》的口径来看,数据出境安全评估将采用逐案评估的方式,评估材料要求高、起算数量低、涉及行业广,给企业对数据出境的管理造成较大的合规负担,对外资企业尤其如此。此外,多头监管问题突出。数字贸易涵盖范畴很广,涉及的监管部门繁多,既有行业主管部门(如宣传、文化、广电、新闻出版、工信、商务等),又有执法部门(如公安、海关等),还有网信、市场监管等部门。有些部门从自身角度出发制定政策,造成政策重叠甚至互相矛盾,企业疲于应付;另一些领域又存在监管盲区,企业无所适从或铤而走险。数字贸易覆盖了文学、新闻、影视、娱乐、软件等多个领域,而现有版权保护机制难以为新兴领域数字贸易提供有效保护。此外,明晰数据产权是开展数字贸易的前提,但目前数据权属界定不清晰,在实际默认为互联网平台所有的情况下,存在数据滥用、互联网平台对个人信息强制授权等问题。比如,个别工业云平台在未获得企业授权的情况下,私自采集其云平台上企业的数据,并在此基础上进行研发。

5.2 强化开放门户通道作用的国际经验借鉴

5.2.1 国际货物贸易门户城市的发展路径与经验借鉴

目前,国际上公认的货物贸易中心城市,按照其功能定位主要分为加工贸易型和转口贸易型两大类。加工贸易型城市主要以东京为代表,其拥有丰富的资源要素,生产过程能够在区域内完成,并结合广阔的国内、国外双重市场,兼具内贸、外贸发展功能。转口贸易型城市主要以新加坡、中国香港为代表,采用此类型货物贸易发展模式的城市通常市场容量较小,但在地理位置上通常较为优越,因而主要通过转口贸易方式来打造货物贸易门户功能。

1. 新加坡

过去,新加坡的经济完全是以转口贸易为中心,它的经济结构也形成为一种偏重转口贸易的经济结构。据统计,转口贸易和与其有关的产业占了新加坡国内生产总值的 80% 以上,新加坡的国民收入有 75% 是来自以转口贸易为主的非生产部门。因此,转口贸易成为新加坡赖以为生的经济基础。1959 年以后,随着新加坡工业化的快速发展,新加坡有意识地发展出口工业,单一转口贸易的经济结构因此迅速地改变,转变为以国产工业品直接出口为主的发展模式。但是,应该指出的是,在经济结构调整的过程中,新加坡虽然把着重点放在发展国内产品的直接出口上,但它并没有放弃转口贸易,转口贸易的比重虽然下降,但其绝对值实际上却仍在增长。新加坡设置自由贸易区的起因是:在 20 世纪 60 年代中期为了保护消费品替代工业的发展,增加了应征关税的商品项目,使转口贸易受到影响,因此新加坡国会于 1966 年颁布"自由贸易区条例",并于 1969 年正式开设自由贸易区。但是,与一般国家的自由贸易区不同,新加坡的自由贸易区并不是提供税务优惠以吸引外资进行加工制造的生产基地,它只是提供一个免税区,便于商家把应征关税的货物存放在区内,以便重新分类、包装、鉴别和展示货品,然后再出口,或者等待有利的销售时机,把货物运转入新加坡的关税区,经办理关税缴纳手续后再投入市场。由于自由贸易区是通过采取免征关税而提供方便的转运和贮藏条件,因此它实际上是灵活运用自由港政策的一种形式,促进转口贸易和出口发展。目前,新加坡共设立了 100 多个各具特殊功能的自由贸易区,包括 30 多个享有关税减免权的工业区和 70 余座保税仓库,以及 8 处高标准自由贸易港。

新加坡政府授权关税委员会,根据工业化发展需要,具体研究制定征收进口税的商品种类,逐步实施关税保护,防止任意扩大征税范围。例如,1960 年,新加坡除了对烟、酒和汽油征税外,只对肥皂和清洁剂征税。1963 年,由于一些工业企业开始投产,征税项目才增加到 30 种,包括收音机和各种石油产品。1965 年,列入征税的进口商品随着工业的发展而扩大到 183 种,其中包括橡胶制品、建筑材料和家庭用具等。1969 年是关税保护的高峰期,共有 338 种进口商品征关税,但也只占约 2 000 种进口商品项目的 19.9%,征税项目仍然在适当的范围内,因而保持了自由港的地位。由于新加坡转向发展出口工业,从 1973 年起又逐步取消对一些商品征收进口关税。为了配合鼓励工业升级,新加坡政府又于 1980 宣布解除对 232 种进口消费品征税,其中包括电冰箱、冷气机和一部分电视机等,至 1982 年对彩色电视机的进口税也全部取消。目前,新加坡只将酒、烟草制品、机动车辆以及石油和柴油制品四大类产品作为关税应税产品。此外,新加坡也实行进口许可证制度,以控制一部分商品的进口,但是所规定需要申请许可证的进口商品项目,最多时也只有 100 种左右,而且除少数项目外,绝大多数没有规定配额限制。

2. 香港

香港地处中国南部、珠江口以东,其区域主要包括香港岛、新界、九龙及周边岛屿,陆地总面积达 1 106.66 平方公里。作为一个高度繁荣的自由港和世界大都市,香港不仅拥有维多利亚港这一天然良港,其陆运、航空港运输业也极为发达,为打造成为转口贸易型城市奠定良好基础。1998—2017 年的 20 年间,香港制成品进口始终占货物进口总量的 85%以上,制成品出口占货物出口总量的比重虽有下降,但仍旧维持在 55%以上,这显示出香港作为转口贸易中心城市的重要地位。

香港转口贸易于 20 世纪 50 年代开始迅猛发展,1951 年香港转口贸易额达到

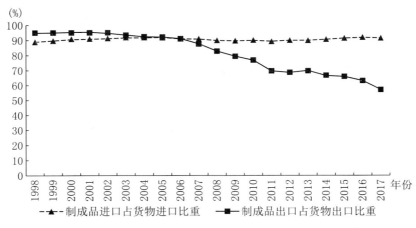

图 5.2　香港制成品进出口占货物进出口比重(1998—2017 年)

资料来源:国家统计局。

38.83 亿港元,20 世纪 80 年代以来,伴随香港制造业的外迁,转口贸易额持续攀升,转口贸易占香港 GDP 的比重从 1978 年的 14.2% 增至 2007 年的 149.2%,转口贸易的发展也极大促进了香港金融、咨询、展览等产业的发展。但受制于码头费用提高、内外企业转变发展模式等因素,香港作为国际著名的商品贸易中心,也从转口贸易发展逐步向离岸贸易转变。同时,香港离岸贸易额也在不断攀升,2006 年香港离岸贸易额达到 23 465 亿港元,高于转口贸易额的 23 265 亿港元,自此香港离岸贸易额开始超越转口贸易。2002—2011 年间,香港离岸贸易年均增幅高于 200%,超出同期转口贸易 130% 的增幅,离岸贸易成为香港货物贸易的新支柱。

　　香港从转口贸易向离岸贸易转型主要与两大因素的相互作用有关。一方面,转口贸易额不断萎缩。2001 年中国加入 WTO 极大改善了内地贸易条件,内地企业有能力直接同国外公司进行贸易而不再借助香港进行转口,削减了香港转口贸易总额。从数据来看,2012 年香港转口贸易额为 657 亿港元,约为 2000 年的三分之一,此外,伴随内地沿海港口群的持续发展,香港转口港的竞争优势也被不断弱化。同时,相对高昂的港口成本也阻碍了各来源地企业在香港进行转口贸易,在 2013 年全球十大港口集装箱吞吐量排名中,上海和深圳分别居于第一位和第三位,而香港则下滑至第四位。另一方面,也是基于香港要素禀赋的动态变化,伴随经济全球化发展格局,香港转口贸易所依赖的传统要素禀赋(如地理位置、港口清关便利度、港口设施现代化水平)的优势被不断削弱,而离岸贸易所需的全球贸易网络、信息获取便利、人力资源和金融服务等优势被不断强化。

3. 贸易门户功能的动态调整

国际货物贸易门户城市伴随着国际形势及城市自身禀赋的发展在进行动态调整。技术手段的更迭以及需求升级,促使制造业逐步向制造业服务化转型,以服务业为主的经济结构成为主流。但这种转型并不代表着服务业对制造业产生替代效应,两者是相互支持、协调发展的。制造业服务化是指在制造业逐步发展的过程中,从内部自发演化出的与自身产品相关或不相关的服务业务的过程,在产品提供过程中从原先单一物理产品逐步转变为"产品+服务"的过程。从制造业企业整体增加值计算,服务带来的增加值将高于物理产品本身。

专栏5.3 优化口岸营商环境的国际经验与启示

口岸是对外开放的门户、国际交往的桥梁,也是国家安全的屏障和新时期更高水平对外开放的主要阵地。近年来,相关国家(地区)也高度重视、积极推进跨境贸易便利化工作,纷纷采取措施,提升本国(地区)跨境贸易便利化水平。

他山之石,可以攻玉。在中国不断优化口岸营商环境促进跨境贸易便利化的渐进过程中,2018—2020 年间,相关国家(地区)的成功经验和最佳做法都有哪些?

挪威——成立国家贸易便利化委员会

挪威是在历年世界银行《全球营商报告》中跨境贸易便利化水平始终排名前列的国家。为了继续保持全球跨境贸易便利化领先水平,挪威在世界贸易组织《贸易便利化协定》实施后率先成立了"国家贸易便利化委员会"(NCTF)作为跨境贸易便利化相关事务的总体协调机构,涉及财政、商务、交通、统计、国家安全、食品安全等 15 个政府部门,企业联合会、船东协会、商会等 11 个商业组织,以及包括挪威邮政、有单独关务部门的大型进出口商在内的企业。

除海关手续、信息通信等原有工作组外,该委员会还新成立了海关法律修改、原产地等新的工作组,每年定期召开两次会议,委员会的主要职责包括:(1)监督《贸易便利化协定》的协调和实施;(2)消除进口、出口、转运货物流动中的不必要障碍;(3)评估挪威出口商的冲突利益;(4)支持国际层面的合作和开发;(5)确定发展中国家的技术援助需求。

成立后,挪威"国家贸易便利化委员会"的主要工作成绩包括:(1)明显改善了商界和政府边境管理部门的对话;(2)指定联络人员(含正常工作时间外);(3)开发边境货物快递通关系统;(4)减少挪威海关持续重组给经营者带来的影响;(5)改善邮递、快递等收件人数众多的货物常规处理;(6)简化重复的单证检查要求;(7)改善运输工具统计信息等。

挪威"国家贸易便利化委员会"目前面临的挑战包括:(1)接受该委员会成为政府机构和商界之间有关国际贸易对话的主要机构;(2)在正确的领域、用正确的方法来定义和架构问题解决;(3)从贸易便利化事务相关参与方的角度平衡不同利益方的诉求;(4)引入最合适的商界成员来代表最主要、最重要的需求和利益;(5)引入有相关利益的政府机构和商界成员,如中小企业和邮政、铁路部门等。

韩国——推进和完善"认证经营者"(AEO)制度

韩国的贸易便利化水平在亚洲处于前列,近年来韩国在贸易便利化方面的主要工作是推进和完善"认证经营者"(AEO)制度,该制度为符合安全要求的国际供应链参与方提供快速通关、降低查验率、韩国伙伴关系等通关便利。

截至 2019 年 6 月,韩国共有包括进出口商、报关行、保税运输业者、货运代理、海运空运承运人、仓库经营者、地面操作人在内的 832 家"认证经营者"。韩国海关为建立伙伴关系的"认证经营者"指定"客户经理"(account manager)提供与贸易相关事务的咨询服务、加强内控提高守法合规程度,鼓励"知情守法"(informed compliance);同时为"认证经营者"提供降低查验率、优先查验、简化通关手续、免除稽查等通关便利降低贸易成本。

　　总体而言,在财务清算能力、安全管理水平、内部控制情况等方面符合要求(评估期限 5 年、守法分值 80 分以上)的"认证经营者"可以获得的跨境贸易便利化便利包括:(1)免除海关稽查和外汇交易稽查;(2)可以通过企业 ERP 系统进行进出口申报和电子化通关稽查;(3)降低查验率或在选中查验时享受优先查验待遇;(4)月度税款汇缴,减轻处罚或处置金额;(5)延长许可期限,减少定期核查、保税运输的汇总申报;(6)提供快速通道加快进出境手续,提供 VIP 休息室。

　　截至 2019 年 9 月,韩国海关已经完成与美国、加拿大、日本、中国、澳大利亚等 20 个经济体的海关 AEO 互认,有效地扩大了"认证经营者"的对等优惠区域,充分提升了跨境贸易便利化水平。

　　资料来源:王语涵,《优化口岸营商环境的国际经验与启示——六国提升跨境贸易便利化水平做法调研》,《中国对外贸易》2021 年第 7 期。

5.2.2　国际航运门户城市的发展路径与经验借鉴

　　国际航运门户城市是指以优质的港口设施、发达的物流体系及关键的地理区位作为基础条件,以高度完善的航运服务为核心,在全球范围内配置航运资源的重要港口城市。早期的航运门户城市往往以港口为基础,凭借得天独厚的地理优势,成为船舶与货物之间的纽带,基于此拓展产业链,从而衍生出更多航运服务要素。但由于自身特点、发展阶段及业务侧重的不同,国际航运门户城市的发展也呈现出不同的形态。《新华-波罗的海国际航运中心发展指数报告》选取 40 个航运城市进行评分,2020 年居于前四的分别为新加坡、伦敦、上海及香港。

　　1. 新加坡

　　新加坡地处马六甲海峡,马六甲海峡连接太平洋及印度洋,是亚洲、非洲、欧洲及大洋洲国家航运必经之地,被誉为海上航运"生命线"。依托区位优势,新加坡在传统货运业基础上深耕航运产业链,加大对各类型海事企业的吸引力度,逐步打造出完整的航运生态系统。目前,新加坡不仅是国际上航运集团最集中的地区之一,同时也拥有丰富的航运贸易业务体系,如航运保险、海事法律及仲裁、船舶经济、船舶融资等。除此之外,新加坡政府在国际航运门户城市的打造过程中也起到关键性作用。通过对航运产业链融合、智能与绿色港口建设、临港工业发展等多方面进行前瞻性战略部署,为国际航运中心建设起到了极大的引领作用。新加坡具有的贸易优势,如良好的营商环境,灵活便捷的船员及船舶注册管理机制,十分亲和的关税政策及各式航运激励政策,对汇集航运资源创造了有利条件。同时,新加坡也是全球最早引入"单一窗口"模式的国家,通过"单一窗口"制度建设大大提高了跨境贸易的服务质量和服务效率,持续优化改进港航物流配套服务需求。

表 5.2　新加坡"单一窗口"制度发展历程

系统名称	上线时间	角色	功　　能
TradeNet	1989 年 1 月	B2G G2G	贸易申报国家单一窗口,集成进口、出口、转口贸易的单据处理及税费自动扣除,贸易商和物流商只需一次申报,无需重复提交
TradeXchange	2007 年 10 月	B2G B2B	贸易和物流 IT 平台,不仅促进贸易和物流企业间的信息交换,还与海港、机场、海事局、海关等相关监管部门集成
NTP	2017 年	B2G G2G B2B	IT 生态系统,替代 TradeNet 和 TradeXchange 成为新一代国家"单一窗口",被设计成开放创新平台,服务商和企业可以在线开发新的应用从而支持新的商业需求

资料来源:上海市人民政府发展研究中心课题组,《上海国际航运中心建设与特殊经济功能区联动》。

2. 伦敦

伦敦作为最早进行工业革命的国家,横跨东西时区,相隔英吉利海峡及多佛尔海峡同欧洲大陆相望,同时莱茵河、塞纳河等出海口也密切了英国与欧洲各国的商贸往来,拥有绝佳的地理区位。当前,由于全球供应链体系深度交融,伦敦作为物流枢纽的功能已经不如以往,但其所发力的现代高端航运服务仍旧在国际层面处于领先地位。目前,伦敦拥有高度发达的航运服务业,形成了涵盖船舶经纪、航运交易、海事保险、航运金融、海事法律、海事咨询等,功能完善、体系健全的现代高端航运服务业集群,在海事诉讼与仲裁、船舶融资、航运保险、船舶经纪等多个服务领域,伦敦的市场份额均处于全球领先的位置。以海事仲裁为例,2019 年伦敦海事仲裁员协助处理案件 2 952 件,逾全球案件总量的 70%。同时,伦敦也是国际性海事组织的聚集地,国际海事组织(IMO)、波罗的海交易所、国际保赔协会、国际船级社协会(IACS)、国际航运商会(ICS)等多个国际性海事组织的总部均位于伦敦,为伦敦继续保持较强的航运资源汇集与配置能力带来了客观优势。

3. 香港

香港是太平洋和印度洋航运要冲,维多利亚港也是国际知名的天然良港。香港作为国际金融中心,拥有一流的金融基础设施,完善的金融法规及专业的金融人才,为船舶融资提供了得天独厚的优势,已逐渐成为东亚地区领先的船舶租赁中心。同时,香港全面、先进的商业保险设施也通过专业人才之手服务于不同航运业务。2019 年粤港澳大湾区建设为香港航运门户城市建设提供了新的机遇,广东相对较低的人力成本及相对丰裕的土地资源有效弥补了香港运输成本高、离腹地较远等限制因素,为香港专注高端航运服务提供新动能。

4. 经验借鉴与启示

面对中美贸易摩擦复杂化和国际经贸新格局加快推进的新形势,"十四五"上海国际贸易中心应在加强全球资源整合基础上,更加注重强化自主可控的供应链管控能力。国际航运中心要借鉴各类航运中心的先进经验,结合上海的自身优势,提升国际航运中心的枢纽地位。

一是实行税收政策优惠,加强航运要素集聚。为增强航运要素集聚能力,境外航运中心借助自贸区和自贸港优势持续推行税收优惠政策,提高航运中心吸引力。新加坡借助其得天独厚的港口区位优势和完善的航运服务产业,进一步融合自贸港优势,针对航运服务企业、国际船东和船舶经营者、融资租赁企业分别提供与之契合的税收优惠。例如,对国际船东和船舶经营者提供 5—10 年的税收减免待遇;对符合标准的航运服务企业提供 5 年 10% 的优惠税率。通过一系列税收政策,新加坡国际航运集团数量获得明显增长,从 2000 年的 20 多家扩展为目前的 150 多家。与之类似的是迪拜杰贝阿里港,为吸引航运企业和货主企业,杰贝阿里自由贸易区随之建立,通过制定少税种、低税率的税收优惠政策提升港口的转运中心地位。例如,杰贝阿里自贸区内绝大部分商品不再征收进出口关税,对于区内企业生产所需器械、设备、零部件免征关税等。

二是简化货物监管流程，提升航运物流效率。从境外自由贸易区的监管实践来看，海关为监管主体。因此简化海关监管流程及降低关税税率将对国际贸易和国际航运的发展带来极大促进作用。香港全域实行自由港制度以打造自由灵活的监管机制。海关采取风险管理的方式，将货物依据产地来源、产品类别等进行分类核查，对船舶和货物检查采取尽可能简便的手续。外国船舶在香港可以自由装货、卸货、搬运、贮存、分装、清理、拍卖及转运，极大提升航运物流效率。新加坡对于95%的货物准许自由进入，同时对于一般货物设置较低的关税税率，从价税关税率一般仅为5%。对于进口商品不设配额限制，除去医药、危险品、影视作品、军火等敏感商品外，其他多数货物无需许可即可免税进口，提升了新加坡航运中心的竞争力。

三是实行宽松金融管制，促进航运金融发展。境外国际航运中心在搭建过程中，为促进航运要素集聚及高端服务业发展，也会借助自贸区金融自由化政策来提升航运服务能级。迪拜自贸区内不设金融和货币限制，准许外资设立独资企业并允许企业利润自由汇出。得益于航运金融的发展，迪拜从全球汇集更多资源，进一步促进航运金融、航运保险等高端航运服务业的发展，提升了自身的航运服务中心地位。香港依托其完善的金融体系，在国际航运中心建设过程中也实施资金自由进出、外汇自由兑换等政策，一方面对资金进出不进行限制，另一方面诸如股息、利息、专利权费等得到的利润和其他收入也可以自由地转移到国外。同样，新加坡也奉行宽松、自由、开放的货币和外汇政策，除此之外还针对服务行业（尤其是航运业）制定相应的金融支持政策，如海运商业信托、海事金融优惠计划等。

四是发挥海空互动效应，提升物流枢纽地位。境外航运中心在自由贸易区的发展过程中也充分融合海港、空港建设，同时满足顾客对于物流时效和成本方面的个性化要求。比如，纽约与新泽西港务局，一方面是自贸区、新泽西港的管理人，另一方面还对半径25英里内拉瓜迪亚、肯尼迪和纽瓦克三大国际机场进行运营管理，实现海港、空港一体化管理体制。新加坡地处亚洲主要海运和空运航线的端点,具有运输便利化的优越条件,基于此,新加坡提供海空联运增值业务,以提升其物流枢纽地位。

五是实现智能化管理,加快航运数字化转型。数字化是全球港航业未来发展的重要目标。2020 年新冠肺炎疫情暴发对航运数字化起到明显加速作用。以新加坡、伦敦等国际航运中心为例,各个城市均在加快推进数字化举措,如通过创建智能港口社区等方式加速航运数字化转型。新加坡基于优良的数字化基础打造各式在线港口平台,以实现产业链各个环节数据互联互通及无纸化运行,既可以提高信息处理效率,又可以进行大数据汇总为各利益相关方提供充分的决策依据,从而打造高效、智能的世界级下一代港口。伦敦港采用港口社区系统,将信息推送通过在线渠道传递给产业链条上各利益相关者,以确保业务可以通过数字系统高效执行,旨在打造"物流合作伙伴",利用创新技术帮助企业提高供应链的弹性和可见性,实现托运人和港口之间的合作更加智能化。

5.2.3　国际数字贸易门户城市的发展路径与经验借鉴

数字贸易是数字经济的重要组成部分,也是现阶段推动国际贸易深入发展的重要压舱石。

1. 各国数字化战略概况

数字贸易在美国的蓬勃发展,一方面得益于其雄厚的信息产业基础,另一方面得益于其为数字贸易自由化所构建的制度保障体系。美国作为数字贸易领域的先行者,其目的是建立由美国主导的国际数字贸易规则体系。通过界定数字贸易发展方向、保障法律规制建设、制定双边多边谈判方法等途径,借助数字贸易的资源配置作用来扩大美国在传统贸易时代的优势,强化其在数字贸易领域的主导权。

欧盟的数字贸易战略与美国有异曲同工之处,同样是促进数字贸易自由化,执行方式却存在显著差异,欧盟的数字贸易战略具有典型的"欧盟特征"。它基于欧

专栏 5.4　各国数字贸易发展现状

现阶段,数字贸易在全球范围内快速发展,从数字贸易发展环境来看,排在前列的国家主要集中在欧洲地区;从市场潜力层面来看,中国、印度、巴西三个比较大的发展中国家进入前十行列;从综合表现来看,除中国外,发展较好的绝大多数为传统资本主义国家,并且从数字贸易实际发展状况来看,也是如此,美国、欧盟、日本、英国等发展最为成功。

世界各国数字贸易发展排行榜

排名	发展环境		市场潜力		综合表现	
	国家	得分	国家	得分	国家	得分
1	瑞士	1.894	美国	7.960	美国	2.694
2	卢森堡	1.892	中国	5.054	德国	1.567
3	瑞典	1.777	德国	1.940	英国	1.432
4	挪威	1.775	日本	1.904	日本	1.378
5	荷兰	1.720	英国	1.012	中国	1.293
6	英国	1.664	法国	0.975	荷兰	1.224
7	芬兰	1.648	印度	0.918	瑞士	1.212
8	丹麦	1.626	加拿大	0.592	加拿大	1.197
9	新加坡	1.557	意大利	0.580	瑞典	1.081
10	加拿大	1.531	巴西	0.519	韩国	1.070

资料来源:汪晓文、宫文昌,《国外数字贸易发展经验及其启示》,《贵州社会科学》2020 年第 3 期。

盟高度一体化的区域发展特性,从欧盟内部成员国开始打破各国之间的数字贸易壁垒,建立欧盟内部的互联互通机制,推动内部数字贸易自由化,进而形成欧盟自身主导的数字贸易体系,并在此基础上逐步放开对欧盟外部贸易伙伴国的限制,将外部国家逐步纳入欧盟的数字贸易领域,将以欧盟为主体的"区域数字贸易体系"逐步发展成为"全球数字贸易体系"。

日本数字化采用"三步走"战略,从"e-Japan"到"u-Japan"再到"i-Japan",这不仅仅是首字母的变化,更体现了日本在科技革命时代对于其信息化产业战略的一次又一次的变革与调整。"e-Japan"战略的核心目标是进一步加强日本在信息化建设领域的投资力度,培养高级通信技术人才,为日本的信息化建设构建基本的网络框架。"u-Japan"旨在推动互联网环境建设,创新互联网服务,构建出一个以人为本的"开放式的有机生态圈",催生出新一代的信息科技革命。"i-Japan"中的"i"则意为"自身的",该战略将目标聚集在了公共部门,如政府、医院及学校,旨在提升整体国民的信息意识。

英国在 2008 年正式启动了数字英国计划。一是为数字化条件下的网络创新者的著作权保驾护航。二是为数字化建设的主体(数字化创业者、数字经济的消费者、数字企业等)提供发展便利和制度保障。三是通过一系列政策激励措施更好地发挥英国在数字经济时代的比较优势。

表 5.3　主要国家数字化发展模式对比

国家或地区	发展理念	政策提案或法律法规	发　展　措　施
美国	数字贸易自由化	《美国和全球经济中的数字贸易》《2015 年国会两党贸易优先事项和责任法案》《外国贸易壁垒评估报告》	一是对数字贸易的内涵界定和数字贸易发展的贸易壁垒进行研究; 二是以法律的形式明确数字贸易谈判规则; 三是全面推动数字贸易自由化
欧盟	数字单一市场原则	《欧洲数字议程》《数字单一市场战略》《数字贸易战略》《数字欧洲计划》	第一阶段,欧盟内部数字一体化; 第二阶段,欧洲数字一体化体系由内至外逐步向外部国家扩展
日本	以科技创新为突破	"e-Japan"战略、"u-Japan"战略、"i-Japan"战略、《通商白皮书》	"e-Japan"信息化基础设施建设; "u-Japan"建设成果惠及全民、全国; "i-Japan"公共部门信息化建设
英国	微观层面助力数字经济	《数字英国法案》《英国2015—2018 年数字经济战略》《英国数字战略》	一是个人权利保护机制建设; 二是为数字化建设的参与者提供发展便利和制度保障; 三是脱欧之后发挥本国在数字领域的比较优势

资料来源:汪晓文、宫文昌,《国外数字贸易发展经验及其启示》,《贵州社会科学》2020 年第 3 期。

2. 涉及国际数字规则的两大区域化国际协定

一是 USMCA。2020 年 7 月 1 日,USMCA 正式生效。USMCA 由 34 个章节以及一些附加协议和官方信函组成。USMCA 是目前覆盖面最广的贸易协定,它不仅覆盖了传统贸易投资议题,吸收并更新了 TPP(CPTPP)中关于电子商务、金融服务、国有企业、知识产权、竞争、环境保护和劳工标准等内容,还进一步回应了全球化深入发展带来的新议题。USMCA 在金融服务章节(第 17 章)首次引入禁止本地数据存储要求的条款。其在数字贸易章节(第 19 章)要求限制政府披露专有计算机源代码和算法的能力,确保数据的跨境自由传输,最大限度减少数据存储与处理地点的限制,确保应用于数字市场的消费者保护措施,包括隐私与未经同意的通信。

USMCA 涉及的数字贸易的新规定,与中国现行法规之间存在较大差异。中国应主动对标高标准,通过继续加大国内改革与对外开放,缩小与 USMCA 或 CPTPP 等国际贸易投资规则上的差距。

二是 GDPR。其由欧盟推出,目的在于遏制个人信息被滥用,保护个人隐私。GDPR 在欧盟法律框架内属于"条例",已经在欧洲议会(下议院)和欧盟理事会(上议院)通过。GDPR 对个人用户在隐私数据方面享有的权利做了非常详尽的说明。比如,用户可以向企业查询自己的个人数据是否在被处理和使用,以及使用的目的、收集的数据的类型等。此外,用户有权要求企业把自己的个人数据删除,如果资料已经被第三方获取,用户可以进一步要求它们删除。如果用户认为企业收集的个人数据不准确,或者使用了非法的处理手段,但又不想删除数据,可以要求限制企业对个人数据的使用。同时,企业在收集处理用户信息时需要实现征得同意,GDPR 对企业违法行为的惩处力度较大,行为轻微的要罚款 1 000 万欧元或全年营收的 2%(两者取最高值),行为严重的则要罚款 2 000 万欧元或全年营收的 4%(两者取最高值)。从长远来看,GDPR 为隐私和数据保护设定了一个新的全球标准,越来越多的国家开始借鉴 GDPR 中的一些原则和条款来加强自身的数据保护。

3. 数字贸易在国际贸易中受到限制的情况

数字贸易的发展同传统货物贸易有着明显不同,部分数字贸易标的是无实物形态的数据，因此在进行国际贸易过程中频频受限。OECD 服务贸易限制指数（services trade restrictiveness index，STRI）起始于 2014 年，目前已更新至 2020 年版。2020 年版数据显示，STRI 目前共涵盖样本经济体 48 个（其中 OECD 成员 37 个，非 OECD 成员 11 个），样本服务行业 22 个。直接从 OECD 获得的 STRI 取值在 0—1 之间，0 表示某服务部门完全开放，1 表示某服务部门完全封闭。而每一个 STRI 数据在计算中又包含 5 个分项：外国准入限制、人员流动限制、竞争壁垒、规制透明度、其他歧视性措施。基于此得出的 STRI 可以比较全面地体现对应经济体在政策及规制上的最新态度。

通过对所选取行业（法律、动画、广播、录音、电信、商业银行、保险、计算机及数字服务 9 个行业）对应的 RCEP 及 CPTPP 国家 2019 年 STRI 进行收集整理，得到图 5.3。

行业	加拿大	智利	墨西哥	秘鲁	澳大利亚	日本	新西兰	马来西亚	韩国	中国	泰国	印度尼西亚	印度
法律	1	1	2	2	1	3	2	4	2	3	3	4	4
动画	2	2	3	3	1	1	2	2	1	4	4	4	3
广播	2	2	4	4	1	1	1	3	2	4	3	3	3
录音	1	2	3	3	2	1	2	3	1	4	4	4	4
电信	3	2	2	1	1	2	1	4	3	4	3	4	4
商业银行	1	2	3	3	2	1	2	3	1	4	4	4	4
保险	2	2	3	3	2	1	1	3	1	4	4	4	4
计算机	2	1	3	3	2	1	2	4	1	4	4	4	3
数字服务	1	4	1	3	1	2	2	3	2	4	4	4	4

图 5.3　RCEP 与 CPTPP 国家 2019 年 STRI 排名

注：图中横向从左至右分别为仅签署 CPTPP 国家、既签署 CPTPP 又签署 RCEP 国家、仅签署 RCEP 国家。纵向为所选取的行业。图中色块从浅到深分为四种，最浅色块的数字为 1，最深色块的数字为 4，指代在每一行业之下，各个国家 STRI 数值的排名在四分位下的分布情况。以图中第一行为例，加拿大、智利、澳大利亚的色块数字为 1，说明在 13 国法律行业 STRI 排名中，这三国居于前 25%。

资料来源：根据 OECD-STRI(2019) 整理计算而得。

借助色块深浅程度不难看出，色块最深区域基本落于仅签署 RCEP 的国家，而中国的 STRI 最高（深色色块最多）。因此可以判断得出，RCEP 国家的 STRI 要普遍高于 CPTPP 国家。

5.3 上海强化开放门户通道作用的战略方向

上海亟须前瞻谋划，在融入全球经济体系的同时，充分依托中国超大规模市场，大力参与东亚区域价值链体系，进一步强化开放枢纽门户功能。在总体思路上，努力打造国内大循环的中心节点和国内国际双循环的战略链接，突出大国腹地型开放枢纽门户特色，积极拓展高水平开放的外部战略空间，争取离岸贸易和转口贸易实现跨越式发展，国际贸易中心平台能级进一步提升，一批有影响力的数字贸易平台加快集聚。

5.3.1 建设全球贸易枢纽

1. 全球联通性显著提升

在全球贸易占据较大份额、具有广泛的联通性是国际贸易中心的重要标志。一方面，上海在全球投资和贸易流量中的吸引力进一步增强。这与中国在全球经济中的份额不断上升密不可分。多个国际机构预测，2030 年中国 GDP 将超过美国，成为世界第一大经济体。上海背靠中国最发达的长三角地区，依托庞大的中国市场，预计"十四五"时期口岸货物进出口将继续保持全球城市首位，这将为上海提升国际贸易中心竞争力提供坚实支撑。以 2020 年上海对外经济数据为例，全年上海口岸货物贸易进出口总额达到 87 463 亿元，比上年增长 3.8%，位列全球城市之首。同时，进出口结构也在不断优化，2020 年上海高新技术产品出口占全市比重42.1%。另一方面，统筹利用国际国内两个市场、两种资源的能力进一步增强。与过去以出口为导向的国际贸易中心相比，上海将更注重进口与出口平衡发展。尤其是进口博览会的举办将有助于在上海形成具有强大影响力的全球贸易协作平

专栏 5.5　全球投资贸易枢纽功能的形成

　　全球投资贸易枢纽功能是指服务全球投资和贸易活动,支配、引导和协调全球投资和贸易引起的商品、资金、服务、信息、人才等资源要素在全球有序、高效流动配置的综合服务功能。具备全球投资贸易枢纽功能的城市将成为全球投资网络和贸易网络的关键节点,在全球投资贸易中发挥主导作用。

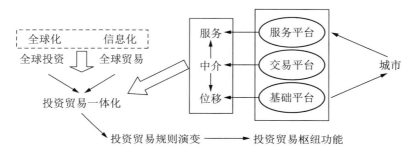

　　全球投资贸易枢纽功能是全球城市的核心功能。国际经验显示,纽约、东京、伦敦等全球城市都具备全球投资贸易枢纽功能,这些全球城市往往既是国际贸易中心,又是国际金融中心。全球城市作为全球经济系统的中枢或组织节点,是全球资本用来组织和协调其生产和市场的基点,是国际资本汇集的主要地点,要求全球城市必须具备与之相匹配的服务、协调和支配功能——全球投资贸易枢纽功能。综观伦敦、纽约等全球城市,伦敦有金融城,纽约有华尔街,伦敦有伦敦港,纽约有纽约港,城市的投资功能和贸易功能完善,在全球投资贸易网络中处于绝对的领先地位和支配地位。

　　资料来源:何勇、田志友、王盛,《全球投资贸易枢纽功能的形成、演变及对上海的启示》,《上海市经济管理干部学院学报》2016 年第 3 期。

台,促进新型国际贸易业态和主体集聚,打造辐射亚太的进口贸易集散地。第三届进博会吸引 124 个国家(或地区)企业参展,累计成交意向达 726.2 亿美元。

　　2. 枢纽管控功能显著增强

　　面对中美贸易摩擦复杂化和“一带一路”建设加快推进的新形势,上海国际贸易中心将在加强全球资源整合基础上,更加注重强化自主可控的供应链管控能力。一方面,基于离岸贸易等新型贸易方式的全球资源调拨和管控能力显著提升。上海不再只是货物进出通道,而是通过离岸贸易发展,实现货物在境外流动,资金流、订单流通过大型跨国贸易商汇聚到上海,使上海逐步成为贸易营运和控制中心。另一方面,跨国公司地区总部能级进一步提升。通过优化跨境投资贸易营商环境,上海将集聚更多具有亚太乃至全球管控功能的跨国公司总部,并吸引更多本土跨国公司设立总部。争取到 2025 年跨国公司地区总部和本土企业总部超过 1 000家,全球运营协调和资金管理功能进一步增强。从外商投资数据显示,2020 年上海累计认定跨国公司地区总部 771 家、外资研发中心 481 家,总部经济及研发能级显著提升。

3. 数字化水平显著提高

"十四五"期间,数字化对上海国际贸易中心的影响突出体现为数字化对传统贸易方式的全面再造以及数字平台类企业的快速发展。未来,数字贸易将渗透到制造和服务价值链的各个环节,上海需要吸引和培育一批全球排名靠前的数字平台类企业,集聚一批为其提供数据存储、大数据、云计算、区块链等配套服务的企业。争取到 2025 年,上海数字贸易进出口占全市服务进出口比重提高到 20% 以上。数字服务平台将在上海国际贸易中心运行中发挥更加重要的作用。未来数字贸易平台将推动贸易设施、贸易环境和贸易政策的变革,上海需要进一步加强前瞻谋划,形成以数据驱动为核心、以平台为支撑、以商产融合为主线的数字化、网络化、智能化发展模式。

4. 新一代国际贸易中心的高端环节竞争力显著提升

高端服务和高端制造占比反映了国际贸易中心的竞争力,也是"十四五"时期上海国际贸易中心建设的重要发力点。一方面,高端服务贸易的全球竞争力进一步提高。受供给侧改革和消费升级产生的新服务需求、服务与制造融合发展趋势影响,未来上海服务贸易比重将进一步提高,以知识密集型服务为重点的高端服务贸易加快发展。争取到 2025 年,上海服务进出口总额占全国比重提高到 30% 以

表 5.4　2020 年上海软件和信息技术服务业百强(节选)

企　业　名　称	所在区
支付宝(中国)网络技术有限公司	浦东新区
中国银联股份有限公司	浦东新区
汉海信息技术(上海)有限公司	长宁区
上海寻梦信息技术有限公司	长宁区
百度(中国)有限公司	浦东新区
腾讯科技(上海)有限公司	徐汇区
思爱普(中国)有限公司	静安区
上海华东电脑股份有限公司	嘉定区
上海宝信软件股份有限公司	浦东新区
上海阆途信息技术有限公司	闵行区
上海哔哩哔哩科技有限公司	杨浦区
瑞庭网络技术(上海)有限公司	浦东新区
上海华讯网络系统有限公司	浦东新区
银联商务股份有限公司	浦东新区
携程计算机技术(上海)有限公司	徐汇区

资料来源:上海市经济和信息化委员会、上海社会科学院,《2020 上海在线新经济发展白皮书》, 2020 年。

上。另一方面,高技术、高附加值产品贸易加快发展。鉴于外需增长趋缓和中国要素成本快速上升,未来一般货物出口增长的空间日益缩小,上海需要在培育以技术、标准、品牌、质量为核心的出口新优势上下更大力气,争取到 2025 年,上海自主品牌出口、高新技术产品出口占比提高到 65%以上。

5.3.2　依托特殊经济功能区打造高能级国际航运门户枢纽

经济全球化带来了世界航运市场的一体化,航运门户枢纽建设是金融中心、经济中心建设的重要基石,在全球市场争夺航运中心地位、抢占航运先机对于中国以及长三角地区都至关重要。依托特殊经济功能区的巨大经济带动功能,助力洋山港立足自身优势,大力发展国际中转集拼和高端航运服务,提高对国际航运资源的集聚和配置能力,打造高能级国际航运门户枢纽。

1. 增强国际中转集拼枢纽功能

进一步发挥特殊综合保税区作用,强化上海国际航运中心的国际中转集拼枢纽功能。

一是进一步深入推进特殊综合保税区制度创新。提升洋山特殊综合保税区国际中转货物径予放行的比例。对于依法需要检疫的进出境货物,减少在口岸监管区内实施检疫的比例,经海关批准后,允许在洋山特殊综合保税区内仓库实施检疫。对于涉及监管证件的货物,制定公开、透明的涉证货物负面清单管理制度,负面清单以外的货物,海关径予放行。同时,建立企业分级管理制度。建立企业分级评估框架,根据企业背景、是否具备跟踪和追踪货物移动及识别差异功能的库存系统、信用状况、合规记录等进行分级,对高评级企业实行高度便利化措施。

二是搭建国际中转集拼公共服务平台。在特殊综合保税区内建立大型海关监管综合拼箱服务中心。按照监管要求,在中心内融合各种形态的拼箱操作需求,使国际中转拼箱从进境到出境在统一场地进行实货操作。争取进一步降低中转货物的港口堆存费和装卸费,如对于国际中转货物和国际过境货物免征港口建设费等。在行政规费方面,建议适当降低吨税和船舶港务费,使洋山港收费水平接近国际主要港口。

三是推进外高桥与洋山港区通关一体化运作。对洋山保税港区与外高桥港区实施"一体化"管理,试点推行两港快速直通关模式,对于相互之间的货物流转,以直接调拨方式代替传统的转关模式,无需办理施封、验封等传统转关手续。在船舶和货物进出港口环节,依据航运企业和货主企业的通关资信情况,允许部分高信用等级的航运企业的船舶和高信用等级的货主企业的货物在进口时实行备案制,取代报关制。扩大沿海捎带政策覆盖面,进一步扩大中资方便旗船沿海捎带的港口范围和船舶数量。

2. 大力发展高端航运服务

着力推进国际航运服务高端化发展,打造1—2个具有全球影响力的国际航运服务品牌。

一是深入推进国际航运服务业开放。积极接轨国际,破除与国际惯例、通行规

专栏 5.6　开展新片区沿海捎带业务,助力更高水平对外开放

2021 年 11 月 18 日,国务院批复同意在中国(上海)自由贸易试验区临港新片区暂时调整实施有关行政法规规定:自即日起至 2024 年 12 月 31 日,在临港新片区暂时调整实施《中华人民共和国国际海运条例》《国内水路运输管理条例》的有关规定。

这两项调整意味着外资船公司能在部分港口开展沿海捎带业务,进一步彰显了我国对外开放的决心,有利于上海港增强全球资源配置能力;对临港新片区而言,这也是国家层面调法调规的首次落地,有助于开展更高水平的制度创新和更大程度的风险压力测试。

用足上海港优势,做大蛋糕

根据批复,国务院在临港新片区内允许符合条件的外国、香港特别行政区和澳门特别行政区国际集装箱班轮公司利用其全资或控股拥有的非五星旗国际航行船舶,开展大连港、天津港、青岛港与上海港洋山港区之间,以上海港洋山港区为国际中转港的外贸集装箱沿海捎带业务试点。

此次调规后,许多外资船公司都会将手中货箱资源更多地向洋山深水港倾斜。通过设计更多在上海港中转的航线,进而增加洋山港区集装箱吞吐量,提升枢纽港能级,形成内外循环的关键链接。

由于当前国际航运市场非常"火热",货箱可谓供不应求。因此,本次调规更多的是"将全行业的蛋糕做大",短期内不会影响国内企业开展业务。长期来看,更开放的、有序竞争的市场,更有助于企业优化自身,健康发展。

为沿海捎带、中转集拼提供保障

《中国(上海)自由贸易试验区临港新片区总体方案》中明确,进一步完善启运港退税相关政策,优化监管流程,扩大中资方便旗船沿海捎带政策实施效果,研究在对等原则下允许外籍国际航行船舶开展以洋山港为国际中转港的外贸集

装箱沿海捎带业务。本次两条例的调整，为该项政策的落地扫除法律障碍，洋山特殊综保区将再度实现功能升级。

新片区改革创新得到更强法治保障

此前各地的自由贸易试验区、海南自由贸易港在国家层面的调法调规落地后，在企业设立、经营许可、进出口贸易等领域得以进行更大力度的改革创新。临港新片区此次确立了类似的单独调法调规路径，从国家层面得到了更大力度的法治保障，临港新片区的改革创新可以更为有力地推进，为国家试制度、探新路积累更多先行先试经验。

资料来源：胡幸阳，《国务院首次批复同意，上海港又要发力了!》，上观新闻，2021年11月19日。

则不匹配的政策束缚，完善配套政策，细化配套措施，吸引更多高端航运服务企业入驻。比如，探索在临港新片区试点逐步放开国际船舶法定检验，放宽启运港退税经停港数量限制，对登记在"中国洋山港"的从事国际运输的境内制造船舶出口实施退税等政策。同时，强化配套创新政策的细化与落实。比如，针对航运融资租赁、启运港退税、多业态混拼等已有创新政策，抓紧细化配套措施，明晰操作流程。

二是着力打造航运服务供应链。强化与国际金融、贸易中心及全球科创中心联动，立足上海航运金融产业基地、上海北外滩航运服务集聚区、洋山—临港航运物流服务区等功能区域，有效整合航运服务供应链的各环节主体，着力提升其服务能力，形成体系完备、领域齐全、高能级高水平的航运服务集群。

三是构筑具有中国特色、上海特点的国际航运文化环境。整合在沪国际航运大型论坛、会展、节庆资源，建设具有全球影响力的国际航运文化盛会，鼓励航运文化、航海知识进课堂，支持航运科普教育，支持航运文化丛书、画册、影像资料以及相关作品的策划、出版工作，提升特色航运文化的国际传播力。

四是探索实施吸引高端航运服务要素的创新政策。参照航运发达国家的通行做法，研究船舶吨税制改革试点方案，结合实际情况确定切实可行的税率。探索实行国际航运高级管理人才个人所得税优惠措施，加大对海员特殊群体的税收政策研究等。放松境外企业或组织落沪开展业务的监管、备案等制度约束，加快探索更加便利化、国际化的国际船舶登记制度及配套措施。

专栏 5.7　依托滴水湖金融湾区打造跨境航运金融服务中心

《中国(上海)自由贸易试验区临港新片区总体方案》指出，支持内外资企业和机构开展航运融资、航运保险、航运结算、航材租赁、船舶交易和航运仲裁等服务，探索发展航运指数衍生品业务，提升高端航运服务功能。依托滴水湖金融湾区，充分利用特殊经济功能区金融全方位开放创新优势，以及跨境投资经营便利、资金流动便利、信息快捷联通的自由化制度优势，通过对接特殊经济功能区金融制度创新进一步构建航运衍生品交易中心、保税航空融资租赁中心和各类航运交易平台，打造具有国际影响力的跨境航运金融服务中心。

构建航运衍生品交易中心

一是利用上海航运交易所分阶段开发航运衍生品。第一，利用上海航运交易所现有的集装箱运价交易平台，以上海出口集装箱运价指数(上海至美西、上海至欧洲航线)为结算依据，先行推出集装箱运价期货、运价期权等创新性产品，构建集装箱运价期货交易平台、期权交易平台。第二，加强上海航运交易所与波罗的海航运交易所之间的合作，以波罗的海干散货和油轮运价指数为结算依据，开发干散货和邮轮运价期货、运价期权交易产品，构建干散货和油轮运价期货交易平台、运价期权交易平台。

二是健全航运衍生品市场的监管体系。建议由中国(上海)自由贸易试验区临港新片区管理委员会、上海市交通委员会、上海市金融服务办公室联合制定《航运衍生品交易管理办法》，形成跨部门的综合监管体制。

三是制定航运衍生品交易的配套制度。第一，引入投资者适当性制度。针对不同的产品实施不同程度的准入标准，针对不同的投资者匹配不同风险级别的产品。第二，引入做市商制度。鉴于航运衍生品市场流动性比较低、交易对手比较少,建议在适当时候引入做市商制度。第三,引入持仓限额制度。建议针对不同的运价区间对投资者设置不同的持仓限额,超过限额,交易所可规定强行平仓或提高保证金比例。

开展保税航空融资租赁业务

建议获得外汇管理部门及临港新片区管委会的支持,利用临港新片区获批的跨境资金池业务,低成本引入境外融资资金,同时利用"套期保值"金融掉期产品锁定汇率,开展以飞机整机、航空发动机、航材、航空培训装备等为标的物的保税航空融资租赁产业。

开展航运资产类交易平台

为了更好地促进航运高端服务业和航运实体产业的融合发展,建议在滴水湖金融湾区开展支持航运实体经济发展的航运交易平台,如国际航运产权交易所和国际航运技术交易所。主要涉及航运资产交易、航运产权交易和航运技术交易等。

率先试点建立航运碳交易平台

结合上海在船舶排放控制、港口岸电等方面的基础和优势,发挥在长三角绿色航运发展中的引领作用。

资料来源:上海市人民政府发展研究中心课题组,《上海国际航运中心建设与特殊经济功能区联动》。

3. 进一步完善洋山特殊综合保税区配套政策

一是可选择重点产业部分企业先行试点,以企业为主体设立特殊综合保税区分区。首先,分区可享受和主区同等政策,使特殊综合保税区在空间布局上不再仅是海港、机场附近的孤岛,而是构成点面融合、星罗棋布的格局,最大限度放大政策红利。其次,依托主分区制度发展重点产业。聚焦生物医药、集成电路、人工智能等重点产业,有针对性地开展精准扶持。比如,在生物医药骨干企业设立特殊综合保税区分区,实行具有国际竞争力、高度灵活的保税监管政策,鼓励企业设立保税实验室。在集成电路骨干企业设立特殊综合保税区分区,允许国内料件进区退税,芯片产品最终外销出口免税,内销由企业补缴增值税。最后,运用电子围网和大数据技术强化风险管控。通过信息化手段建立电子信息围网,在保证主分区之间货物便捷保税流转的同时,实现覆盖全产业链的保税监管,避免潜在的监管漏洞和税收流失风险。

二是进一步完善洋山特殊综合保税区配套政策。不少洋山特殊综合保税区的目标招商企业同时面向国际国内两个市场,可以给予企业根据自身商业模式灵活选择离境退税或入区退税的空间,更好满足企业运营的需求。同时,完善选择性征税政策,不仅允许企业选择按成品或零部件计征关税,也允许其按成品或零部件计征增值税和消费税。对再制造原料与产品进出口实行"一线"进出备案申报和许可证管理。支持将汽车发动机、非接触式医疗器械移出《禁止进口的旧机电产品目录》,允许再制造产品进口按新件办理。

4. 加快推进长三角港口群一体化治理

一是强化交通设施网互联互通,完善港口群集疏运体系。完善区域港口布局,加快东海二桥、沪舟甬等通道建设,加快外高桥、临港等港区的疏港铁路建设,强化与长三角地区内河航道对接。二是强化港口群信息共享连通,构建广泛互联的信息枢纽平台。加快建立长三角港口群信息交互平台和机制,打造港口集疏运智能化平台、海铁联运信息服务平台、航运险电子商务平台等公共支撑平台。三是推动航运服务标准一体化,推进长三角航运营商环境一体化建设。推动航道区段标准、船舶标准等标准统一,强化港口码头管理、通关管理等服务统一,完善与推广绿色航运标准体系,谋划推动长三角航运营商环境一体化建设工程,探索建立上海国际海事司法中心和上海海事高院。四是加强长三角港口群航运政策创新协同。进一步细化航运融资租赁、启运港退税、多业态混拼、沿海捎带、国际船舶登记等已有政策,完善配套政策。同时,放大自贸试验区智慧航运、海铁联运等政策的联动效应。五是强化组合港管委会的统筹协调和推进功能。将组合港管委会纳入国家"推动长三角一体化发展领导小组"的管理范畴,由国家发改委、交通部等国家部门,以及长三角三省一市人员组成,明确组合港管委会在长三角港口群规划、建设及标准统一中的作用与地位。探索成立长三角港口群投资公司，针对在建或规划建设的码头、江海联运、海铁联运、高等级内河航道建设等集疏运网络，区域性仓储设施、区域性信息平台和设施建设等进行统一投资、系统整合。六是加强规划统筹和法律保障，形成区域港口整体合力发展态势。争取由国家发布长三角港口群一体化发展规划，强化规划指引；积极研究推动《中华人民共和国港口法》的更新完善。

5. 探索搭建上海航运数据港

一是航运产业链向两端延伸离不开相关数据的集成应用及存储。目前上海港硬件设施突出，应进一步结合 5G 等技术，加快搭建国际一流的上海航运数据港。将过去、目前及未来的各种数字资料进行汇集，助力政府、高校及企业进行决策研究，打造全方位、宽领域的综合式航运信息服务平台。但需要注意的是，数字要素的充分参与也需要同数字安全紧密结合。目前中国国内数据资源大多集中于政府部门，且出于安全考虑无法完全获取和充分应用这些数据，同时就政府部门数据采集与要素创造环节而言，也欠缺统一的口径与标准，因此海量数据的可利用价值有限，自由流动和开放共享程度有待提升。因此，在搭建航运数据港的过程中，政府在确保国家数据安全的前提上，为企业提供更加便捷的和可追溯的数据收集渠道及丰富的数字资源，从而降低企业数据收集成本，这样有助于企业更加专注于提升海量数据的经济转化能力。

二是以供应链为主线搭建防控体系能够最为清晰、高效地涵盖航运各个关节。推进长三角海关特殊监管区、保税物流中心卡口系统和口岸物流监控系统有机联动。率先推进长三角区域国际贸易"单一窗口"互联互通，将长三角区域港航物流信息接入"单一窗口"。将上海电子口岸的"国际海港通"和上港集团牵头开发的"长江集装箱江海联运综合服务平台"实现对接，并逐步扩大到空港航运信息交换，以点对点方式推进长三角信息交换共享。可借鉴新加坡 NTP 模式，以供应链为轴心搭建大数据平台，从海关处引入口岸单位、报关企业、航运企业及相关进出口企业等形成综合平台，实现数据共享。

5.3.3　以全球数字贸易港为重点推进数字贸易开放创新

当前,以区块链、5G、工业互联网、人工智能等为代表的信息产业发展日新月异,伴随技术升级而生的数字贸易也逐步成为全球经济的重要助推力。诸多国际贸易中心城市大力发展数字贸易,塑造强大的全球连接能力。伦敦把数字服务和数字贸易作为未来发展的重点,2010 年启动了"技术城计划",谷歌、苹果、Facebook等巨头都在伦敦加大战略投入,推动伦敦成为欧洲最重要的数字技术中心,进一步吸引了全球贸易和投资流量集聚,推动国际贸易中心转型升级。新加坡提出打造数字化时代的贸易枢纽,吸引不少全球数字科技公司入驻,目前,全球 100 家顶尖科技公司中 80 家已在新加坡运营业务,其中有谷歌、亚马逊和 Facebook 等美国数字科技公司巨头,这些公司将助推新加坡成为世界级数字创新中心和新型贸易中心。

1. 推动数字核心技术取得突破

数字核心技术是打造全球数字贸易港的关键。加快突破数字核心技术,着力建设数字上海,才能更好发挥信息化对国际贸易中心的引领作用。上海已形成了大数据、云计算、动漫视听、电子商务等数字经济业态,但在数字核心技术上仍相对薄弱。应打造基于 5G、量子通信等高标准的信息通信网络体系,建设成为中国链接全球高速网络的信息基础设施门户。一是提升基础研发能力。加快网络切片技术研发应用,推动 5G 重点技术研发。推进扩展移动计算、云端增强现实和虚拟现实、沉浸式娱乐体验等技术研发,加快城市大脑、移动支付、智慧金融、电商贸易等技术研发。二是建立数字核心技术攻关联盟。引导在沪数字技术研发机构与工信部通信研究院、中国科技大学、华为等机构合作,建立数字核心技术攻关联盟,在算法技术、量子技术等前沿领域实现技术突破。提升上海超级计算中心的算力和服务能力,构建开放共享的新型数字平台。

2. 加快高附加值数字内容产品开发

应加快高附加值数字内容产品开发,抢占新型全球价值链高端环节。一是推动数字赋能流程外包。制造业服务外包正在成为制造业数字化、智能化转型的加

表 5.5　2019 年代表性经济体细分数字服务的国际市场占有率

	保险服务（%）	金融服务（%）	知识产权服务（%）	ICT 服务（%）	其他商业服务（%）	个人文娱服务（%）
爱尔兰	8.3	3.5	2.7	18.3	3.7	0.3
卢森堡	2.6	12.2	0.6	0.5	1.7	5.6
英国	18.7	15.4	6.2	4.4	10.3	7.0
荷兰	1.0	1.5	16.2	4.1	5.6	2.8
印度	1.8	0.9	0.2	9.6	5.3	2.5
芬兰	0.2	0.1	0.9	1.8	0.5	0.2
瑞士	5.4	4.1	5.8	1.6	1.3	0.2
瑞典	0.5	0.7	1.9	2.3	1.3	2.4
巴西	0.7	0.2	0.2	0.4	1.1	0.6
美国	11.8	26.1	28.7	8.2	13.5	28.4
德国	9.8	4.9	5.9	6.2	6.6	3.3
菲律宾	0.1	0.0	0.0	0.9	1.2	0.2
新加坡	4.8	5.6	2.1	2.2	4.0	0.8
日本	1.8	2.6	11.4	1.0	3.3	1.1
加拿大	1.3	1.8	1.3	1.3	1.9	3.8
法国	4.2	2.9	3.8	2.8	6.4	6.0
中国	3.5	0.8	1.6	7.9	5.2	1.5
韩国	0.7	0.6	1.9	0.8	1.7	1.6
意大利	0.7	1.3	1.1	1.3	2.0	0.5
俄罗斯	0.2	0.2	0.2	0.8	0.9	0.6
印度尼西亚	0.1	0.1	0.0	0.2	0.5	0.3
南非	0.2	0.2	0.0	0.1	0.1	0.3
澳大利亚	0.3	0.7	0.2	0.5	0.6	1.0
泰国	0.1	0.1	0.0	0.1	0.8	0.2

资料来源：中国信通院,《数字贸易发展白皮书（2020 年）》,2020 年 12 月。

速器。上海应加快将服务外包与人工智能、大数据、云计算、物联网等数字技术紧密结合,推动制造业与数字经济深入融合,打造制造业整合全球资源的重要突破口。二是开发具有国际影响力的原创内容 IP。挖掘具备优势和潜力的数字内容领域,找准内容蓝海,扶持和激活数字阅读、网络视听、动漫网游等领域的一批原创内容 IP,将其打造升级为长生命周期、具备较强影响力的知名 IP。

3. 增大细分领域的数字贸易创新力度

聚焦细分领域开展数字贸易创新,培育数字创新领跑者。一是加快发展工业品跨境电商。工业品跨境电商是未来跨境电商发展的蓝海。上海应积极参与"丝路电商"建设,打造有影响的工业品跨境电商生态。支持在沪工业品企业与软件服务商合作,打通线上线下系统,建立工业品全产业链业务模式。引入众多上下游产业链供应商,开通电子合同服务、供应链金融服务及物流服务,构建完整的工业品跨境电商生态。二是依托龙头企业试点工业互联网跨境数据业务。工业互联网将设备、工厂、供应商和客户紧密连接,是数字经济时代要素配置的重要形式。建议加快数字服务的行业应用,鼓励数字车间、智能工厂建设,建设一批具有影响力的智能制造协同创新平台。以工业互联网创新中心为核心,试点国际工业互联网数据互通。

4. 积极探索数据跨境自由流动

数据便捷流动是跨境数字贸易的前提,上海应加大先行先试力度。一是以数据跨境流动为突破口,大力推进临港新片区数字贸易开放创新。以自动驾驶、智能制造和工业互联网、数字化服务等领域的数据跨境流动为突破口,以产业数据而非个人数据为重点,推进完善数字贸易配套政策、营造平台企业生态体系、加快数字基础设施建设三大举措,带动国内外数字贸易企业集聚,将临港新片区打造成为亚太地区最具竞争力的数字贸易集群。二是探索打造"一带一路"国际数据合作试验区。上海正在打造服务"一带一路"建设的桥头堡,应抓住数字贸易发展机遇,优先布局建设"一带一路"国际数据合作试验区。建议发展离岸数据中心、国际互联网交换中心等业态,带动发展离岸数据服务外包、互联网创新孵化等关联业态,吸引沿线企业聚集和信息资源汇聚上海。

专栏 5.8　临港新片区数字化建设规划与"信息飞鱼"建设

上海推进城市数字化转型、建设"国际数据港"和数据交易所、推动跨境数据流通创新试点,以及发展新型的数据产业和产业生态,都是围绕着同一个国家战略,也就是以"数据"为新的核心生产要素。

临港新片区的数字化建设规划可以总结为以下三个方面:

一是新片区将围绕数字经济全面发力。比如,以产业数字化为核心,聚焦"信息飞鱼"全球数字经济创新岛,分领域打造10个跨境产业协同创新示范区,汇聚100家跨境数据配套服务企业和重点领域头部企业,打造1 000亿元规模的产业生态体系。

二是探索建设国家数据跨境流动试验示范区,建设以产业集聚、展示交易为一体的跨境便捷交互的国际数据港。开展数据跨境流动安全评估,搭建跨境数据流通公共服务平台,探索制定低风险跨境流动数据目录,确保数据跨境安全可控。在不涉及国家秘密和个人隐私的前提下,探索特定领域数据非本地化存储。

三是将加快推进数字产业化与监管创新,集聚数字创新型企业,推动智能网联汽车、电子商务、金融等领域数据跨境流通。加快信息服务业对外开放,有序放开外商投资增值电信业务领域准入限制,完善云计算等新兴业态外资准入与监管。构建国际互联网数据专用通道、功能型数据中心等新型基础设施,打造全球数据汇聚流转枢纽平台。建设离岸数据中心,支持企业在确保数据安全的情况下,开展相关数据处理活动。

为此,临港新片区做了大量探索与发展工作,而"信息飞鱼"作为整项工作的核心承载区,更是开展了大量支持配合制度创新、支持推动创新试点和引建数据产业生态的工作。

2020年6月,临港新片区"信息飞鱼"全球数字经济创新岛启动建设。其目标,一是建立安全高效的跨境数据流动体系;二是打造信息服务业开放合作的国内外"连接器";三是建设"数字丝路"的国际枢纽口岸。

作为上海"国际数据港"核心承载区的"信息飞鱼",经过一年多的推进建设,已吸引了一批数字经济产业的基础支撑企业,有跨境数科这样的基础功能企业入驻,也有信息安全、基础技术研发企业等,为未来新片区的数字经济产业发展打下坚实基础,为数字经济产业腾飞蓄力。

资料来源:陈烁,《临港新片区发力数字经济产业》,《浦东时报》2021年12月1日。

第 6 章

上海强化开放枢纽门户功能的
重大举措与突破口

上海要把握新发展阶段,贯彻新发展理念,构建新发展格局,围绕更好促进国内国际两个市场、两种资源联动流通,统筹重点突破与系统集成相结合、对内开放与对外开放相促进,着力推动规则、规制、管理、标准等制度型开放,着力强化开放示范窗口、枢纽节点、门户通道作用。

6.1 推动浦东新区打造社会主义现代化建设引领区

6.1.1 率先推进高水平制度型开放

1. 加大现代服务业和先进制造业对外开放力度

一是聚焦信息技术、生物医药、高端装备等关键核心领域,重点推进原创新药与高端医疗装备、精准医疗、大数据及云计算等一批重大产业的跨境研发创新。面向自动驾驶、高端制造、远程教育、医疗等数字化服务等重点领域,加快 5G 网络建设及应用。推动新型智能化计算设施建设,建立人工智能、区块链等技术支撑及应用服务平台,加快打造人机物全面互联的工业互联网,整体提升数字基础设施的技术支撑能力。二是建设"新工科大学"学习工厂,服务本地产业链和创新链。围绕临港新片区产业发展重点,将研究中心或跨学科专业作为学校具体运行的核心载体,直面区域产业链和创新链现实需求,定制化培育工程硕士和工程博士。结合临港新片区产业基础,可率先建设人工智能学习工厂、集成电路学习工厂,开展关键技术合作研发、关键人才联合培养。发挥"顶尖科学家社区"功能,营造"科教产城"融合创新生态群落。依托"世界顶尖科学家"论坛等平台,以具体研究项目为载体,通过项目竞标方式,引进高层次创新型人才或创新团队,共同建设创新平台,促进"新工科大学"发挥区域创新中枢功能,使其成为"人才链—创新链—产业链"融合发展的关键节点。

2.发展更高能级的总部经济

一是借鉴已有的强生、罗氏等跨国公司提升研发中心能级经验,以及班加罗尔

表6.1 张江特色产业园区介绍

园区名称	建设面积(万平方米)	功 能 定 位
张江在线新经济生态园	145	充分发挥张江科学城科创策源优势,打造在线新经济产业首选地、业态创新炉、人才蓄水池
张江人工智能集聚区	6.6	集聚人工智能领域"头牌"企业,集成"产学研用投"五位一体,构筑人工智能产业生态区
张江机器人谷	390	打造工业机器人、智能型服务机器人和医疗机器人为主体的全产业链集群,同时建设关键零部件产业园,夯实核心技术竞争力
张江总部园	159	汇集各类内外资总部企业,结合细胞产业园、创新药产业园、医疗器械园,构建"一心三翼"的创新药产业集群,实现联动发展
张江细胞产业园	150	围绕免疫治疗、干细胞治疗、基因治疗等手段,加强产业基础研究、科技研发并实现量产,进行细胞全产业生态圈建设
张江创新药产业基地	313	承接张江科学城内创新药物科技成果转化及高端制造,实现张江创新药研发成果就地产业化
张江医疗器械园	423	打造具有全球竞争力的高端医疗器械研发制造基地
张江金融数据港	—	依靠张江科学城科技资源及陆家嘴金融资源,强化金融业对张江实体经济的支撑作用,同时建立专业性金融信息服务产业基地

资料来源:根据相关资料整理而得。

提升研发中心能级经验，促进跨国公司、创业公司孵化器和加速器的形成，推动在沪跨国公司研发中心升级，对比国内外城市政策及法律法规，借鉴好的政策制度，完善对跨国公司的系列法律法规。同时注重引入境内民营中小龙头企业、"隐形冠军"企业、"独角兽"企业，培育本土龙头企业，推动本土企业走出去。二是上海需注重创新成果转化及知识产权保护，注重研发平台及"官产学研"整体创新氛围的培育，集聚一批具有超强影响力的创新型企业总部和孵化平台，提升科研人才及高级管理人员跨境流动的便利性及实验试剂等进出境的安全性与便利程度，加强对知识产权的保护力度，汇聚更多的创新型跨国公司与科研机构。三是增强数字技术、数字基础设施、数据安全与治理等在数字型总部企业区位选择中的优势。上海可通过成立数字经济引导基金等加大对大数据管理、处理系统工具方面的研发投入支持，降低对国外开源软件的依赖程度；利用上海在人工智能、大数据等方面优势，重视新兴技术在数据登记、安全评估、安全管理和事中事后监管等环节的应用，提升政府和企业对数据安全的风险识别和管理能力。

专栏 6.1　浦东开展综合性改革试点要强化三个"联动"

强化"双区"联动

要推动海关特殊监管区域与自贸试验区融合发展，按照一线放开、二线安全高效管住的原则，从保税展示、保税销售向保税维修、保税研发、保税生产等重点领域进一步突破。此外，自贸区张江片区集聚了大批高科技企业，要进一步推动保税仓、检验仓"两仓合一"，进一步体现自贸试验区和海关特殊监管区的集约高效。

强化"双自"联动

要把自贸区的制度创新和自主创新示范区联动起来，更好推动创新驱动发展。比如药品上市许可持有人制度、知识产权保护制度等等，下一步还要进一步加快突破,比如海外人才居留工作许可两证合一,探索实践"五票"统筹机制,推动重大产业项目更有效率加快建设。又比如大企业开放创新中心,目前浦东有248家跨国公司的研发中心,如果说这是第一步,那么第二步是成为新中心,第三步就是推动大企业开放创新中心,这将有利于加快形成协同创新的生态。对内一扇窗,让内部项目外部化创新;对外一扇窗,及时捕捉创新动态和成果。目前已有包括罗氏、西门子数字医疗等20家企业的创新中心"加盟",下一步要把创新平台的功能做得更好。

强化"双城"联动

要推动陆家嘴金融城和张江科学城更好联动起来,让金融更好支撑创新产业发展。浦东有长三角资本市场服务基地,并设在离创新最近的地方,推动金融城延伸到科学城。目前浦东有23家科创板上市企业,占科创板上市企业总数的10%,其中9家是集成电路企业,8家是生物医药企业,6家是新材料和智能制造企业。此外,长三角区域也有111家企业成功登陆科创板,占48%,许多企业都接受了长三角资本市场服务基地的辅导、培育、路演、投资等,下一步要更好发挥服务基地的作用,助力更多"硬核科技"企业发展壮大。

资料来源:谈燕、王海燕,《支持浦东探索开展综合性改革试点写入计划报告! 杭迎伟代表:重大利好》,上观新闻,2021年3月7日。

6.1.2 充分利用国内国际资源做强创新引擎

1. 依托长三角一体化构建"双循环"创新中心的坚实支撑

长三角作为中国现代化水平最高的地区之一,有条件在构建国内国际双循环新格局中走在全国前列,发挥战略性示范引领作用。上海应立足中国超大经济体腹地,充分发挥长三角一体化的龙头作用,协同长三角其他地区为构建国内国际双循环格局提供强大支撑。依托长三角协同打造全球产业高地。在拥有技术优势的领域加快向长三角区域内技术溢出,共同推进长三角制造业迈向全球价值链中高端,建设世界一流的先进制造业集群。比如,延伸机器人、集成电路产业链,全面启动长三角面向物联网领域的"感存算一体化"超级中试中心建设,打造世界级物联网产业高地和集聚地。探索建立长三角地区集成电路行业协会,引导跨区域行业资源整合,构建产业链生态体系。全力打造国内最完备、技术最先进、最具竞争力的集成电路产业体系。共同打造新一代人工智能产业集聚发展基地。支持龙头企业联合中科大、上海交大、南京大学、浙江大学等相关高校,在区内设立长三角人工智能研究院,形成产学研创新网络体系。推动实施人工智能超算中心等重大项目,开放仪器设备与研究基地,共享科学数据和科技文献构建人工智能行业应用标准体系,推动设立长三角人工智能场景综合应用与推广示范区。推进人工智能语音、图像识别等智能技术及产品在医疗领域的应用,建设人工智能医学实验室和长三角智慧医疗大数据平台。推广人工智能技术在安防、教育、政务、金融、制造、司法、广电等领域的示范应用。

2. 加大国际创新人才引进的政策力度

打造全球协同创新体系离不开人才的贡献,高端技术人才是产业发展升级的重要保障。一是在政策方面需要积极对标深圳等城市,在全球化受阻、贸易摩擦频发的情况之下,外籍人才吸引难度逐步增加,通过对境外(含港澳台)高端人才和紧缺人才在大湾区工作进行个税补贴等方式不断提升对外籍人才来华工作的吸引力。二是不断丰富针对全球顶尖人才的评估机制和特殊人才的认定、引进机制,提升全球人才的满意度和获得感。外籍人士的"单一窗口"办证范围目前还有各种局限,需要联合外事、商务、工商、文化、教育、检验检疫等部门实现信息共享,同时进一步优化全球人才的引进流程,如外籍人士的居住、入境、居留手续、科研启动资金申请等。三是加大引进国际创新人才的补贴力度,对高端人才和紧缺人才给予个税补贴。借鉴粤港澳大湾区吸引人才的做法,按内地与香港个人所得税税负差额,对在临港新片区工作的境外(含港澳台)高端人才和紧缺人才给予补贴,并争取国家支持,对补贴免征个人所得税。四是创新对海外高层次人才的服务管理模式,完善与全球人才评估认定相关的政策规定,制定全球顶尖人才引进标准,开辟遴选评价"绿色通道",适当简化学历证明、雇主证明等要求。

6.2 更好发挥上海自贸试验区和临港新片区试验田作用

作为中国最早设立的自贸试验区,上海自贸试验区是国家自贸试验区战略的领头雁和风向标。上海自贸试验区自建设以来,通过不断的改革创新为全国其他自贸试验区及省市提供了大量可参考的范本,其中260余项制度创新成果已经在全国范围内得到有效推广,"单一窗口"、"证照分离"改革、自由贸易账户和负面清单制度建设也在全国范围内掀起改革浪潮。设立临港新片区不止于打造国内"改革试验田",而更着重于建设"特殊功能区",因此首先要明晰上海自贸试验区和临港新片区的功能定位,从而更加有针对性地加以推进。

表 6.2　上海自贸试验区和临港新片区的功能定位

	功　能　定　位
上海自贸试验区	(1) 以货物自由贸易为支点,提升企业在国际市场竞争力; (2) 提高贸易和投资便利化水平,探索负面清单措施和准入前国民待遇; (3) 促进金融行业改革,提升金融服务能力; (4) 加快政府职能转变的试验田,积极探索与国际高标准投资、贸易规则体系相适应的行政管理配套措施
临港新片区	(1) 汇集海内外人才开展国际协同创新; (2) 统筹在岸、离岸业务,深化金融领域合作与开发,支持跨境电商及离岸贸易等新兴外贸业态; (3) 联动长三角经济区,推进产业发展、科技创新、金融服务一体化; (4) 充分利用两个市场两种资源,成为参与国际经济治理的试验田; (5) 有针对性进行制度创新,探索以自由化为核心的制度体系

资料来源:根据相关资料整理而得。

截至 2020 年 6 月,上海自贸试验区累计新设外资企业达 12 000 户,占浦东新区内新设外资企业的 77%。2019 年上海自贸试验区进出口总值达 1.48 万亿元,占全上海的 43.6%。对标国际顶级自由贸易园区,上海自贸试验区在"十四五"建设期间继续聚焦强化"四大功能",着力于打造投资贸易自由、规则开放透明、监管公平高效、营商环境优越的国际一流自由贸易园区。

6.2.1　持续推进上海自贸试验区改革创新

上海自贸试验区应在电信、教育、医疗、文化等领域加大开放力度,并加大重点细分行业和领域的压力测试。在进一步提高贸易便利化水平的同时,不断创新海关监管模式,推动企业研发用生物制品等特殊物品的通关便利化,加快形成全球化、高能级的创新创业生态圈。

1. 加大服务业开放力度

伴随制造业和服务业融合趋势日益增强,服务业对提升服务经济质量愈发重要。为此,应重点开放并发展以下领域:一是金融服务。重点构建金融科技生态圈,推动大数据、云计算、区块链等技术在金融领域的应用,同时进一步提高 FT 账户在风险可控前提下使用的自由度,并扩大再保险市场开放,积极发展供应链金融,探索开展离岸金融。二是医疗服务。重点推进医疗健康领域对外开放,逐步放宽外资医疗机构准入限制,并简化外资及合资办医审批程序,引进国际医疗服务标准和模式,更好地满足国内日益增长的高端优质医疗需求。三是商务服务。加快发展管理咨询和会计、法律、广告等商务服务,支持本土企业扩大跨境服务,培育一批具有全球影响力的商务服务品牌,同时逐步放宽外资机构的准入限制,并对标国际上先进的管理经验,加快形成商务服务行业的标准化体系。四是教育服务。重点放宽教育领域境外机构准入限制,试点引进国外一流大学在区内设立分校,实施备案制,同时建立和完善跨境教育的质量保证体系和学历学位的认证、认可制度,并加强对远程视频课程的内容审查。

2. 重视保税服务

保税服务有助于缓解贸易壁垒冲击,降低企业成本。未来需要在进一步深化保税服务监管创新的基础上,构建以供应链管理为核心,保税研发、融资租赁、保税展示、保税维修等多业态协同发展的格局。为此,未来在保税服务方面应重点发展以下领域:一是保税研发。重点推动以生物医药、集成电路、人工智能等为核心的离岸研发基地建设,将全产业链保税适用范围从集成电路扩展到生物医药等,推动国家级产业创新中心、新型研发机构等进驻综合保税区。二是保税融资租赁。重点发展飞机、船舶、大型海工设备等高端装备融资租赁业务，并推动保税融资租赁与厂商租赁、项目融资租赁、结构式参与租赁等新型模式相结合。三是保税维修和高端再制造。重点发展航空、船舶、核电等保税维修业务，鼓励以关键件再制造龙头生产企业为中心，形成涵盖旧件回收、关键件配套及整机再制造的产业链，打造全球一站式保税维修和再制造基地。

3. 创新海关监管模式

瞄准价值链高端领域、产业链核心环节推动产业高质量发展，创新海关监管模式。结合上海自贸试验区升级版建设，由海关对进出口实验用材料实施风险分类的目录清单管理，对于高频微量的研发用品探索实行额度总量控制和单耗比例管理，对研发企业探索试行"白名单＋告知承诺＋属地延伸"管理。促进生物医药研发实验用物质进出口便利化，由海关对进出口实验用材料等进行分类编码，一一对应。对于在国外实验室培养繁育、经过特定生物工程改造的商业化细胞株产品，降低其风险等级，免风险评估，延长其审批有效期，并可以分批核销。针对研发企业的通关需求采取监管便捷方式，加强通关"绿色通道"建设，将针对领军企业的优惠政策拓展覆盖到整个生物医药行业，促进行业整体进步。可借鉴外高桥药明康德监管模式，实行保税直通式机制，提高通关效率。鼓励符合资质要求的企业在区内开设研发分支机构和嵌入式保税实验室。争取将进口科研设备减免税的享受范围从市级科研机构加以扩展，探索减免税的科研设备开放共享模式。

4. 建设跨境创新孵化平台

在创新日益全球化的趋势下，政府的边境和边境内监管措施如何适应创新要素频繁跨境流动的需求，已经成为当前面临的严峻挑战。为应对这一挑战，上海自贸试验区必须从跨境创新孵化平台建设等角度，进一步深化改革创新。

一是进一步引进国际知名孵化器、孵化团队和企业创新孵化中心，支持跨国公司建立企业内部孵化器，鼓励跨国联合孵化器发展，倡导投资公司与基金公司整合资源设立孵化器。发挥国际品牌孵化器的示范作用，打造开放共享的创新创业生态圈。推动国内领军企业和机构"走出去"创新创业,设立海外创业联络服务站,支持行业领军企业和著名孵化器"走出去"创办海外孵化基地,鼓励国内企业去海外设立跨境研发中心。促进多种经济成分相互融合创新创业,支持国资开发公司探索以共建合作园、互设分基地、成立联合创投基金等多种方式,深化国际化创新创业合作。

二是探索海外人才离岸创业托管机制。探索与"基地注册、离岸经营"相配套的"离岸注册"创新。企业工商登记可在网上填报申请信息,委托托管方进行办理。允许离岸创新创业基地集中注册企业,建议由离岸基地第三方机构背书实行离岸基地各分基地的集中注册,允许注册地与经营地分离。落实与享有国民待遇相配套的外籍人才创办科技型内资企业试点。外籍高层次人才设立科技型内资企业,其注册资本、出资方式等与中国籍公民同等待遇,不按外资企业规定进行管理,并在税收、资金扶持、社会保障、外汇、知识产权保护、上市审批等方面全面落实国民待遇。

5. 持续优化法制环境与营商环境

依托上海自贸试验区制度开放优势,加快政府职能转变,通过对标 CPTPP、USMCA 等国际高水平经贸协定,大胆探索贸易自由化的开放措施,对于转口贸易、数字贸易、离岸金融等领域进行重点研究,探索投资、运输、人才、数据自由流动体系。同时,加大在知识产权保护、环境保护、竞争中性等领域的压力测试,尽快形成相应制度和规则。在营商环境建设方面,除去进一步放宽外资持股比例,进一步缩减负面清单并在可行范围内实现内资、外资国民待遇以外,更加需要注重诚信政府及争端解决机构的搭建,为区内企业提供国际化、"一站式"法律服务,解决企业参与调解、仲裁、诉讼的后顾之忧。

专栏 6.2　上海自贸区服务长江经济带高质量发展路径探索

(1) 打通多式联运瓶颈,畅通黄金水道物流大循环。

促进国内大循环,需要物流体系的提质升级,多式联运就是重要的升级手段。上海自贸试验区要发挥龙头作用,协调推动相关部门打通多式联运大循环的痛点、堵点,加快长江多式联运的标准规范统一、数据接口统一、服务模式统一,优化长江物流公共信息平台和国际贸易"单一窗口"功能。完善长江沿线港口和其他内河集装箱港口启运港退税、保税物流等政策措施,探索区块链在多式联运单据创新中的应用,建设长江经济带船舶水污染物联合监管与服务信息系统,提升口岸通关便利化水平。

(2)深化产业分工协作,构建具有战略性和全局性的产业链循环体系。

推进产业基础高级化、产业链现代化、产业组织集群化,解决关键技术"卡脖子"问题,维护产业链的安全稳定,瞄准下一轮新兴科技产业的竞争,打造与新兴科技产业相兼容的新制度供给体系,培育战略性新兴产业世界级产业集群,以上海自贸试验区为价值链中心,在长江经济带构建更加开放、更有深度和更加可控的国内区域价值链。集成电路、人工智能、新能源汽车、生物医药等领域是引领未来的产业。

(3)加大金融创新开放力度,促进金融与实体经济良性循环。

上海自贸试验区在金融开放领域是我国的前沿阵地,未来要抓住上海建设国际金融中心的重大机遇,试行更加开放、更加便利、更加自由的金融政策,加快人民币国际化进程。为了更好服务长江经济带实体经济发展和投资贸易便利化,上海自贸试验区依靠贸易融资资产跨境转让业务、外债便利化额度试点,可为长江经济带高科技企业拓宽融资渠道,满足企业境内外、离在岸、本外币多种融资方式相结合的融资需求。

(4)放大科技创新外溢效应,激活生产要素市场化循环。

充分发挥上海自贸试验区与张江国家自主创新示范区"双自联动"优势,通过共建重大科学基础设施、共推前沿领域大科学计划,联合打造科技创新产业基地、技术研发和转化平台、技术转化交易联盟、新兴产业合作项目等方式,提升区域协同创新能力。建立长江经济带高层次的要素交易的统一市场,利用市场手段开展环境要素有偿使用、土地要素总量控制和技术要素共享服务,建立排污权、碳排放权、水权、用能权和数据等要素的交易体系,有效促进各类创新创业要素的流通与交易。

（5）对标国际高水平贸易投资规则,促进保障国内国际双循环。

上海自贸试验区要实施具有较强国际市场竞争力的开放政策和制度,目标应该对标国际高水平贸易投资规则,以制度型开放加强规则对接,建成具有较强国际市场影响力和竞争力的特殊经济功能区。比如,可通过探索跨境服务贸易负面清单,探索对跨境交付、境外消费、自然人流动三种服务提供方式扩大开放的途径和举措。研究破解数据知识产权司法保护难题,加大对数据的司法保护力度,对自贸试验区建立数据安全管理机制、开展数据跨境流动试点司法保障等。

资料来源:韩剑,《新发展格局下上海自贸区的定位与担当》,《人民论坛》2020 年第 27 期。

6.2.2　聚焦"五个重要"深化临港新片区制度创新

制度创新是开放枢纽门户功能的关键支撑。习近平总书记对临港新片区提出"五个重要"重大指示,即要成为集聚海内外人才开展国际创新协同的重要基地、统筹发展在岸业务和离岸业务的重要枢纽、企业走出去发展壮大的重要跳板、更好利用两个市场两种资源的重要通道、参与国际经济治理的重要试验田,上海应以临港新片区建设为引领,聚焦"五个重要",深化制度创新。

1. 大胆推进高水平国际经贸规则压力测试

对标 CPTPP 开展制度创新,有利于在更高层次接轨国际经贸规则,以制度型开放助推国际大循环。建议根据 CPTPP 条款接受难易度,在临港新片区循序渐进推进改革试验。

一是提高电信、金融、环境等服务部门和商务人员临时入境的开放承诺。服务业开放是未来扩大开放的重点,临港新片区在这方面应对标 CPTPP,加大压力测试力度。比如,在金融服务领域,允许境外主体跨境提供保险服务、投资组合管理、中介及附属金融服务、金融数据和信息流动等服务。在跨境电商、跨国法律服务等领

专栏 6.3   在 RCEP 与 CPTPP 协定下加快中国服务业开放

RCEP 是我国现存已签订的水平最高的区域性贸易协定,符合我国国际谈判层面对于服务业开放的最新立场。而 CPTPP 作为全球最高标准经贸协定,一定程度上代表着目前国际层面服务业开放的最高标准。两大协议服务贸易条款差距主要体现在三个方面。首先,RCEP 中政策透明度低、监管及争端解决机制不完备;而 CPTPP 中对于政策透明度要求更加明确,鼓励成员国最大层面实现服务贸易市场化,同时积极促成缔约国内部争端解决委员会的形成,以加速区内争端解决。其次,RCEP 更注重政府在整个服务业发展的引领和把控作用,而 CPTPP 旨在弱化政府管制,对服务业实行尽可能充分的市场化。最后,RCEP 在确保数据不"流失"的基础之上倾向于低程度的数据跨境,跨境数据流动自由度偏低。而 CPTPP 则倾向于扩大数据流动,以及实现数据商用。

基于以上主要差异,对应提出四个我国服务业开放具体应对举措。首先,我国服务业开放政策法规应"批次性"增大透明度,用以帮助市场形成正确预期,为企业传递良性讯号。其次,尽快引入国际认可的争端解决机构,或加速建立缔约国内部监管合作机构或委员会,为缔约国间裁决成果的公正性提供支持,加大缔约国企业投资信心。再次,加速推进服务业行业市场化,降低政府参与程度。避免由于服务业市场化程度不足影响外资企业入驻以及我国企业"走出去"。最后,进一步放开数据跨境流动管制,避免采取"一刀切"。可以通过对我国数据采取更加详细和针对性的分级措施,如机密数据、商业用户数据、商业运营数据等,对跨境数据出入境提供级别性、阶梯性开放。

资料来源:王思语、张开翼,《在 RCEP 与 CPTPP 协定下加快中国服务业开放》,《国际商报》2021 年 8 月 18 日。

域优化对非商业存在提供服务的管理限制。探索实施商务人士短期入境许可制度,优化商务人士临时入境申请程序,无需政府盖章,凭企业邀请函全程网上办理,

入境时给予 30 日的口岸签证。二是深入开展边境后规则的改革试验。当前高水平国际经贸规则日益从准入环节的开放向边境后规则延伸。临港新片区应聚焦知识产权、竞争规则、政府采购等核心议题大胆先行先试。比如,在临港新片区试点实行版权权利管理信息保护制度,合理界定版权权利管理信息认定、侵权行为处罚以及相关保护措施,保障著作权人有关电子作品的权利管理信息不被去除或更改。又如,探索允许境外企业参与政府采购,选择部分领域试点允许境外主体参与全部或部分政府采购指标,针对准入资格、货物和服务的采购内容、质量要求、售后服务、绩效评估等,制定相应制度。

2. 制定合理的离岸业务制度安排

临港新片区要加快发展离岸业务,立足中国国情和发展实际,选择最为恰当的离岸业务发展模式,把强化风险防范放在突出位置,努力改进和优化监管措施,配套较为完善的法律法规,营造自由开放和宽松便利的市场环境。在金融管制上,主要体现为一定程度上对外汇管制的放松,此外还包括减免存款准备金和存款保险、推进利率市场化和放松信用管制等。在账户设计上,借鉴国际先进做法,结合自身实际制定有针对性的支持政策,为发展离岸业务营造良好环境。建立高效严密的风险监管制度,主要涉及市场准入监管、日常经营监管及退出机制和风险救助等方面。

3. 进一步健全数字贸易配套政策和支持体系

一是加强各部门监管协同联动。重点破解多头监管难题,强化临港新片区管委会、网信、工信、商务、市场监管、海关等主管部门的沟通协调,明确主体责任,强化各监管机构之间统筹协调,补齐监管短板,有效防控风险。针对数字贸易创新业务推进中面临的政策难点,建立政策衔接协调机制,推动促进临港新片区数字贸易发展政策的系统集成。二是完善数字贸易版权保护机制。推动临港新片区版权交易机制创新,如数字化版权交易合同、著作权信息查询系统、版权交易管理模型、版权价值评估、版权质押及版权投融资制度建设等。在临港新片区率先建设版权贸易平台,使版权交易更加规范便捷。在保护数字知识产权等方面加快探索和国际通行规则接轨的数字贸易监管举措,加快搭建数字知识产权海外维权渠道和争议解决机制。三是抓紧研究数据确权和交易问题。建议临港新片区在数据生成、确权定价、流通交易、安全保护等方面加强研究,探索建立数据要素高效配置规则体系,加强个人信息保护和数据安全管理。引导培育大数据交易市场,依法合规开展数据交易,支持条件成熟的机构建设大数据交易中心。探索数字资产证券化,争取国家支持在临港新片区建立数字资产交易所。

6.2.3 培育壮大前沿产业集群和新兴业态

上海自贸试验区及临港新片区要重点发展集成电路、生物医药、人工智能、新能源汽车和智能网联汽车、高端装备产业。以上产业的发展重点见表6.3。

表 6.3 上海自贸试验区及临港新片区产业发展重点

产 业	发 展 重 点
集成电路产业	聚焦芯片设计和制造,致力于形成自主芯片开发、升级和应用的核心能力,打造国内技术水平最高、产业链最完整、综合实力最强的集成电路产业制造基地
生物医药产业	重点发展治疗性抗体及重组蛋白药物等生物技术药物、新型化学药物制剂和现代中药,推进新技术、新材料、新剂型在新药研发与生产中的应用
人工智能产业	建设满足深度学习等智能计算需求的新型计算集群共享平台、云端智能分析处理服务平台、面向前沿的类脑研究基础服务平台,重点研制面向人工智能应用优化的处理器、智能传感器等重要器件,进一步推广智能家居、智能汽车、智能无人系统、智能安防、智慧健康等典型智能应用系统
新能源汽车和智能网联汽车产业	注重加强纯电动、插电式混合动力汽车的关键材料和零部件的研发制造,突破动力电池、驱动电机及控制系统等关键零部件技术;聚焦突破无人驾驶、车载信息终端、汽车进程服务、人机交互系统等各项车联网关键技术,建立完善的智能网联汽车标准、自主研发、检测认证、示范应用与生产配套等体系
高端装备产业	围绕未来机器人"人机共融"发展方向,同步研发工业机器人和服务机器人;突破 CJ-1000A 商用航空发动机研制关键技术,推进机载设备及系统研制,构建关键零部件、航空材料配套体系;重点发展深海深潜、深测、深探与深海资源开发利用等前沿型装备

资料来源:根据相关资料整理而得。

临港新片区高端制造基础雄厚,应以头部企业为核心,快速导入全球高端创新资源和配套供应链网络,在短期内形成富有活力的"热带雨林"创新生态系统,带动中国经济高质量发展和产业迭代升级。

1. 大力推动高端制造业制度创新

一是推动集成电路产业税收制度优化,依托主分区制度优化集成电路保税试点,分区内享受和保税区主区内同等政策,通过信息化手段建立电子信息围网,实现主分区之间货物便捷的保税流转。

二是拓宽人工智能发展所需数据渠道和应用场景。推进数据开放和交易,探索建立数据市场交易标准体系,开展标准验证和应用试点示范,在重点行业推进大数据采集、管理、共享、交易等标准规范的制定实施。挖掘和开放更多 AI 应用场景,挖掘人工智能深度应用场景。以重点领域为突破口,加快建设人工智能创新应用示范工程,形成一批完整行业解决方案和成功案例,打造若干人工智能创新应用示范区。

三是提高生物医药创新转化效率。在生物医药产业基地建立创新公共服务平台,鼓励发展集中制造平台,特别是强化创新中试、产业化等后道创新环节的扶持,降低企业产业化的成本与风险。积极争取国家支持,推动创新药物临床实验审评改革。

四是率先制定智能网联汽车无人驾驶创新发展的法规,在基础条件完备后,适时在临港新片区部分区域允许开放道路实地测试。鼓励临港新片区内相关龙头企业带头制定产业标准,如在车联网、智能驾驶、试验方法、试验设备等方面率先形成标准体系。

五是破除高端制造业发展的制约,在临港新片区实行吸引人才的特殊政策,破解困扰人才的子女教育、医疗、买房等实际困扰,增强对高端人才的吸引力。

2. 不断深化生物医药产业链跨境合作关键环节改革

一是完善监管机制,探索关键领域制度创新。针对在临港新片区生物医药研发机构所需的小剂量研发用货物,试点设立绿色通道,免去进口所需前置审批环节。借鉴国外监管经验，对研发用物品和上市药品实行分类监管，考虑到生物医药进口研发材料品种繁杂，对于部分没办法具体列明 HS 编码的，研究编制生物医药研发用货物海关编码，将生物医药企业研发用小剂量进口货物纳入 HS 编码，如建立通用型 HS 编码。在临港新片区设立国家药品医疗器械审评中心长三角分中心，下放生物医药及医疗器械各类市级、区级审批权限，在临港新片区先行先试。

二是增强制度创新力度，支持前沿技术发展。允许国外已批准使用、国内尚未上市的临床急需药品或医疗器械在临港新片区内医疗机构定点使用。在安全可控的前提下，在临港新片区试点允许外资投资人体干细胞、基因诊断与治疗技术开发和应用。

三是扩大生物医药研发合同外包服务研发保税试点。借鉴外高桥保税区药明康德生物医药保税监管模式，对临港新片区生物医药企业用于研发的进口材料、耗材及仪器设备给予保税，并根据行业特点对材料损耗按比例核定。同时，进一步研究试点放宽服务外包保税监管模式适用范围，将保税监管模式适用范围从外商免费提供的进口设备，扩大至临港新片区生物医药服务外包企业为完成外包项目通过一般贸易进口的仪器设备。对承接国际服务外包业务所需样机、样本等实施分类管理，简化审批程序。

3. 着力打造全球保税维修和再制造高地

高端再制造作为高附加值的新兴产业，已经成为全球新产业革命的必争之地。与发达国家相比，中国再制造产业起步较晚，且面临诸多障碍。上海应依托自贸试验区，大胆突破制度瓶颈，打造全球高端再制造高地。

一是对再制造原料与产品进出口实行"一线放开"。根据现行《机电产品进口管理办法》，国家禁止进口旧机电产品和再制造产品。建议争取国家层面调整现行贸易管制法规，将旧机电产品归入限制类进口货物及物品"固体废料"项下，实施"一线"进出备案申报和许可证管理。最大程度简化再制造毛坯件等原材料和产品进出口申报手续，实现再制造原料与成品自由进出。二是放宽再制造产业市场准入。目前"再制造"不在国民经济行业分类目录范围内①,再制造企业登记注册和经营许可审批面临障碍。建议在上海自贸试验区特定区域内,企业可自由开展投资准入范围内的加工、制造、组装、维修、检测、展示、交易等业务。除涉及国家安全、公共安全、生态安全、文化安全等重大公共利益的情况外,最大限度取消生产经营许可证或改为备案、告知承诺等管理方式,为再制造产业发展提供自由、便利的市场准入条件。三是实施有利于再制造产业发展的税收制度。目前大部分再制造企业在回收旧件时无法取得发票,销售再制造产品时则需开具增值税发票,导致税收抵扣链条不完整,存在税收监管障碍。建议改革再制造企业增值税发票制度,支持企业以回收旧件的其他支付凭证或海关对回收旧件的审价单代替增值税发票,作为销售产品凭证和增值税收抵扣依据。

4. 注重新型服务业态的高端引领功能

随着上海自贸试验区及临港新片区高端制造业加快发展,将衍生出日益增多的高端服务需求,应针对于此加强前瞻布局。

一是发展工业设计和工程设计服务。重点围绕面向制造业、交通运输业等行业大型工业装备产品的工业设计需求,发展高端制造产品的工业设计服务,促进工业设计服务与工业产品融合发展,向高端综合设计服务转变。结合新一代信息技术,发展面向制造业的定制软件研发、嵌入式软件研发和系统软件研发等业务,不断创新服务模式。重点面向建筑业、交通运输业等行业,发展工程咨询和规划设计业务,提高工程技术创新能力。加快推进技术革新与工程设计服务的融合发展,提高全链条、一站式技术服务能力。

二是将产业发展同数字经济发展趋势相结合。探索建立开放与防风险并重的跨境数据流动监管制度。建立跨境数据审查机制,实行数据分类分层监管,运用大数据、区块链、人工智能技术对跨境数据流动进行实时风险评估和梯度管理。采用信息化技术建立自动化监管流程,并为企业跨境活动提供必要的技术解决方案指导。加

---

① 国家统计局发布的《战略性新兴产业分类(2018)》将机床再制造、办公设备再制造、工程机械再制造、汽车零部件再制造归到城乡生活垃圾及农林废弃资源利用设备制造分类中。

大数字基础设施建设和政策扶持力度。探索建设临港新片区至国际通信出入口局的国际互联网数据专用通道,优化临港新片区的网络架构,加快5G网络规模化试点和应用示范,在规划衔接、项目备案、工程施工等方面加大扶持力度,加快5G基建建设,以智慧医疗等应用领域为突破口先行先试,推进5G与相关行业融合发展。

三是加快培育和吸引数字市场主体,适当放宽外资进入电信领域的股比限制,对数字贸易重点企业的研发投入、IP开发和运营、海外市场开拓等给予资金支持,设立上海数字贸易创新发展基金,允许企业以资金补贴为担保获取银行贷款等。

专栏6.4 《数据安全法》解读

《数据安全法》全文共七章五十五条,分别从数据安全与发展、数据安全制度、数据安全保护义务、政务数据安全与开放的角度对数据安全保护的义务和相应法律责任进行规定。

《数据安全法》作为数据安全领域最高位阶的专门法,与2017年6月1日起施行的《网络安全法》一起补充了《国家安全法》框架下的安全治理法律体系,更全面地保障了国家安全在各行业、各领域保障的有法可依。

《网络安全法》第21条首次提出了数据分类分级保护制度,《数据安全法》进一步明确了相关部门在分类分级保护和重要数据保护中的职能。《数据安全法》原则性规定了数据分类分级的依据为在经济社会发展中的重要程度和遭到篡改、泄露等情形时的危害程度。由于不同行业、不同地区数据分类分级的具体规则和考虑因素差异巨大,《数据安全法》将重要数据具体目录和具体分类分级保护制度的制定权限下放到行业主管部门和各地区国家机关,充分平衡了法律规定的普适性和灵活性。

《数据安全法》明确了开展数据处理活动的市场参与者应当建立完善的数据安全管理制度,进行安全教育培训、风险监测和报告,采用技术手段落实内部制度的规定。因此,数据安全合规制度的建设已成为企业应当履行的法律义务。《数据安全法》延续《网络安全法》的规定,对重要数据提出更高的数据保护要求,具体的法律义务包括明确数据安全负责人和管理机构、开展风险评估并报送报告、符合数据出境安全管理要求等。就风险评估本身而言,关于评估的具体主体、报告报送的对象、评估的频率有待后续立法进一步明确。

在数据安全保障的大前提下,《数据安全法》明确了政务数据以公开为原则、不公开为例外的基本理念。在政务数据的互联互通方面,基于实践中普遍存在的政务数据“不愿开放、不敢开放、不会开放”孤岛,《数据安全法》要求在国家层面建立政务数据开放平台,并通过政务数据开放目录的形式应对政务数据领域数据资源碎片化、政务发展不均衡、政务协同缺乏互信基础等现实问题。

资料来源:仵姣姣,《中国信通院仵姣姣:〈数据安全法〉亮点解读》,中国信通院 CAICT,2021 年 6 月 11 日。

6.3　推进虹桥国际开放枢纽建设

6.3.1　进一步提升中国国际进口博览会全球影响力和辐射能级

2020 年第三届中国国际进口博览会成功举办,吸引 124 个国家及地区企业参展。此届进博会共设置六大展区,其中展示的新产品、新技术、新服务共有 411 项,累计成交额 726.2 亿美元,相较上届增长 2.1%。上海要抓住进博会重大契机,加强与上海建设“五个中心”、打响“四大品牌”的紧密联动,持续放大进博会的溢出带动效应,尤其是引进更多全球高端要素和优质资源,打造联动长三角、服务全国、辐射亚太的进口商品集散地,进一步推动上海国际贸易中心和国际消费城市建设,强化招商引资和科技创新合作,推动上海高水平开放高质量发展迈上新台阶。

1.聚焦保税展示交易

一是积极拓展保税展示交易常态化模式,放大“6＋365”平台效应。一方面,积极开展保税展示交易零售业务常态化试点,在经营主体、模式及税收政策上进行突破,以提升保税展示交易发展水平。当前开展保税展示交易的企业必须是注册在海关特殊监管区域内的企业,建议可以允许区外企业直接经营,采取"前店后库"模式,以降低成本。在企业自愿的前提下,以销售价格为完税价格征收关税、增值税、消费税等进口环节税,同时设立税收担保基金,由相关金融机构操作,为保税展示交易货物进行担保。另一方面,建设好"6+365"一站式交易服务平台。在虹桥地区加快常年保税展示交易平台建设,加快推进虹桥进口商品保税展示交易中心二期建设,推动保税物流中心(B型)尽快落地,做强进口商品保税展示交易功能,进一步提高便利化程度,打造长三角进口商品展示中心和"上海购物"新地标。通过为进口商提供一站式进口商品交易服务,促进进口商与"6+365"一站式交易服务平台开展进口服务、实体交易、贸易仓储、物流、展销场馆等全渠道环节的合作对接。比如,鼓励绿地全球商品贸易港等平台为进口商品交易提供一站式服务。支持"保税展示,完税销售"的发展模式,增强国际消费品集聚和辐射功能,为国内外企业和机构提供政策指引、企业注册、供应链金融等进口全流程服务。除此之外,也可促进线上线下相互融合,发挥跨境进口电商联盟、大型零售商联盟、综合贸易服务商联盟和展示展销服务联盟的作用,做实做强展示、撮合、交易、支付、通关等服务功能。

二是借助进博会进一步强化联动长三角、服务全国、辐射亚太的进口商品集散地功能。第一,做优做强进口商品平台,推动宝玉石、高端生鲜农产品及食品、智能及高端装备等专业领域快速形成进口集聚新优势。做优做强已有的机床、汽车、酒类等专业贸易平台,进口商品直销中心和贸易综合性平台。第二,提升进口企业竞争力,培育本土大型进口企业,支持大型零售企业拓展全球直接采购业务,鼓励跨国公司开展面向中国和亚太市场的集散分拨业务。第三,强化口岸进口综合服务。优化口岸营商环境,深化"单一窗口"建设,打造"一站式"贸易服务平台,促进进口提时效、降成本,推动上海成为中国进口规模最大、运作最畅、服务最优的地区。

三是依托进博会探索发展离岸贸易。进博会吸引了大量境外采购商参加,这为上海依托进博会构建全球贸易协作平台、加快发展离岸贸易提供了重要机遇。建议逐步提升境外采购商比重,使进博会从中国进口商品平台逐步转变为周边乃至亚太地区进口全球商品的平台,在此基础上构建高效的离岸贸易运作模式,从而弥补上海国际贸易中心的一大短板,极大提升全球贸易枢纽功能。在推进中争取外汇、税务、海关等监管部门的大力支持,选择符合条件的企业进行试点,探索实施高效便利的监管流程,尤其是适应跨国贸易主体货物流、资金流、订单流"三流分离"的要求,建立离岸贸易商"白名单"制度,探索实施无关单资金收付便利化措施,大幅提高离岸贸易的运作效率。

四是以进博会为龙头集聚一批重大会展活动,将每年 10 月下旬至 11 月中旬定为"上海会展月",以进博会为核心集聚其他会展活动,放大国际会展集群优势。利用进博会期间大量国际企业家来沪机会,吸引相关 500 强企业董事会于进博会前后在沪举行,使"上海会展月"成为知名的城市名片。同时,促进进博会与其他时段展会联动发展,和中国国际工业博览会、中国(上海)国际技术进出口交易会等展会相互呼应,提升上海国际会展之都的影响力。

2. 扩大高品质个性化消费品供给

一是顺应消费升级需求,引进更多海外优质消费品。在优化优质消费品进口流程方面,目前化妆品、婴幼儿配方奶粉、特殊食品(包括保健食品、特殊医学用途配方食品等)的首次进口许可注册备案审批时间长,花费成本高。针对参展商品中消费者喜闻乐见、在国外反映良好、监管方式成熟的保健品、化妆品、乳制品等商品,在办理相应进口许可注册备案审批的过程中,允许先行小批量引入虹桥进口商品展示交易中心等场所开展保税展示及小规模试销,降低其进入中国市场的费用及时间成本。

二是抓住进博会契机提升国际新锐消费风尚引领度。加快推进全球新品首发地建设,可以借鉴巴黎将时尚新品引入巴黎时装周等活动的做法,鼓励有国际影响力的高端知名品牌、设计师品牌、高级定制品牌等在进博会首发新品,鼓励在上海地标性建筑或人气商场设立"新品首发地",开设新品发布平台和首店、旗舰店。不仅如此,还要加快新兴品牌和时尚潮牌导入速度,鼓励本土商业企业通过进博会加强与国际商业企业合作,获取国际高端消费品买断经营权和总经销、总代理权,扩大上海在国际新兴品牌、小众品牌、时尚潮牌导入中的话语权和国内经营渠道优势,实现上海进口商品从品牌集聚优势向品类优势、价格优势、首发优势转化。

三是充分发挥会展与商旅文娱的联动效应。整合上海旅游娱乐资源,满足进博会商务客源的需求。发挥上海特色,整合旅游观光资源和博物馆、剧院等文化资源,打造多元化组合商旅路线,放大进博会溢出效应。借力进博会带动零售餐饮等行业发展,挖掘来沪消费者的需求,实现旅游、零售、餐饮等各类服务联动发展,打造全球优质商品云集、消费环境舒适的世界级商圈,并利用进博会加强文化创意产业合作。比如,争取与联合国南南合作办公室联合举办南方国家创意产业博览会,吸引联合国创意产业知识产权中心进驻等。

3. 大力开展精准招商和科创合作

一是抓住进博会机遇开展精准招商和产业链招商。加强进博会数据的精准分析,重点针对需求量大、企业积极性高的"好项目",推动参展企业从参展商转变为贸易商,从贸易商转变为投资商,实现本土生产、本土销售。第一,加大一流贸易企业吸引力度,与进博会上参展反馈良好的企业积极对接,争取其在沪设立贸易分支机构、销售中心,构建面向中国市场的营销平台。第二,加大跨国公司总部吸引力度,抓住进博会世界 500 强和龙头企业云集的机遇,推动跨国公司贸易型总部集聚,并鼓励其在沪设立资金管理、结算平台和研发中心,打造亚太区供应链管理中心、资金结算中心、研发中心。第三,加大细分行业优秀企业吸引力度。针对"隐形冠军"企业与成长爆发性强、技术和模式先进的"独角兽"企业,积极开展精准招商,鼓励其在上海发展壮大。第四,加大创新型企业吸引力度,聚焦高新技术参展企业,主动加强投资合作,通过并购等方式引进海外创新资源,提升国际化创新能力。

二是依托进博会引进更多的新技术、新产品。抓住进博会汇聚全球创新产品和技术的机遇,引进更多全球高端创新技术和设备,尤其是引进生物医药、集成电路、再制造等上海重点产业发展急需的产品,并加以消化吸收,加快提升产业核心竞争力。同时,充分利用进博会这一窗口,加强与国际创新创业平台的合作,吸引国际知名孵化器、孵化团队和国际知名企业创新孵化中心入驻上海,并鼓励外企设立参与母公司核心技术研发的全球研发中心、大区域研发中心和开放式创新平台,吸引外资研发平台集聚。

三是进一步加强与国际创新企业的深度合作。积极延伸进博会合作链条,从引进技术向合作研发转变。结合各国科技创新能力和相关行业技术水平,与科技强国开展合作,设立联合实验室共同资助技术合作项目,向合作国家开放共享大科学设施,与科技强国搭建开放共享的科创生态圈。同时,加大境外创新成果转化应用力度,为引进的科技创新成果提供专业技术服务和市场对接服务,加快实现从实验室向产业化的转型。

6.3.2　建设高标准的国际化中央商务区

2021 年上半年虹桥商务区生产总值、商品销售额、新增注册法人单位等主要经济指标均呈现显著增长态势,其中固定资产投资额达 211.7 亿元,同比增幅 26.2%,商品销售额达 2 379.4 亿元,同比增幅 47.1%,税收收入 198.2 亿元,同比增幅为 45.9%。虹桥与外高桥、洋山等海关特殊监管区域相比,在货物运输与保税仓储等硬件条件上不具备优势,应聚焦制度和资源优势,聚集高能级总部和平台运营主体,依托进博会、数字经济产业园等优势资源,进一步发展离岸贸易、数字贸易、总部经济等新业态新模式,打造开放共享的国际贸易中心新平台。

1. 打造辐射亚太的进出口商品集散地

一是发挥核心企业作用,以供应链金融服务做大平台规模。针对进口行业集中度低、零散化的特点,支持绿地贸易港、虹桥品汇等核心企业深度参与进口贸易链的构建升级,引入供应链金融服务,打造具备金融和数据服务能力的进口供应链平台,在做好数据安全保护和业务流程规范的基础上,实现中小企业贸易融资便利化,加速放大进口规模。

二是进一步集聚高能级贸易平台和主体,实现平台能级跨越式提升。着力引进商贸领域龙头企业和标杆企业,集聚多元化高能级贸易主体,以东方国际集团贸易总部入驻为契机,打造千亿级国际贸易企业集聚区。吸引跨国公司设立进口商品运营总部或分拨中心,开展面向中国乃至亚太市场的集散分拨业务。充分发挥虹桥海外贸易中心作用,吸引集聚一批高能级国际贸易功能性机构。

三是联动长三角、服务全国、辐射亚太,充分发挥辐射带动作用。以南北拓展带为先导,鼓励虹桥品汇、绿地贸易港等各类专业贸易平台在长三角区域及全国开设展贸结合的分中心,为长三角各省市更好对接国际市场提供渠道和服务,成为国内城市对接国际商贸资源的桥梁和纽带。加强与各国驻华使领馆、商协会对接,高水平建设一批面向"一带一路"国家和地区的商品直销平台、国别商品交易中心和专业贸易平台。

2. 打造国际贸易中心新平台

一是优化保税展示交易模式,进一步放大进博会溢出效应。加快推动进博会特殊支持政策转化为常态化制度安排,建议将进博会展期内销售的展品进口环节"三税"全免政策拓展至"延展"期间,在展后 180 天内,对在海关特殊监管区域或保税物流中心(B 型)展出销售的进博展品免征进口关税、进口环节增值税和消费税。

二是率先发展高端医疗服务贸易。以新虹桥国际医学中心为核心,打造高能级医疗服务贸易平台。研究制定符合条件的外籍医务人员在虹桥国际中央商务区执业的相关管理办法,为外籍医务人员在区域内居留、执业以及患者与陪护人员入境、停留、就诊提供便利。

三是深化发展离岸贸易、数字贸易等新型国际贸易业态。举办跨境金融政策解读会,鼓励符合条件的企业开立自由贸易账户,推动贸易真实且信誉度高的企业通过自由贸易账户开展货物转手买卖、离岸加工贸易、服务转手买卖等离岸经贸业务。

3. 打造国际化购物消费新地标

一是加快发展消费新业态新模式,进一步做大规模。南京路进博集市模式得到消费者和海外客商的充分认可,建议依托虹桥商务区交通枢纽优势,在人流密集区域开设进博集市 2.0 版,以海外原创品牌、小众设计师品牌、国别特色商品、进博同款商品为主,打造虹桥国别商品及文化体验的目的地。加快虹桥品汇二期 A 楼竣工验收和证照发放,采取"前店后库"模式发展跨境电商线下体验店,将线下物流、服务、体验优势与线上商流、信息流汇聚优势深度融合,为消费者提供线下体验试用海外优质商品和新品的平台,成为海外新品进入国内市场的"试水"窗口。

二是面向长三角打造全球潮流品牌策源地。承接进博会溢出效应,通过推动品牌首秀首发、打造品牌首店等方式,扶持一批有能级、有潜力、符合国内消费升级趋势的品牌。同时,强化与国际知名时装周合作,完善都市时尚产业生态链,积极引进国际著名品牌发布、国际流行趋势作品发布、新锐设计师作品发布、国际时尚论坛等主题活动,推动虹桥成为集发布流行趋势、推广原创设计、贸易展示、文化交流于一体的国际时尚消费新平台。

三是加快数字化商圈建设,强化线上线下联动。在公共安全、街区管理、商业消费等领域全面开展数字化改造,加强线上线下融合,实现精准营销、虚拟导购、智能购物、AR 互动、无感支付等功能,实现流量私域化、营销数字化、运营精细化。

4. 着力提升虹桥整体营商环境

推进服务业核心领域开放,尤其是争取现代服务业开放创新先行先试。一是建议在商贸、会展旅游、物流、信息服务等领域进一步放宽外资准入限制。探索自然人流动、跨境交付等开放模式,积极试点将在线教育、在线金融等业务通过跨境交付实现。针对特定外国技术专家人才的聘用,实施更灵活的政策,允许 B 类外国专家人才超过退休年龄后申请工作许可证延期。二是加快虹桥国际中央商务区交通、文体等基础设施配套建设。进一步完善交通基础设施建设,畅通片区间大交通,优化内部交通微循环体系,着力推进申长路—金园一路、申昆路—金运路等区区对接道路项目建设,优化公共交通线路规划和配套设施建设,切实解决各平台"最后一公里"问题。同时,加快布局重大文体项目,推进外商等多元投资主体建设剧院、电影院、音乐厅、体育馆等,营造宜业宜居的良好氛围。

专栏 6.5　虹桥中央商务区"一核、四片区"规划

"一核"为核心区,是商务区核心功能主要承载区,依托国家会展中心(上海)和综合交通枢纽两大功能性设施的辐射带动作用,重点推动总部经济和高端商务集聚发展,提升完善交通枢纽功能,营造创新先行的发展氛围。

"四片区"为南虹桥片区、东虹桥及机场片区、西虹桥片区、北虹桥片区。各片区含主城片区部分和相应拓展区部分,依托现有的资源禀赋和产业基础,形成错位发展、优势互补的功能定位。

南虹桥片区——以强化发展国际化公共服务功能和高端服务经济为主要特色,围绕前湾地区培育产业生态,建设多元功能融合的中央活动区,加快生命健康、文创电竞、集成电路设计、在线新经济、特色金融及专业服务业等重点产业高质量集群发展。

东虹桥及机场片区——以突出发展枢纽经济为主要特色,重点聚焦临空经济、总部经济和数字经济,大力推进智能互联网、智慧出行、时尚创意、人工智能、数字贸易、金融科技、大健康等产业发展。

西虹桥片区——以聚焦发展会展商贸为主要特色,突出"科创＋商务"的核心功能定位,放大北斗导航和会展商务等产业优势,充分利用会展经济带来的流量优势,加强高能级商贸主体的对接与引进,促进会展商贸产业集群蓬勃发展。

北虹桥片区——以重点发展创新经济为主要特色,依托制造业基础和土地资源二次开发,高水平建设北虹桥科创中心,集聚一批具有创新活力的领军企业,重点发展总部研发、高端制造、人工智能、新材料、新能源等产业。

资料来源:《虹桥国际开放枢纽中央商务区"十四五"规划》。

6.4　推动高质量引进来和高水平"走出去"

6.4.1　积极打造外商投资首选地、集聚地

上海作为中国开放程度最高的城市,一直以来便是外商投资的首选地及集聚地。根据上海统计局 2020 年统计公报数据,全年新设外商投资企业共 5 751 家,签署合同金额为 516.54 亿美。全年外商直接投资实际到位金额达 202.33 亿美元;从国家(地区)角度来看,全年共 189 个国家(地区)来沪投资,其中"一带一路"沿线国

表 6.4 上海外商投资企业营业收入百强(节选)

企 业 名 称	企 业 名 称
上海上汽大众汽车销售有限公司	上海三星半导体有限公司
上汽大众汽车有限公司	昌硕科技(上海)有限公司
苹果电脑贸易(上海)有限公司	达功(上海)电脑有限公司
上汽通用汽车销售有限公司	托克投资(中国)有限公司
上汽通用汽车有限公司	益海嘉里食品营销有限公司

资料来源:上海市外商投资协会,《2020 上海市外商投资企业百强报告》,2020 年。

表 6.5 上海外商投资企业进出口总额百强(节选)

企 业 名 称	企 业 名 称
昌硕科技(上海)有限公司	保时捷(中国)汽车销售有限公司
达功(上海)电脑有限公司	安靠封装测试(上海)有限公司
英特尔贸易(上海)有限公司	金士顿科技(上海)有限公司
英运物流(上海)有限公司	近铁国际物流(中国)有限公司
晟碟半导体(上海)有限公司	达丰(上海)电脑有限公司

资料来源:上海市外商投资协会,《2020 上海市外商投资企业百强报告》,2020 年。

家(地区)在沪投资实到金额占全市比重的 11.1%,约 22.46 亿美元;从吸引企业类型来看,上海累计认定跨国公司地区总部共 771 家,外资研发中心共 481 家,2020 全年新增跨国公司地区总部 51 家。

针对目前愈加复杂的国际形势,结合上海打造总部经济的目标,上海进一步吸引外商投资的政策措施也需要进行不断优化升级,尤其要在更大范围和更宽领域对营商环境进行全面高质量优化,以不断提高外商投资能级。

1. 推出更大力度的跨国公司总部支持政策

高能级跨国公司总部是体现开放枢纽功能的重要载体。当前在沪跨国公司总部在能级上与新加坡、香港、东京等城市相比还存在较大差距,制约了开放枢纽功能的提升。

一是大力集聚本土跨国公司总部。东京作为顶级全球城市,其优势很大程度上来自日资跨国公司总部的高度集聚。对上海来说,作为大国经济体的开放枢纽,

专栏6.6　全球价值链分工下中国"引进来"的演进历程

"引进来"与以资源禀赋比较优势嵌入全球价值链(1978—2001年)

由于国际市场的信心不足以及中国外部环境的不确定性,中国改革开放之初对外开放幅度非常有限,外商在华直接投资规模小、技术含量低,基本以加工贸易为主,"引进来"总体质量不高。1992年邓小平同志南方谈话后,中国对外开放进入新阶段:外商在华直接投资高速增长;投资产业结构不断升级,投资领域从一般简单加工扩展到基础设施、信息技术等领域;跨国公司逐渐成为投资主体;资金技术密集型项目大幅增加,中国对外开放格局初步形成,"引进来"层次不断提升。与此同时,中国企业通过在"干中学"以及与外商企业建立的前向联系、后向联系中逐渐加强与外资企业的合作,并依靠丰富的自然资源和廉价劳动力逐渐参与到其生产环节中,中国的加工制造、装配等环节开始在全球价值链分工中拥有一席之地。

"引进来""走出去"与以综合性比较优势深度融入全球价值链(2002—2007年)

加入世贸组织后,中国凭借在自然资源和劳动力资源禀赋上的巨大优势参与全球价值链分工,在农业、制造业开放的基础上,进一步开放了基础设施、金融业、保险业、证券业和服务业等,逐步同国际规则接轨,推动形成全面开放的经济格局。而此时中国的比较优势逐步发展成为包括资本、技术、土地、能源在内的综合性比较优势,经济进入黄金增长期,中国"引进来"逐步走上规范化与法制化,"引进来"质量进一步提高,加速中国融入全球价值链进程。大型跨国公司基于全球经营战略纷纷进入中国市场,转向投资于资本密集型的基础设施、高新技术产业以及现代服务业,并广泛参与国有大企业的改组改造,将其纳入全球生产体系。同时那些成长快、规模较大的创新型私营企业亦成为外商投资的重点。在"引进来"的同时,这一时期流向发达国家和地区的"走出去"逐渐发展壮大,中国香港、美国、日本、德国集中了四成左右的中国境外投资。虽然这一时期中国的"走出去"仍以从事简单生产加工和商业服务为主,但企业在开拓国际市场的同时,仍存在一定反向技术溢出效应,通过反向技术转移、研发资源共享、研发成果反馈、海外市场竞争等传导机制在一定程度上提高了母国技术发展水平,中国企业以更加积极主动的姿态深度融入全球价值链。

　　"引进来""走出去"与全球价值链重构(2008 年至今)

　　2008 年全球金融危机终结了全球化 3.0 时代,世界经济进入大调整、大重组、大变革时期,贸易摩擦加剧、贸易保护主义重新抬头。欧美发达经济体纷纷实施"再工业化"战略,看似通过技术革新推动其产业升级,实为争夺未来全球产业竞争的制高点。美国更是提出了制造业回归政策,限制本国企业境外投资,并通过采取一系列财税金融等鼓励措施,吸引美国企业回归本土,进而引发美国境外资本的大量回流。2017 年以来美国对华频繁采取贸易制裁措施,剑指中国的高端产业发展,中国企业攀升全球价值链高端受阻。贸易保护主义思潮的泛滥使分布在世界各国的全球价值链部分被切断。与此同时,产业革命、信息技术革命的出现亦导致传统全球价值链结构变化,原有结构正在被打破,全球价值链处于深度调整期。

　　资料来源:李丹、董琴,《全球价值链重构与"引进来""走出去"的再思考》,《国际贸易》2019 年第 9 期。

总部经济发展路径与香港、新加坡等城市有很大区别,不仅要大力吸引外资跨国公司总部,更应把集聚本土跨国公司总部放在重要位置。尤其是优化总部企业认定标准,将在沪登记和纳税且对上海经济社会发展作出较大贡献的本土企业总部纳入总部政策范围。加大民营企业总部支持力度,重点支持一批符合产业发展方向、关联带动力强、发展层次高的民营企业总部,对符合条件的民营企业总部提供用地、资金、人才等方面的支持和优质服务。

　　二是提升跨国公司总部能级。提高总部跨境资金管理自由度,争取将自由贸易账户等同于境外账户管理,在风险可控前提下提高使用自由度。优化跨国公司外汇集中运营管理和跨境双向人民币资金池业务。实施符合国际惯例的总部税收政策，争取税务总局支持，将在上海自贸试验区内注册的地区总部特殊重组的审批权限下放到地方层面。

2. 推出上海版"全球服务商"计划

随着新产业革命的深入发展，高端服务对提升开放门户功能越来越重要。建议借鉴新加坡的思路，在静安全球服务商计划基础上，进一步推出上海版"全球服务商"计划，打造全球服务商"超级联系人"，强化高端服务开放门户功能。

一是大力吸引全球一流服务机构集聚。引进全球化与世界城市研究网络（GaWC）全球服务机构名录、《财富》世界 500 强等权威排名中靠前的企业，鼓励具有国际影响力的行业组织和非政府组织落户上海，支持被钱伯斯等世界著名法律评级机构评为全球前 100 名的法律服务机构入驻上海。

二是进一步放宽高端服务业准入限制。比如，推进医疗健康领域对外开放，放宽外资医疗机构准入限制；放宽教育领域境外机构准入限制，建立跨境教育的质量保证体系和学历学位的认证认可制度。

三是充分运用数字化技术提升本土服务商能级。充分发挥上海"五个中心"生态优势，促进大数据、人工智能在服务业的深度应用和跨界融合，让更多服务机构在上海运作全球。鼓励本土服务企业加快技术升级，为客户提供涵盖社交、购物、娱乐、旅游等板块的综合性服务，充分利用云计算等工具为客户提供个性化定制方案，提升全球在线服务效率。构建金融科技生态圈，发展数字银行、智能投顾、保险科技、数字支付，鼓励金融机构推出基于区块链平台的优质金融产品。

6.4.2 全力打造服务"一带一路"建设的桥头堡

"一带一路"建设不仅给沿线国家（地区）带来良好经济效益，同时也提升了其抵御外部风险的能力，如在新冠肺炎疫情期间，通过"一带一路"境外经贸合作区完成抗疫物资输送，对沿线国家（地区）经济及社会稳定起到极其重要的作用。

上海作为服务"一带一路"建设的桥头堡，在通过上海自贸试验区融入"一带一路"建设中已经取得多项成效。一是通过上海自贸试验区同沿线国家(地区)在贸易和投资方面的链接作用,2013—2017 年间,上海同沿线国家"走出去"与"引进来"项目多达 3 000 个,沿线 52 个国家在浦东进行投资,投资企业数量达 3 012 个,合同外资达 115.8 亿美元。二是建立了科技创新合作平台,同俄罗斯、以色列及新加坡等国家联合创立跨国孵化器以加强国家间科技合作,同时引进亚太科技创新展览等活动,成功搭建跨境项目交流平台。三是将"一带一路"建设结合企业"走出去"发展目标,通过在上海自贸试验区境外投资服务平台增设相关的"一带一路"专栏、设立"一带一路"技术贸易措施企业服务中心等,为上海自贸试验区企业"走出去"提供认证认可、标准计量等支持。

1. 拓展"一带一路"建设的合作空间

对上海而言,服务新发展格局,重中之重是要发挥高水平开放优势,强化面向全球的开放枢纽门户功能,努力拓展外部空间。而在当前中美关系复杂化、外部环境恶化的背景下,上海应适时调整以往面向太平洋和欧美发达国家的对外开放格局,进一步强化面向东亚地区的合作和服务"一带一路"建设,以差异化开放打破外部围堵。

一是全面强化东亚区域开放合作。顺应价值链区域化趋势,进一步提升上海在相关国家的投资贸易能级,构建以上海为核心的东亚产业网络核心圈层,进一步嵌入亚洲区域价值链分工体系。与日本、韩国、新加坡等东亚发达经济体在科技研发、产业创新、高端服务业等领域加强合作,强化人民币跨境结算和投融资服务等。

二是深入推进与"一带一路"沿线国家(地区)合作。依托临港新片区打造"一带一路"转口贸易枢纽,增强对沿线国家(地区)转口贸易服务功能。结合"一带一路"沿线国家(地区)禀赋优势,在能源、钢铁、贵金属、棉花、大豆等领域打造大宗商品电子交易平台。鼓励有条件的企业到以色列、俄罗斯等国设立研发中心。

2. 强化上海在服务"一带一路"建设中的高端引领功能

一是上海应发挥自身优势,聚焦集成电路、人工智能、生物医药、高端装备等重点产业,进一步强化高端创新能力,注重改善营商环境。一方面,加快推进国际消费城市建设,引领消费新潮流。抢占在线新经济风口,大力发展首店经济,积极发

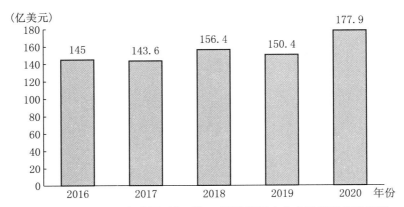

图 6.1　2016—2020 年中国对"一带一路"沿线国家非金融类直接投资额
资料来源：根据相关资料编制。

展体验消费、体育消费、信息消费，打造全球新品首发地、高端品牌首选地、原创品牌集聚地、高端消费目的地。另一方面，加大新型基础设施投资力度，引领"一带一路"投资新方向。尤其是聚焦工业互联网、无人工厂、车联网等领域，鼓励新技术进入、改造传统产业。

二是率先打通障碍堵点。尤其是从体制机制改革入手，完善统一开放、竞争有序的市场体系。切实推动"放管服"改革，全面清理不利于民营企业发展的措施，孵育公平竞争的市场环境。依托上海自贸试验区探索在"一带一路"沿线国家（地区）范围内的跨境资金流动和人民币国际化，增强多层次金融市场服务功能，为中国实体经济提供有力支撑。加快培育数据要素市场，完善数据共享和流通标准，释放数据资源价值。

专栏 6.7　上海参与"一带一路"科技合作的优势

新冠肺炎疫情暴发使国际科技合作面临巨大挑战，但同时也为未来上海参与"一带一路"科技合作带来机遇，使上海参与"一带一路"科技合作面临新的场景。上海参与"一带一路"科技合作的优势主要有以下几个方面：

（1）产业基础优势。

国际科技合作很大程度上有赖于合作各方所处的环境，这直接影响到合作效

果。得益于改革开放,上海在我国率先实现高速发展。从产业角度看,上海目前着力打造人工智能、生物医药、集成电路等新兴产业,不断向全球价值链高端环节攀升,这是上海多年发展累积的其他省市无法比拟的优势。与"一带一路"沿线国家(地区)相比,上海具有显著技术优势,与沿线国家(地区)在科技创新领域的互补合作空间较大,这为上海依托沿线国家(地区)市场,构建由上海企业主导的、沿线国家(地区)企业参与其中的全球价值链提供较大可能,使上海在不断深度参与"一带一路"科技合作中不断提升产业发展质量,上海参与"一带一路"科技合作的产业基础优势明显。

(2)制度优势。

上海正着力建设国际经济中心、金融中心、贸易中心和具有全球影响力的科技创新中心,"四大中心"建设为国家战略,同时上海拥有全国首批设立的自贸试验区,多年先行先试累积的先进经验等均为国内其他省市所不能比。《上海服务国家"一带一路"建设发挥桥头堡作用行动方案》充分注意到"四大中心"的内在关联,也充分注意到自贸试验区对推进与"一带一路"沿线国家(地区)科技创新合作的关键作用,这使上海推进与"一带一路"沿线国家(地区)的科技合作拥有多种优势叠加效应。

(3)跨国公司的网络优势。

上海作为我国的经济中心,是国内跨国公司最为集中的城市。跨国公司面向全球经营,拥有发达且联系紧密的网络。2019年12月,英国经济与商业研究中心发布研究报告指出,美俄日韩英德等国家,因其跨国公司参与"一带一路"倡议,正在获得更多的发展潜力和增长机遇。目前众多在上海设立地区总部的跨国公司,已专门在沪建立了"'一带一路'团队""'一带一路'办公室"等,依托上海独特优势,"'一带一路'业务"成为不少在沪外企重点发展、重点统计的专项板块。可以预见,借助跨国公司的触角,上海与"一带一路"沿线国家(地区)的科技创新合作将越来越走向深入。

（4）创新资源密集、完善且发达的优势。

在国内，上海是除北京外科技资源最为密集的城市，拥有诸多全国甚至全球知名的高校和科研院所，大量行业龙头企业与大批富有活力的中小企业并存，汇聚了全国最优秀的各类人才。同时，上海创新生态完善，在国内的科技创新优势明显，这样更有利于激发各类创新主体寻求与"一带一路"沿线国家（地区）进行科技合作的潜力。

资料来源：范晓、薛霞，《上海参与"一带一路"科技合作研究》，《青海科技》2021年第2期。

3. 优化提升上海自贸试验区服务功能

通过将上海自贸试验区制度创新同"一带一路"建设进行对接，可以拓展上海自贸试验区制度创新外沿，扩大其适配性。一是改善负面清单管理模式，总结目前上海自贸试验区负面清单执行中的经验和教训，结合"一带一路"沿线国家（地区）发展特征进行特质化推广，结合现实需要对条款进行增减并不断提高其透明度。二是加强与"一带一路"沿线国家（地区）在国际贸易规则方面的沟通合作，增大与沿线国家（地区）沟通合作，积极对接国际经验。

表 6.6　民营企业投资建设的"一带一路"境外经贸合作区简介

园区类型	产业领域	代表性园区
加工制造区	轻工、纺织、机械、电子、化工、建材、汽配、家电	俄罗斯乌苏里斯克经贸区、泰中罗勇工业园
资源利用区	矿产、森林、油气等资源开采，化工	中印综合产业园区、中匈宝思德经贸合作区
农业产业区	农产品养殖、森林采伐、谷物、农副产品，经济作物种植、开发、收购、储藏	亚洲之星农业产业合作区、中俄现代农业产业合作区
商贸物流区	商品展示、运输、仓储、集散、配送、信息处理、流通加工	中欧商贸物流合作园
科技研发区	轨道交通、汽车、通信、工程机械、航天航空、船舶和海洋工程	中国—比利时科技园
多元综合区	农业、工业、服务业（园区建设与当地的城市发展相结合）	柬埔寨西哈努克港经济区

资料来源：程大为，《民营企业投资建设"一带一路"境外经贸合作区的挑战与对策》，《经济纵横》2021年第7期。

4. 不断增强境外投资的全球竞争力

充分利用企业投资建设境外经贸合作区的方式,进一步形成规模经济效应,提升在世界市场的竞争力。一是转变固有的出口、直接对外投资的经营方式,充分融入当地市场实现生产本地化。二是提升对产业链的自主可控性,利用中国全产业链优势对东道国企业进行完整的产业链布局,通过产业集群的方式打通上下游产业链,构建相对完整的生产体系。三是借助"一带一路"沿线国家(地区)的地理环境优势加快企业全球化布局,利用沿线国家(地区)的市场规模差异及发展水平差异,提前进行市场占领,扩大企业盈利范围。

参考文献

［1］陈昌盛、许伟：《"十四五"时期我国发展内外部环境研究》,《管理世界》2020年第10期。

［2］陈健、郭冠清：《新时代中国建设更高水平开放型经济新体制的方向与路径》,《改革与战略》2019年第11期。

［3］陈亮、毛顺宇、胡文涛：《国际经贸新形势下我国外贸高质量发展的挑战及对策》,《国际贸易》2021年第7期。

［4］陈晓静、乔继凡、张宇：《上海自贸试验区临港新片区统筹发展在岸与离岸业务研究》,《科学发展》2021年第10期。

［5］程大为：《民营企业投资建设"一带一路"境外经贸合作区的挑战与对策》,《经济纵横》2021年第7期。

［6］程兆博：《数据简报|2020年上海外资数据公布,外高桥成总部经济发展重要动力》,外联发商务咨询,2021年5月31日。

［7］戴翔：《制度型开放:中国新一轮高水平开放的理论逻辑与实现路径》,《国际贸易》2019年第3期。

［8］《邓小平文选第三卷》,人民出版社2001年版。

［9］范晓、薛霞：《上海参与"一带一路"科技合作研究》,《青海科技》2021年第2期。

［10］顾学明：《加快形成新发展格局》,《人民日报》2020年9月23日。

〔11〕郭骓、侯柏屹、张文洁、王莹:《智慧城市数据运营中心:系统概念、建设要素和展望》,《情报杂志》2021 年第 7 期。

〔12〕国务院发展研究中心课题组:《百年大变局——国际经济格局新变化》,中国发展出版社 2018 年版。

〔13〕国研网宏观经济研究部:《新冠疫情对外资企业和投资环境的影响》,国研网《宏观经济》月度分析报告,2020 年 4 月 22 日。

〔14〕韩保江:《实行高水平对外开放 开拓合作共赢新局面》,《光明日报》2020 年 12 月 23 日。

〔15〕韩剑:《新发展格局下上海自贸区的定位与担当》,《人民论坛》2020 年第 27 期。

〔16〕何勇、田志友、王盛:《全球投资贸易枢纽功能的形成、演变及对上海的启示》,《上海市经济管理干部学院学报》2016 年第 3 期。

〔17〕胡方:《国际典型自由贸易港的建设与发展经验梳理——以香港、新加坡、迪拜为例》,《人民论坛·学术前沿》2019 年第 22 期。

〔18〕黄丙志:《上海自贸试验区新片区服务贸易开放与监管国际借鉴》,《科学发展》,2020 年 6 月 19 日。

〔19〕黄国妍、孟晨阳、栗凡:《上海金融中心功能演进与功能拓展研究》,《全球城市研究(中英文)》2020 年第 1 期。

〔20〕黄奇帆:《浦东开发:一盘大棋中的重要一步》,《中国经济周刊》2018 年第 48 期。

〔21〕黄卓、王海明、沈艳、谢绚丽:《金融科技的中国时代:数字金融 12 讲》,中国人民大学出版社 2017 年版。

〔22〕纪慰华:《上海自贸试验区、临港新片区、浦东新区的功能联动和错位发展》,《科学发展》2021 年第 7 期。

〔23〕李丹、董琴:《全球价值链重构与"引进来""走出去"的再思考》,《国际贸易》2019 年第 9 期。

［24］李锋、陆丽萍、陈畅、张鹏飞：《创新监管制度提升上海高端保税服务能级》，《科学发展》2020 年第 4 期。

［25］李锋、陆丽萍、樊星、邱鸣华、张鹏飞：《"十四五"时期临港新片区发展离岸业务若干建议》，《科学发展》2021 年第 7 期。

［26］李锋、陆丽萍、樊星：《聚焦重点产业加快推进自贸试验区新片区重大制度创新举措落地》，《科学发展》2019 年第 9 期。

［27］李锋、陆丽萍：《聚焦薄弱环节，精准强化上海开放枢纽门户功能》，《科学发展》2021 年第 1 期。

［28］李锋、陆丽萍：《临港新片区服务国内国际双循环发展战略研究》，《科学发展》2021 年第 5 期。

［29］李锋、陆丽萍：《努力打造新一轮高水平对外开放的标杆——2019 年上海开放新思路》，《科学发展》2019 年第 3 期。

［30］李锋、陆丽萍：《上海自贸试验区五年来突出进展与新一轮改革开放思路及突破口》，《科学发展》2019 年第 1 期。

［31］李锋、陆丽萍：《新形势下上海应进一步吸引跨国公司地区总部集聚和提升能级》，《科学发展》2019 年第 6 期。

［32］李锋、向明勋、陆丽萍、梁绍连、邱鸣华、宋奇：《上海打造国内大循环中心节点和国内国际双循环战略链接的切入口和发力点》，《科学发展》2021 年第 3 期。

［33］李开益：《推动外贸高质量发展中的离岸贸易海关监管问题研究》，《海关与经贸研究》2019 年第 4 期。

［34］刘建国：《制造业服务化转型模式与路径研究》，《技术经济与管理研究》2012 年第 7 期。

［35］刘明显、刘婉婷：《美国纽约离岸金融中心成功经验借鉴》，《经济与社会发展研究》2014 年第 10 期。

［36］刘伟：《以新发展格局重塑我国经济新优势》，《经济日报》2020 年 9 月 24 日。

［37］刘元春：《深入理解新发展格局的科学内涵》，《人民日报》2020 年 10 月 16 日。

［38］茅伯科：《全球航运资源配置能力》，《水运管理》2010 年第 6 期。

［39］倪鹏飞、马尔科·卡米亚、郭靖、张祎等：《全球城市竞争力报告（2020—2021）》，中国社会科学院财经战略研究院，2020 年 12 月。

［40］庞超然、林源、张爽、杜奇睿：《上海自贸试验区临港新片区制度集成创新研究》，《科学发展》2021 年第 8 期。

［41］裴光：《从保险大国迈向保险强国：上海国际保险中心建设研究》，上海人民出版社 2015 年版。

［42］蒲实：《双循环格局要着力抓好国内大循环》，《学习时报》2020 年 7 月 27 日。

［43］《浦东概览》，上海市浦东新区人民政府官网，www.pudong.gov.cn/shpd/about/。

［44］邱海平：《推动更深层次改革和更高水平开放　加快形成新发展格局》，《光明日报》2020 年 9 月 15 日。

［45］权衡：《加快形成新发展格局需处理好八个关系》，《学习时报》2020 年 8 月 5 日。

［46］商务部国际贸易经济合作研究院：《中国自由贸易试验区发展报告（2019）》，2019 年。

［47］上海财经大学秦焕梅课题组：《2020 年上海基本建成国际金融中心评估与对策研究》，2019 年。

［48］上海大学课题组：《依托进博会等平台，进一步强化上海开放枢纽门户功能研究》，2020 年。

［49］上海对外经贸大学课题组：《上海自贸试验区临港新片区统筹发展在岸业务与离岸业务研究》，上海市政府发展研究中心 2020 年度上海市人民政府决策咨询研究重点课题，2020 年。

［50］上海发展战略研究所:《全球城市营商环境评估报告》,2020 年。

［51］上海海关学院刘海燕课题组:《上海国际航运中心建设与特殊经济功能区联动研究》,2020 年。

［52］上海海事大学汪传旭课题组:《上海国际航运中心建设与特殊经济功能区联动研究》,2020 年。

［53］上海生产力学会课题组:《上海自贸试验区、临港新片区与浦东新区联动发展研究》,上海市政府发展研究中心 2020 年度上海市人民政府决策咨询研究重点课题,2020 年。

［54］上海师范大学黄国妍课题组:《促进在沪跨国公司功能升级的思路和对策研究》,2021 年。

［55］上海师范大学黄国妍课题组:《上海构建金融科技产业生态链研究》,2019 年。

［56］上海市经济和信息化委员会、上海社会科学院:《2020 上海在线新经济发展白皮书》,2020 年。

［57］上海市浦东新区统计局、国家统计局浦东调查队:《上海市浦东新区统计年鉴 2020》,中国统计出版社 2020 年版。

［58］上海市人民政府:《上海市人民政府关于印发〈"十四五"时期提升上海国际贸易中心能级规划〉的通知》,2021 年 4 月 17 日。

［59］上海市人民政府:《上海市人民政府关于印发〈虹桥国际开放枢纽中央商务区"十四五"规划〉的通知》,2021 年 7 月 31 日。

［60］上海市人民政府:《上海市人民政府关于印发〈中国(上海)自由贸易试验区临港新片区发展"十四五"规划〉的通知》,2021 年 7 月 22 日。

［61］上海市人民政府办公厅:《上海市人民政府办公厅关于印发〈上海国际航运中心建设三年行动计划(2018—2020)〉的通知》,2018 年 6 月 24 日。

［62］上海市外商投资协会:《2020 上海市外商投资企业百强报告》,2020 年。

［63］邵伟:《上海国际贸易中心建设应转型发展》,《上海金融报》2019 年 6 月

4 日。

[64] 沈克华、彭羽:《离岸贸易与香港国际贸易中心地位的演变——兼论对上海国际贸易中心建设的启示》,《亚太经济》2013 年第 3 期。

[65] 沈则瑾:《上海港集装箱吞吐量连续 11 年世界第一》,《经济日报》2021 年 1 月 2 日。

[66] 盛宝富、陈瑛:《深度剖析新加坡樟宜自由贸易区》,《国际市场》2014 年第 1 期。

[67] 孙瑶:《跨国公司离岸研发模式的选择》,《国际经济合作》2007 年第 3 期。

[68] 谈燕、王海燕:《支持浦东探索开展综合性改革试点写入计划报告! 杭迎伟代表:重大利好》,上观新闻,2021 年 3 月 7 日。

[69] 汤世强:《上海发展离岸贸易问题研究》,《科学发展》2010 年第 12 期。

[70] 田泽、王若梅、肖钦文、任芳容:《长三角区域先进制造业绿色技术创新效率研究》,《安徽师范大学学报(人文社会科学版)》2021 年第 5 期。

[71] 汪晓文、宫文昌:《国外数字贸易发展经验及其启示》,《贵州社会科学》2020 年第 3 期。

[72] 王碧珺、刘晓欣:《中欧全面投资协定助力高水平开放》,《中国金融》2021 年第 3 期。

[73] 王萌:《基于跨国公司价值链的多元世界城市网络研究》,《商业经济研究》2015 年第 27 期。

[74] 王全宝、姜璇:《朱民:推动国际国内双循环互动发展,最根本的是持续改善营商环境》,中国新闻周刊网,2020 年 5 月 25 日。

[75] 王思语、张开翼:《我国自由贸易试验区数字贸易禀赋与提升路径研究》,《上海经济》2020 年第 5 期。

[76] 王思语、张开翼:《在 RCEP 与 CPTPP 协定下加快中国服务业开放》,《国际商报》2021 年 8 月 18 日。

[77] 王一鸣:《百年大变局、高质量发展与构建新发展格局》,《管理世界》

2020 年第 12 期。

[78] 王珍:《重要访谈|权衡:强化四大功能,习近平总书记对上海提出这个新要求,有何深意?》,上观新闻,2019 年 11 月 11 日。

[79] [美]威廉姆·邦维利安、彼得·辛格:《先进制造:美国的新创新政策》,沈开艳等译,上海社会科学院出版社 2019 年版,第 160—161 页。

[80] 仵姣姣:《中国信通院仵姣姣:〈数据安全法〉亮点解读》,中国信通院 CAICT,2021 年 6 月 11 日。

[81] 武佳薇、刘兴华:《加快发展多层次资本市场服务上海国际金融中心建设》,《管理现代化》2020 年第 2 期。

[82] 武长海:《TPP 国有企业条款对中国带来挑战》,《中国贸易报》2016 年 7 月 5 日。

[83] 新华社中国经济信息社、波罗的海交易所编:《2021 新华-波罗的海国际航运中心发展指数报告》,2021 年。

[84] 许闲、李立松:《立足高起点,把握新机遇,加快推进上海再保险中心建设》,《上海保险》2019 年第 1 期。

[85] 薛荣久:《入世在中国改革开放中的意义、作用与维护》,《国际贸易问题》2018 年第 10 期。

[86] 杨长湧、刘栩畅:《为构建新发展格局提供强大开放动能》,《经济日报》2020 年 9 月 24 日。

[87] 杨珍莹:《成绩单、任务表、大蓝图来了! 浦东六大硬核产业迎来大发展》,浦东发布,2021 年 6 月 2 日。

[88] 《洋山特殊综合保税区发展"十四五"规划发布》,上海浦东门户网站,2021 年 6 月 25 日。

[89] 姚庆海:《关于建设上海国际保险中心的几点思考》,《上海保险》2015 年第 9 期。

[90] 亿欧智库:《2021 上海市数字经济发展研究报告》,2021 年。

[91] 游春:《创建上海离岸金融市场 服务国际金融中心建设》,《金融教学与研究》2011 年第 1 期。

[92] 余思勤、孙佳会:《长三角港口群与城市群协调发展分析》,《同济大学学报(自然科学版)》2021 年第 9 期。

[93] 余晓钟、白龙、罗霞:《"一带一路"绿色低碳化能源合作内涵、困境与路径》,《亚太经济》2021 年第 3 期。

[94] 袁波:《CPTPP 的主要特点、影响及对策建议》,《国际经济合作》2018 年第 12 期。

[95] 张鹏:《上海建设国际金融中心的外部环境与发展路径》,《中国国情国力》2020 年第 1 期。

[96] 张杨、王志彦:《浦东将同长三角共建辐射全球的航运枢纽》,上观新闻,2021 年 7 月 22 日。

[97] 赵昌文:《为构建新发展格局提供强大动力》,《人民日报》2020 年 10 月 16 日。

[98] 赵春明、赵远芳:《国际贸易新规则的挑战与应对》,《红旗文稿》2014 年第 21 期。

[99] 赵祎琦:《上海自贸区建立人民币离岸金融中心的可行性分析》,《中国商论》2020 年第 7 期。

[100]《中共上海市委关于面向全球面向未来提升上海城市能级和核心竞争力的意见》,2018 年 6 月 27 日。

[101] 中国国际进口博览会:《第三届进博会传播影响力报告》,2020 年。

[102] 中国人民银行上海总部课题组:《上海国际金融中心建设框架下跨境金融业务税收政策研究》,《上海金融》2019 年第 5 期。

[103] 中国信通院:《数字贸易发展白皮书(2020 年)》,2020 年 12 月。

[104] 中华人民共和国商务部:《商务部关于印发〈上海市服务业扩大开放综合试点总体方案〉的通知》,2021 年 4 月 21 日。

［105］中华人民共和国商务部:《中国关于世贸组织改革的建议文件》,2019 年 5 月 13 日。

［106］中华人民共和国商务部:《中国关于世贸组织改革的立场文件》,2018 年 11 月 23 日。

［107］中华人民共和国商务部国际经贸关系司:《中国自由贸易区建设进展情况》,2008 年 9 月 17 日。

［108］周玲:《OECD:2021 年中国将占全球经济增量三分之一以上》,财联社, 2020 年 12 月 2 日。

［109］Appellate Body Reports, 2011, United States—Definitive Anti-dumping and Countervailing Duties on Certain Products from China, WT/DS379/AB/R.

［110］Blondel, Vincent D., Jean-Loup Guillaume, Renaud Lambiotte and Etienne Lefebvre, 2018, "Fast Unfolding of Communities in Large Networks", *Journal of Statistical Mechanics: Theory and Experiment*, 10, 55—168.

［111］Bolle, Mary J., and Brock R. Williams, 2012, "U. S. Foreign-Trade Zones: Background and Issues for Congress", CRS Report for Congress.

［112］Campbell, Christian, Sophie Nappert and Luke R. Nottage, 2015, "Assessing Treaty-Based Investor-State Dispute Settlement: Abandon, Retain or Reform?", *Transnational Dispute Management*, 11(1), i—iv.

［113］Choi, Won-Mog, 2007, "The Present and Future of the Investor-State Dispute Settlement Paradigm", *Journal of International Economic Law*, 10, 746—747.

［114］Foreign Trade Zones Board, 1957, "Annual Report of the Foreign Trade Zones Board to the Congress of the United States".

［115］McKinsey Global Institute, 2016, *Digital Globalization: The New Era of Global Flows*, McKinsey & Company.

［116］Rachel, L. Wellhausen, 2016, "Recent Trends in Investor-State

Dispute Settlement", *Journal of International Dispute Settlement*, 7, 117.

[117] UNCTAD, 2017, *World Investment Report 2017: Investment and the Digital Economy*, Geneva: United Nations Publication.

[118] U.S. Mission Geneva, 2018, "U.S. Statement by Ambassador Shea at the 14th WTO Trade Policy Review of the United States", www.geneva.usmission.gov.

后　记

　　2019 年 11 月，习近平总书记在考察上海时指出，上海要强化全球资源配置、科技创新策源、高端产业引领、开放枢纽门户等"四大功能"，推动经济高质量发展，着力提升城市能级。2020 年 5 月，上海市人民政府发展研究中心成立课题组组织开展了"上海强化开放枢纽门户功能"专题研究，形成了研究报告，并在此基础上编撰成书。本书共分为 6 章：第 1 章从理论与实践层面诠释了开放枢纽门户功能的内涵与主要特征；第 2 章梳理分析了上海强化开放枢纽门户功能面临的新形势与新要求；第 3—5 章分别从开放示范窗口作用、开放枢纽节点作用、开放门户通道作用三个角度分析了上海的现状、存在的主要问题及未来的战略方向；第 6 章提出了上海强化开放枢纽门户功能的突破口与重大举措。

　　本书第 1 章由汪思余、范涛、陆丽萍执笔；第 2 章由陆丽萍、汪思余、范涛执笔；第 3 章由范涛、樊星、张鹏飞执笔；第 4 章由樊星、范涛、张鹏飞执笔；第 5 章由张开翼、范涛、邱鸣华执笔；第 6 章由范涛、张开翼、邱鸣华执笔。上海市人民政府发展研究中心开放研究处负责了相应的联络、统稿和校订工作。

　　本书的出版得到上海市人民政府发展研究中心信息处和格致出版社的大力帮助，上海发展研究奖学金获得者潘敦峡、王凤妍、陈彤彤等同学也参与了本书资料的收集、整理、编辑和校对工作，付出了辛勤劳动，在此表示衷心的感谢。本书在撰写过程中还得到了许多专家、同行的指导帮助，他们提出了不少建设性的意见，恕不一一列出，在此谨表敬意和感谢！

上海市人民政府发展研究中心

2022 年 1 月

图书在版编目(CIP)数据

上海强化开放枢纽门户功能研究/上海市人民政府
发展研究中心著.—上海:格致出版社:上海人民出
版社,2022.2
(强化城市功能研究系列丛书)
ISBN 978 - 7 - 5432 - 3330 - 0

Ⅰ.①上… Ⅱ.①上… Ⅲ.①国际贸易-贸易发展-
研究-上海 Ⅳ.①F752.851

中国版本图书馆 CIP 数据核字(2022)第 022880 号

责任编辑 赵 杰 忻雁翔
装帧设计 人马艺术设计·储平

强化城市功能研究系列丛书
上海强化开放枢纽门户功能研究
上海市人民政府发展研究中心 著

出　　版　格致出版社
　　　　　上海人&出版社
　　　　　(201101　上海市闵行区号景路 159 弄 C 座)
发　　行　上海人民出版社发行中心
印　　刷　上海商务联西印刷有限公司
开　　本　787×1092　1/16
印　　张　14.25
插　　页　2
字　　数　203,000
版　　次　2022 年 2 月第 1 版
印　　次　2022 年 2 月第 1 次印刷
ISBN 978 - 7 - 5432 - 3330 - 0/F·1433
定　　价　70.00 元